甘肃省理论经济学重点学科、应用经济学一流（特色）学科建设项目资助

城镇化高质量发展系列丛书

新型城镇化高质量发展
—— 基于区域异质性的实证研究

XINXING CHENGZHENHUA GAOZHILIANG FAZHAN
—JIYU QUYU YIZHIXING DE SHIZHENG YANJIU

赵永平 著

中国财经出版传媒集团

经济科学出版社
Economic Science Press

图书在版编目（CIP）数据

新型城镇化高质量发展：基于区域异质性的实证研
究/赵永平著 . —北京：经济科学出版社，2021. 12
（城镇化高质量发展系列丛书）
ISBN 978 - 7 - 5218 - 3257 - 0

Ⅰ . ①新… Ⅱ . ①赵… Ⅲ . ①城镇化-发展-研究-
中国 Ⅳ . ①F299. 21

中国版本图书馆 CIP 数据核字（2021）第 250717 号

责任编辑：杜　　鹏　常家凤
责任校对：孙　　晨
责任印制：邱　　天

新型城镇化高质量发展：基于区域异质性的实证研究
赵永平著
经济科学出版社出版、发行　新华书店经销
社址：北京市海淀区阜成路甲 28 号　邮编：100142
编辑部电话：010 - 88191441　发行部电话：010 - 88191522
网址：www. esp. com. cn
电子邮箱：esp_bj@ 163. com
天猫网店：经济科学出版社旗舰店
网址：http://jjkxcbs. tmall. com
固安华明印刷有限公司印装
710 × 1000　16 开　14. 25 印张　250000 字
2021 年 12 月第 1 版　2021 年 12 月第 1 次印刷
ISBN 978 - 7 - 5218 - 3257 - 0　定价：76. 00 元

前　言

　　城镇化既是一种经济现象，也是一种社会现象，是经济社会不断发展的必然过程。我国城镇化经过 70 年的风雨兼程，尤其是自 1978 年以来伴随着经济增长之奇迹，城镇化发展快速推进，并且在 2011 年城镇化率首次突破 50% 的"门槛"，实现了城乡人口结构的历史性转变，城镇化发展取得了非凡成就，但在快速发展过程中暴露出的城镇化高速低质问题也常为人们诟病，诸如城市建设中资源要素投入过多，生态环境成本过高，"半城镇化"问题依然突出，城市运营效率长期较低，城市公共服务供给能力不足，城镇化发展的不平衡不充分问题较为突出，城镇化发展的区域差距较大等。克服以上城镇化快速发展中积累的矛盾和问题，必须创新城镇化发展模式，明确城镇化发展方向，推进城镇化高质量发展。站在新的历史起点上，国家审时度势提出了新型城镇化战略作为今后引领我国经济持续发展和改善民生福祉的新动力。新型城镇化是以人为核心的城镇化，注重质量提升和内涵发展，也是对传统城镇化的改进和优化。在城镇化发展新阶段，全面提高新型城镇化发展质量成为当前及今后很长一段时间内推动经济社会高质量发展的重要内容。

　　面对世界百年未有之大变局，在外部环境日益复杂严峻、经济下行压力不断加大的背景下，推动新型城镇化高质量发展已经成为经济社会高质量发展的重要途径，也是促进区域协调发展的重要选择。我国地域辽阔，区域经济发展不均衡，这必然使新型城镇化发展表现出较大的区域异质性。因此，在充分认识其区域差异性的基础上，深入分析影响新型城镇化高质量发展的因素，寻求新型城镇化高质量发展的主要动力与路径，因地制宜地提出差异化对策措施，对推动新型城镇化建设行稳致远，增强经济上行动力，促进区域协调发展以及助力经济社会高质量发展都具有重要的现实意义。

　　本书主要内容如下。

　　第一，考察了中国城镇化发展的时空演进及其特征事实，紧扣中国城镇化发展时间轴这一主线，将我国城镇化发展演变划分为三个阶段，分别为曲折发展阶段（1949～1977年）、快速发展阶段（1978～2011年）以及提质增效阶段（2012年至今），通过系统考察我国城镇化发展演进历程，深入分析各阶段的发展特征，比较各阶段城镇化的发展重点、政策以及突出问题，发现在发展模式上，2012年之前我国城镇化普遍注重城镇化率的提高和规模扩张的粗放发展模式，2012年之后更加注重集约化和提质增效的发展模式，在新一轮城镇化进程中，集聚化发展成为主流方向，城市群将成为城镇化发展的主体形态。在发展动力上，70年来我国城镇化发展经历了由政府主导到市场主导、政府协同推进的动力转变，改革开放之前的发展动力即为政府推动，改革开放之后，城镇化的发展更加注重市场导向。在体制机制创新上，与传统城镇化相比，新型城镇化更加注重制度创新，旨在通过户籍制度创新、土地制度创新、社会保障制度创新、住房制度创新等多元化制度创新集成，从根本上化解城乡二元结构，提高公共服务供给质量，加快农民工市民化进程，破解"三农"难题，推进城乡一体化发展，实现以人为核心的新型城镇化。

第二，系统分析了新型城镇化效率优化的空间趋同问题，探讨趋同背后的潜在机制及其影响因素。研究发现，我国新型城镇化效率总体表现向好，同时个体异质性较为明显，东、中、西三大区域的新型城镇化效率都呈倒"U"型变化趋势，存在明显的区域分异现象；从全域层面来看，中国新型城镇化效率存在显著的绝对趋同特征，其区域差距呈逐渐缩小的总体趋势；从区域层面来看，东、中、西三大经济地带内部存在着明显的趋同迹象，形成东、中、西三个空间趋同俱乐部，同时各区域内部趋同速度具有较大差异性。新型城镇化效率条件趋同迹象均较为明显，表明技术水平、产业结构、基础设施、城市规模以及政府行为等因素对新型城镇化效率空间趋同具有重要影响，同时也是造成空间分异以及不同收敛速度的重要原因，为优化提升新型城镇化效率提供了政策选择菜单。

第三，基于空间优化的视角分析了金融产业集聚与新型城镇化效率之间的耦合协调关系，揭示不同耦合协调水平背后的空间分异特征及其内在机理。研究表明，金融产业集聚与新型城镇化效率之间的耦合协调值呈波浪式上升趋势，但存在明显的区域分异特征。东部地区处于初级协调或勉强协调阶段，中部地区处于勉强协调或濒临失调阶段，西部地区处于濒临协调或轻度失调阶段。中西部地区金融产业集聚对耦合协调发展的贡献高于东部地区，与理论预期有较大差距，因此，需要继续增强中西部地区金融产业集聚化水平；新型城镇化效率对耦合协调的贡献小于金融产业集聚，表明全面提升和优化新型城镇化效率依然具有较大空间。

第四，分析公共服务供给对新型城镇化发展质量的作用机理及其空间效应。研究结果表明，公共服务供给和新型城镇化发展质量存在显著的空间相关性，且公共服务供给对新型城镇化发展质量的空间溢出效应日趋增强。教育具有显著的正向空间溢出作用，交通基础设施的空间溢出效应为负但并不显著，医疗具有较为明显的空间抑制作用。进一步进行区域异质性分析发现，公共服务供给对新型城镇化的直接效应和空间效应在三大地区存在明显的差异性。因此，不同区域要基于公共服务供给及其空间溢出效应的特点制定新型城镇化高质量发展政策措施，包括优化公共交通基础设施服务功能、提高人力资源配置效率、改善区域性医疗卫生条件等。

第五，城乡协调发展是新型城镇化的应有之义，中国对城乡关系这个重要问题的思考先后经历了"统筹城乡""城乡一体化""新型城镇化""乡村振兴""城乡融合"等阶段，各个阶段有其特定的发展背景，主要表现为处理城乡不协调发展这个主要矛盾。在高质量发展阶段，如何促使人口向城市有效集聚，充分发挥人口集聚的经济效应和农村农业经营的规模化效应，对当下破解中国城乡发展矛盾，推动城乡协调发展起到积极作用。本章认为中国城乡劳动生产率已由"城乡发展差距不断扩大"转向"城乡发展逐渐收敛"阶段，城乡劳动生产率出现收敛迹象，通过促使人口向城市有效集聚加速提升农村劳动生产率，可以加快城乡劳动生产率收敛步伐，加快推动中国城乡协调发展进程。本章基于理论和经验分析，以2006～2018年中国省级面板数据为样本数据，对所提出的理论假设及其内在机理进行了实证检验。

第六，以中部地区河南省为例，实证检验人力资本对新型城镇化高质量发展的内在作用路径。新型城镇化的核心是人的城镇化，高层次、高水平、高存量的人力资本是城镇化高质量发展的基石。单纯依靠要素驱动城镇化的初级阶段已然过去，人才驱动已经成为城镇化高质量发展的核心要义之一。河南省农业人口基数大，但劳动生产率较低。因此，从人力资本视角研究河南省城镇化高质量发展具有重要现实意义。本章通过构建中介效应模型，检验发现人力资本能够通过技术创新、提升劳动生产率、促进产业结构升级路径影响河南省新型城镇化发展质量。通过构建调节效应模型发现财政支持能够弱化人力资本对新型城镇化质量的影响，固定资产投资能够强化人力资本对新型城镇化质量的影响。基于研究结论，提出推动技术创新、提升劳动生产率、促进产业结构升级三条助力河南省新型城镇化高质量发展路径。

第七，以东部地区长三角为例，分析长三角新型城镇化的时空变化趋势，把握长三角地区新型城镇化的发展现状，探析造成时空变化和差异的深层次原因。高质量发展是长三角地区新型城镇化建设的总体目标，在考虑长三角发展实际的基础上，本章将推动长三角地区新型城镇化高质量发展的动力因素划分为由劳动力、土地、资本和技术表征的基础动力，政府调控表征的关键动力，产业发展表征的持久动力，对外开放表征的加速动力。研究发现四种动力均产生显著空间溢出效应，劳动、土地、技术的推动作用明显，政府调控、产业发展、对外开放的动力效果需进一步优化。

第八，以西部地区甘肃省为例，通过系统考察甘肃城镇化发展的现实基础，发现甘肃城镇化整体发展水平相对滞后，省内各市州城镇化发展不均衡，城镇基础设施滞后，城市与农村发展失衡等诸多问题。实证分析表明政府行为对甘肃省城镇化发展起到主导作用，而外源经济的影响力则最小。此外，省内各市州间的城镇化影响因素空间溢出效应也相对较弱。因此，本章对适合甘肃省城镇化高质量发展的模式进行了识别，提出了主导模式与局域差异化模式相结合的城镇化发展模式，主导模式能够充分发挥政府集中指挥协调、市场合理配置资源的作用，局域差异化模式则充分考虑了省内各地区的地理位置、人口特点、经济基础和人文环境等现实条件，使得各市州根据自身特色进行差异化的城镇功能定位，确保高质量发展模式切实可行。最后提出了提升甘肃省城镇化发展质量的对策建议。

赵永平

2021 年 11 月

目　录

第一章　中国城镇化发展演进及其特征分析

诺贝尔经济学奖获得者斯蒂格利茨曾预言，中国的城镇化和美国的高科技是影响 21 世纪人类进程的两大主题。中国是一个发展中的人口大国，城镇化发展潜力巨大，蕴藏着巨大的市场规模，这将对中国以及世界经济发展产生深远影响，事实也表明，中国的城镇化无论是速度还是规模都堪称史无前例，成就举世瞩目。中国城镇化率从 1949 年的 10.64% 上升到 2019 年的 60.60%（如图 1-1 所示），城镇化率总体呈上升态势，个别年份有较大的波动。中国城镇化发展风雨兼程，经历了不同的发展阶段，当前已经进入高质量发展阶段。关于城镇化发展阶段的划分种类较多，有改革开放之前和改革开放之后的二分法、城市人口占总人口比重的三分法，还有四分法、五分法等多种划分方法。本书紧扣中国城镇化发展时间轴这一主线，将中国城镇

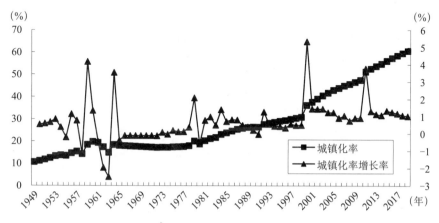

图 1-1　1949~2019 年中国城镇化率与城镇化率增长率

资料来源：《中国统计年鉴（2019）》，2019 年数据来自《中华人民共和国 2019 年国民经济和社会发展统计公报》。

化发展演变划分为三个阶段，分别为曲折发展阶段（1949～1977年）、快速发展阶段（1978～2011年）以及提质增效阶段（2012年至今），通过系统考察中国城镇化发展演进历程，深入分析各阶段的发展特征，比较各阶段城镇化的发展重点、政策以及突出问题，对推进新时代城镇化高质量发展具有重要的借鉴和启示意义。

第一节　城镇化曲折发展阶段（1949～1977年）

中华人民共和国成立之初，城镇化率仅为10.64%，随着国民经济的不断恢复，大量农村劳动力进入城市，城镇化水平初步得到回升，但由于当时国内外严峻的政治环境和经济发展形势，为突破国际经济政治的重围封锁，我国果断采取优先发展重工业的超常规经济发展战略，城镇化经历了曲折缓慢的发展阶段，城镇化率一度呈现低水平徘徊发展的基本特征。

1949～1957年，我国实施了"一五"（1953～1957年）计划推动工业化建设，吸纳农村人口参与工业建设，城市经济得到较快恢复，城镇化率在原有的基础之上开始缓慢增长，城市数量也由1949年的136座增加到1957年的178座。这一阶段城镇化的推进模式较为单一，主要是通过农村剩余劳动力进城和老旧城区的改造等，城镇化率由10.64%提高到15.39%（如图1-2所示），8年间上升约5个百分点，城镇化缓慢但正常发展，城镇化采取"自上而下的发展模式"，发展动力主要来自政府引导与推动。

图1-2　1949～1977年我国城镇化率

资料来源：《中国统计年鉴（2019）》。

1958～1977 年，我国城镇化发展处于低水平波动发展阶段。由图 1-2 可以看出，这一阶段城镇化率波动较大，主要是自然灾害以及政策不稳定等原因所致。这一阶段经历了"二五"（1958～1962 年）计划（开展以重工业为核心的工业建设，农业与工商业发展滞后），"三五"（1966～1970 年）计划（以战备为中心，加快三线建设，改善工业布局，城市化发展倒退），"四五"（1971～1975 年）计划（三线建设收尾，适当发展沿海工业基地，城市化发展停滞），中国的城镇化处于先下降然后逐渐恢复的发展阶段。

其中，1958～1960 年城镇化率由 15.4% 猛增到 19.8%（如图 1-2 所示），主要原因是"大跃进"运动导致大批农村人口涌入城市，城市人口猛增对当时城市的承载力造成巨大压力，人口增加带来的各种问题一时之间暴露，资源紧缺以及公共服务等无法迅速根据城市人口变化做出相应的调整，造成就业难、就医难、就学不足等一系列社会问题。因此，政府通过实行削减基本建设和精简职工等措施，压缩城镇人口。1962 年，国家提出 10 万人以下的城市都要撤销市建制，同年启动知识青年"上山下乡"运动以及城市干部下放农村，大量城镇人口涌入农村。1963 年，国家调整市镇建制，缩小城市郊区，城镇化率快速下滑。1964 年，国家强调"三线建设"，即要"大分散、小集中，少数国防项目要靠山、分散、隐蔽"，由于三线建设大多布局在我国西部地区，导致城镇化建设缓慢，但对西部地区的工业化发展起到推动作用。在该阶段政策的影响下，我国城镇化经历了先增长后倒退的境况，城镇化率和建制镇（由 1954 年的 5 400 个下降至 1978 年的 2 850 个）均有所下降。国家主要从农业发展中取得工业发展所需的资本，通过工农产品价格的"剪刀差"将资本从农业转移至工业，同时严格的户籍制度导致城乡劳动力不能自由流动，城乡发展差距不断扩大，为我国之后的城乡二元结构长期存在埋下伏笔。

第二节　城镇化快速发展阶段（1978～2012 年）

自 1978 年改革开放以来，我国城镇化进入发展快车道。由图 1-3 可以看出，1978～2012 年城镇化率整体呈现稳定上升态势。

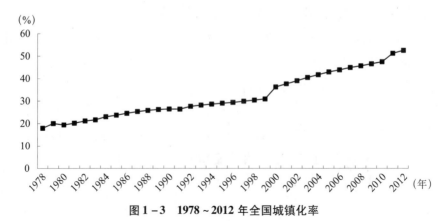

图 1 - 3　1978 ~ 2012 年全国城镇化率

资料来源：《中国统计年鉴（2019）》。

1978 年之后，"上山下乡"的知识青年开始回城，城乡流动的限制条件降低，同时，乡镇企业也开始出现，城市建设逐渐得到了重视，城镇化在经历了阶段性波折之后开始步入渐进式增长模式。在此阶段，中央关于城市发展的政策是"控制大城市，合理发展中等城市，积极发展小城市"。

从表 1 - 1 中可以看出，1949 年乡村人口占全国人口的 89% 以上，直至 1980 年乡村人口的占比仍在 80% 以上，虽然城镇人口增速快于乡村人口，但城镇人口的基数较小，直至 2010 年城镇人口数量基本达到总人口的半数。20 世纪 80 年代以来，中国乡镇企业获得迅速发展，"离土不离乡，进厂不进城"等理念被广泛实践。根据《中国乡镇企业统计资料（1978 ~ 2002）》显示，1978 年我国乡镇企业的数量为 1 524 268 家，1989 年为 18 686 282 家，在 1994 年时数量达到巅峰为 24 944 663 家，但在乡镇企业发展的过程中缺点也不断凸显，如管理治理方式粗放、企业集聚性差，20 世纪 90 年代后期其数量开始回落。时至今日，乡镇企业已经成为历史，但乡镇产业化的历史贡献不容忽视，为资源的配置提供了新思路，同时，乡镇产业化也倒逼国家进行以"市场"为取向的经济改革。乡镇产业化的崛起推动城镇化发展，改革开放之前，我国城镇与乡村并无联动；改革开放之后，乡镇产业化发展为小城镇提供了产业支撑，扩大了就业容量，为推动统筹城乡发展、城乡一体化以及城乡融合发展格局提供了可能。

表 1-1　　　　　　　　　　　　全国人口城乡分布

指标	1949 年	1960 年	1970 年	1980 年	1990 年	2000 年	2010 年	2018 年
总人口（万人）	54 167	66 207	82 992	98 705	114 333	126 743	134 091	139 538
城镇人口（万人）	5 765	13 073	14 424	19 140	30 195	45 906	66 978	83 137
乡村人口（万人）	48 402	53 134	58 568	79 565	84 138	80 837	67 113	56 401
乡村人口占比（%）	89.36	80.25	82.62	80.61	73.59	63.78	50.05	40.42

资料来源：《中国统计年鉴（2019）》。

　　1984 年，为接纳国际资本和产业转移的需要，国家批准大连、秦皇岛、天津、烟台、青岛、连云港、南通、上海、宁波、温州、福州、广州、湛江、北海 14 个城市为沿海开放城市，随后，国务院批准在其中 12 个沿海开放城市建立 14 个经济技术开发区，这是我国第一批国家级经济技术开发区，此后，20 世纪 90 年代掀起了"开发区热"。与国外的开发区不同，我国开发区的形成模式主要是由政府引导并给予政策支持，而国外的开发区更多是市场的产物，如美国硅谷。经济开发区对城市的发展具有重要影响，它是改革的先导和示范，具有重要的窗口作用，对周围地区具有辐射作用，对产业结构调整具有积极促进作用，以开发区的功能及作用将开发区分为经济技术开发区、高新技术开发区、保税区、边境经济合作区、台商投资区、国家级旅游度假区、综合开发区（洪燕，2006）。党的十一届三中全会之后，中国开始实施对外开放对内改革政策，"六五"（1981～1985 年）期间，国家投资重点已开始向沿海地区倾斜，实行非平衡区域发展的战略；"七五"（1986～1990 年）期间，进一步确定按东部—中部—西部的顺序安排发展重点。

　　1988 年，国务院颁布《中华人民共和国城镇国有土地使用权出让和转让的暂行条例》，该条例加速了城市扩张。根据全国城市建设用地情况（如图 1-4 所示）可以看出，自 1981 年以来，城市建设用地面积总体呈现出上升的态势，2018 年城市建设用地达到 56 075.9 平方千米，1994 年我国开始实行分税制改革，土地招拍挂制度的产生更是加快了土地城镇化。2008 年世界金融危机以后，在扩内需和保增长的政策下，城市建设土地加快增长。

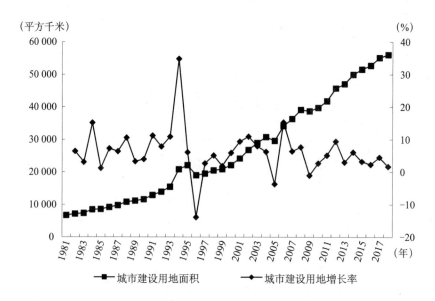

图 1 - 4 1981 ~ 2018 年全国城市建设用地及增长率

资料来源：中华人民共和国住房和城乡建设部。

1996 年，我国城镇化开始加速发展，同年建设部出台《住宅产业现代化试点工作大纲》，中央陆续出台一系列促进村镇住宅产业化的文件。2010年，中央发布《中共中央关于加大统筹城乡发展力度，进一步夯实农业农村发展基础的若干意见》等文件，旨在推进城镇化与新农村建设。此时，由于土地招拍挂制度的实施，城市也在迅速扩张，新区、新城以及中央商务区在国内开始急速发展。新城早期称为卫星城，在经历卧城卫星城、半独立式卫星城、独立式卫星城以及多中心开放式的卫星城四个阶段之后，逐渐走向新的发展趋势——新区，相较于开发区，新城、新区是更具有综合功能的复合型独立城市（王磊、李成丽，2017）。建设新区与新城是为缓解旧城区的人口、经济、居住以及公共服务的压力。新区通常与老城区在空间上有一定的距离，与旧城区临近、具有城市发展资源与潜力，但发展滞后于旧城区，与旧城区存在政治、经济、文化等诸多方面的联系，能够独立划归区域，实行与享受特殊发展政策与体制，以实现经济发展、城市居住压力缓解、政治与社会功能进一步完善等目标，城市功能完备、独立性较强的城市区域，是经济开发区的继承（梁宏志，2010）。自 1992 年浦东新区获批以来，2019年底我国获批的国家级新区已达 19 个，表 1 - 2 显示了除雄安新区之外的 18 个新区的情况。

表 1 - 2　　　　　　　　　　部分国家级新区情况一览表

新区名称	获批时间	位置	面积 （平方千米）	定位
浦东新区	1992 年 10 月	上海	1 210.41	国际经济中心、国际金融中心、国际贸易中心、国际航运中心
滨海新区	2006 年 5 月	天津	2 270	京津冀城市群的海上门户
两江新区	2010 年 5 月	重庆	1 200	内陆重要的先进制造业和现代服务业基地、长江上游地区的金融中心和创新中心
舟山群岛新区	2011 年 6 月	浙江舟山	陆地：1 440， 海域：20 800	中国大宗商品储运中转加工交易中心、重要的现代海洋产业基地
兰州新区	2012 年 8 月	甘肃兰州	1 700	西北地区重要的经济增长极、国家重要的产业基地
南沙新区	2012 年 9 月	广东广州	803	建设成为粤港澳优质生活圈和新型城市化典范、以生产性服务业为主导的现代产业新高地、具有世界先进水平的综合服务枢纽、社会管理服务创新试验区，打造粤港澳全面合作示范区
西咸新区	2014 年 1 月	陕西西安、咸阳	882	西部大开发的新引擎、向西开放的重要枢纽、丝绸之路经济带的重要支点
贵安新区	2014 年 1 月	贵州贵阳、安顺	1 795	西部地区重要的经济增长极
西海岸新区	2014 年 6 月	山东青岛	陆地：2 096， 海域：5 000	山东半岛城市群的增长极、现代化经济体系的新引擎、新旧动能转换的引领区、高质量发展的国家级新区典范
金普新区	2014 年 6 月	辽宁大连	2 299	中国面向东北亚区域开放合作的战略高地
天府新区	2014 年 10 月	四川成都、眉山	1 578	西部地区最具活力的新兴增长极、宜业宜商宜居的国际化现代化新城和"一带一路"双向开放经济高地
湘江新区	2015 年 4 月	湖南长沙	490	高端制造研发转化基地和创新创意产业聚集区，产城融合、城乡一体的新型城镇化示范区，中国"两型"社会建设引领区，长江经济带内陆开放高地

续表

新区名称	获批时间	位置	面积（平方千米）	定位
江北新区	2015 年 6 月	江苏南京	2 541	依托"一带一路"、长江经济带打造成长江经济带的重要支点和经济增长极
福州新区	2015 年 8 月	福建福州	1 892	生态文明先行区、改革创新示范区、两岸交流合作重要承载区、扩大对外开放门户以及东南沿海重要的产业基地
滇中新区	2015 年 9 月	云南昆明	482	中国面向南亚东南亚辐射中心的重要支点
哈尔滨新区	2015 年 12 月	黑龙江哈尔滨	493	形成以对俄全面合作为基石的科创中心、金融中心，面向东北亚的商贸会展中心，特色国际文旅中心和新兴产业集聚高地
长春新区	2016 年 2 月	吉林长春	499	创新经济发展示范区、新一轮东北振兴重要引擎、图们江区域合作开发重要平台、体制机制改革先行区
赣江新区	2016 年 6 月	江西南昌、九江	465	中部地区崛起和长江经济带发展的重要支点

资料来源：中国开发区网。

除此之外，2017 年 4 月批准设立雄安新区，其定位是疏解首都经济功能，打造新增长极和世界级城市群。可以看出，我国新区的区域分布为：华东地区 6 个、华北地区 2 个、东北地区 3 个、西南地区 4 个、华中地区 1 个、西北地区 2 个、华南地区 1 个，其中，华东地区最多，西南地区次之。第一个获批的新区与第二个之间相隔 14 年，从时间上看，虽然第一个新区即浦东新区开发较早，但我国大力发展新区是在 2014～2016 年，这 3 年间我国获批了 12 个国家级新区，占现有总数的半数。通过梳理 19 个新区的获批时间、地理位置以及战略定位可以发现，不同的新区被赋予的定位不同，多数新区为地区经济的增长极。新区的发展虽带来了许多经济效益，但也存在新区定位不明、规划不清以及无特色产业等问题，导致新区的发展止步不前。大多数东部地区的新区发展较好，相比之下，中西部地区新区作为增长极的作用并不十分显著。自身定位不准、没有主导的优势产业、创新体系构建不全等导致部分新区新城变为

"鬼城"，没有发挥出区域增长极的突出作用。各新区的主导型产业也具有差异性，浦东新区以第三产业为主导，天津滨海、甘肃兰州、广州南沙、四川天府、青岛西海岸等以第二产业为主导，第二、第三产业齐头并进的新区有重庆两江、浙江舟山群岛等，2018 年，上海浦东新区地区生产总值超 10 000 亿元，成为经济体量最大的新区。

中央商务区（CBD）是开展主要商务活动的场所。中央商务区是典型的增长极，位于经济与科技中心，需要具备客流量大、交通便利、四周具有完善的现代化办公体系以及以第三产业为主的条件。纽约曼哈顿、香港中环、东京银座以及首尔江南等是世界闻名的中央商务区。我国对中央商务区的广泛关注始于 1992 年，之前仅有上海地区关注中央商务区。之后，中央商务区得到迅速发展，2009 年我国已有 70 多个城市提出建设自己的中央商务区。根据 2016 年发布的《商务中心区蓝皮书：中国商务中心区发展报告（2015）》，我国中央商务区划分为六个等级，即世界级 CBD、洲际级 CBD、国家级 CBD、地区级 CBD 和项目级 CBD，具体如表 1 - 3 所示。

表 1 - 3　　　　　　　　　　我国 CBD 划分

名称	特征	代表地区
世界级 CBD	辐射范围覆盖全球，提供全球范围的商务服务，参与全球资源配置，跨国公司、总部企业、国际组织、国际性人才高度集聚，金融市场交易规模居世界前列	香港中环 CBD
洲际级 CBD	辐射范围一般覆盖多个国家和地区	/
国家级 CBD	辐射范围覆盖全国，提供全国范围的商务服务，借助区域内的全国性监管机构和企业总部等，通过上下游产业链和企业网络带动全国经济发展	上海陆家嘴 CBD 北京 CBD 广州天河 CBD
地区级 CBD	辐射覆盖所在城市及周边区域，具有一定的区域影响力	上海虹桥 CBD、珠海十字门 CBD、南京河西 CBD、杭州钱江新城 CBD、杭州武林 CBD、大连人民路 CBD、沈阳金融商贸 CBD 和天津滨海新区 CBD 等
项目级 CBD	仍处于发展起步阶段，具有较好的区位条件和较高的规划建设水平，通常作为政府促进地区发展的重大项目或重要抓手，由政企合作推进建设	西安长安路 CBD 银川阅海湾 CBD 广西南宁金湖 CBD 等

资料来源：《商务中心区蓝皮书（2015）》。

　　《商务中心区蓝皮书：中国商务中心区发展报告（2019）》显示，中国 CBD 的地区生产总值具有梯度性的特征，可以分为四个梯队。第一梯队为地区生产总值均超过了 1 500 亿元，包括广州天河 CBD、深圳福田 CBD 和北京 CBD，其中，广州天河 CBD 的 GDP 更是突破了 3 000 亿元，居全国 CBD 生产总值第一位。第二梯队为地区生产总值超 1 000 亿元，代表为武汉 CBD 和天津河西 CBD。第三梯队为地区生产总值超过 500 亿元，代表为杭州武林 CBD、重庆解放碑 CBD 和大连人民路 CBD。第四梯队为地区生产总值在 100 亿~300 亿元，包括银川阅海湾 CBD、郑东新区 CBD、重庆江北嘴 CBD、南京河西 CBD 和西安长安路 CBD。一般而言，各城市 CBD 的经济效益要远远高出全市的平均水平，广州天河 CBD 的地区生产总值占全市比重接近 14%，深圳福田 CBD 占 10.67%，银川阅海湾 CBD 以 24.82% 位居榜首。从地均产出来看，各城市的 CBD 地均地区生产总值远远高于市内地均 GDP。2018 年重庆解放碑 CBD 的地均 GDP 为 445.34 亿元/平方千米，位居全国首位，为重庆市地均 GDP 的 1 000 多倍。银川阅海湾 CBD 核心区面积仅有 2.88 平方千米，但在 2018 年银川阅海湾 CBD 地均 GDP 突破 100 亿元/平方千米，是银川市地均 GDP 的近 261 倍。

　　改革开放以来，东部地区凭借其区位优势、先发优势，经济发展水平远高于中、西部地区，从图 1-5 中可以看出，1985~1991 年东部与中西部地区差异较小，差距并无明显扩大趋势，自 1991 年之后，东部地区人均生产总值上涨速度加快，并与中西部地区差距显著拉大，为解决区域之间经济差距与不协调发展问题，中央陆续提出西部大开发、东北振兴以及中部崛起三大战略，我国区域政策也由上阶段的非均衡发展向区域协调发展转变。

　　这一阶段我国关于城市的发展政策经历了三个阶段，第一阶段严格控制大城市规模，合理发展中等城市和小城市；第二阶段大中小城市和小城镇协调发展；第三阶段城镇化快速发展，但同时也凸显很多经济社会问题，如土地城镇化快于人口城镇化，城乡二元结构愈发严重，进而导致城乡收入差距拉大，社会矛盾日益凸显等。

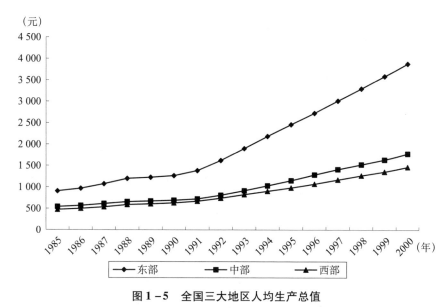

图 1-5　全国三大地区人均生产总值

资料来源：根据《中国国内生产总值核算历史资料（1952~2004）》计算。

第三节　城镇化提质增效阶段（2012 年至今）

改革开放以来，我国城镇化在"量"上取得长足发展，但在"质"的方面并未同步跟进，城镇化质量与城镇化速度不相匹配。长期重视物的城镇化，忽视人的城镇化，城镇化质量不高，快速发展诱发的各种问题交织性出现，传统城镇化发展模式亟需转型，在此背景下，2012 年，党的十八大首次提出新型城镇化战略，这标志着中国城镇化进入了一个崭新的发展阶段。2013 年 11 月，十八届三中全会通过《中共中央关于全面深化改革若干重大问题的决定》，明确提出坚持走中国特色新型城镇化道路。新一轮的新型城镇化遵循城市发展规律，提高城市治理能力，解决大小城市病，着力突破城乡二元结构，降低外来人员进入城市的壁垒，推动农民工市民化进程，重在提升质量。新型城镇化与传统城镇化在侧重点、路径、指标、城乡关系等方面存在较大差异，具体如表 1-4 所示。

表 1-4   新型城镇化与传统城镇化部分对比

项目	传统城镇化	新型城镇化
侧重点	城镇化率的提高	质量的提升
路径	通过提高工业化率拉动城镇化率上升	以新型工业化、信息化、体制机制创新等为动力
指标	单一指标	多指标
城乡关系	城乡分离	城乡一体化
特点	土地等资源浪费严重	注重集约化发展，减少能耗，保护生态环境

资料来源：作者整理所得。

传统城镇化阶段的主要发展方式为造城，如新城、新区、开发区等。新型城镇化阶段注重内涵集约发展，突出人的核心地位，促进大中小城市和小城镇协调发展。新型城镇化阶段提出的小城镇与 20 世纪中后期的小城镇发展有所不同，20 世纪中后期发展的小城镇是为解决农村剩余劳动力就业问题，但没有从根本上解决农村改革与发展的问题，小城镇发展的同时带来了资源浪费、忽略了区域差异（部分地区并不适宜发展小城镇模式），产生了产业同构等问题。"十三五"期间，我国全面推动中小城市和小城镇健康发展，以县城为重点发展小城镇，依托相邻重点城市、特色优势资源、重要边境口岸与对外贸易通道等，培育发展了一批特色小城镇，建设重点为培育特色产业，实现城乡协调发展。住房和城乡建设部于 2016 年 10 月公布了第一批中国特色小城镇名单，进入这份名单的小镇共有 127 个。2017 年 7 月，公布了第二批全国特色小城镇名单，共计 276 个。2018 年底，全国特色小城镇数量达到 403 个。由图 1-6 可以看出，全国特色小城镇数量较多的前三个省份分别是江苏省、浙

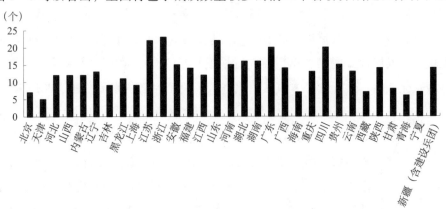

图 1-6   403 个国家级特色小城镇的省际分布

资料来源：作者收集资料整理。

江省以及山东省，三省均超过 20 个国家级特色小城镇，西北地区的特色小城镇数量普遍较少，如青海省的特色小城镇数量仅为浙江省的 1/4。

2016 年出台的"十三五"规划提出，建设京津冀、长三角、珠三角世界级城市群，提升山东半岛、海峡西岸城市群开放竞争水平。培育中西部地区城市群，发展壮大东北地区、中原地区、长江中游、成渝地区、关中平原城市群，规划引导北部湾、山西中部、呼包鄂榆、黔中、滇中、兰州 - 西宁、宁夏沿黄、天山北坡城市群发展，形成更多支撑区域发展的增长极。党的十九大报告明确指出，要以城市群为主体构建大中小城市和小城镇协调发展的城镇格局，为新时代我国推进新型城镇化指明了方向和路径，城市群将成为新型城镇化的主体形态，城市群的发展势头迅猛，城市群发展战略具体如表 1 - 5 所示。

表 1 - 5　　　　　　　提质增效阶段的城市群发展战略

名称	发展历程	关注内容
京津冀协同发展	由习近平总书记于 2014 年 2 月在北京主持召开座谈会，专题听取京津冀协同发展工作汇报，强调实现京津冀协同发展	通过京津冀协同发展疏解北京的非首都功能，协调城市的布局和空间结构，重点解决"大城市病"
粤港澳大湾区	1994 年，香港科技大学校长提出对标旧金山建设深港湾地区。历经 20 多年，2016 年《中华人民共和国国民经济和社会发展第十三个五年规划纲要》和《关于深化泛珠三角区域合作的指导意见》正式明确打造粤港澳大湾区	通过广州与深圳协同香港与澳门，建设成世界级城市群
长江经济带	由 20 世纪 80 年代"长江产业密集带"的概念发展而来，2016 年 9 月中央印发《长江经济带发展规划纲要》	以长三角城市群、长江中游城市群和成渝城市群带动整体区域发展
长三角一体化	最早在《关于建立长江三角洲经济开发区的初步设想》中提出。2018 年，印发《长三角地区一体化发展三年行动计划（2018 ~ 2020 年）》并上升为国家战略	将长三角城市群建设成面向全球、辐射亚太、引领全国的世界级城市群
黄河流域生态保护和高质量发展战略	2019 年 9 月 18 日，习近平总书记在郑州主持召开黄河流域生态保护和高质量发展座谈会上提出	着力加强生态保护治理、保障黄河长治久安、促进全流域高质量发展、改善人民群众生活、保护传承弘扬黄河文化，让黄河成为造福人民的幸福河

资料来源：作者整理所得。

目前我国共有 10 个城市群获得国家批复，具体如表 1 - 6 所示。根据各个城市群所处地理位置以及经济状况的差异，各城市群的战略定位有所不同，东部地区城市群战略定位为国家级创新发展高地，中、西部地区城市群战略定位大多为内陆开放新高地和地区经济增长极。通过分析国家级城市群的具体信息，发现我国城市群大多处于发育期与培育期，符合成熟期城市群特点的只有长三角城市群和粤港澳大湾区，即城市群内部经济体量大的城市数量较多，各个城市之间经济、交通以及产业等联系紧密。

表 1-6   国家级城市群批复信息一览表

城市群名称	国务院批复时间	印发时间	国务院批复和国家发展改革委印发资料文件
长江中游城市群	2015 年 3 月 26 日	2015 年 4 月 13 日	《国务院关于长江中游城市群发展规划的批复》《国家发展改革委关于印发长江中游城市群发展规划的通知》
哈长城市群	2016 年 2 月 23 日	2016 年 3 月 7 日	《国务院关于哈长城市群发展规划的批复》《国家发展改革委关于印发哈长城市群发展规划的通知》
成渝城市群	2016 年 4 月 12 日	2016 年 4 月 27 日	《国务院关于成渝城市群发展规划的批复》《国家发展改革委关于印发成渝城市群发展规划的通知》
长江三角洲城市群	2016 年 5 月 22 日	2016 年 6 月 1 日	《国务院关于长江三角洲城市群发展规划的批复》《国家发展改革委关于印发长江三角洲城市群发展规划的通知》《中共中央国务院关于长江三角洲区域一体化发展规划纲要》
中原城市群	2016 年 12 月 28 日	2016 年 12 月 29 日	《国务院关于中原城市群发展规划的批复》《国家发展改革委关于印发中原城市群发展规划的通知》
北部湾城市群	2017 年 1 月 20 日	2017 年 2 月 10 日	《国务院关于北部湾城市群发展规划的批复》《国家发展改革委关于印发北部湾城市群发展规划的通知》
关中平原城市群	2018 年 1 月 9 日	2018 年 2 月 2 日	《国务院关于关中平原城市群发展规划的批复》《国家发展改革委关于印发关中平原城市群发展规划的通知》
呼包鄂榆城市群	2018 年 2 月 5 日	2018 年 2 月 27 日	《国务院关于呼包鄂榆城市群发展规划的批复》《国家发展改革委关于印发呼包鄂榆城市群发展规划的通知》
兰西城市群	2018 年 2 月 22 日	2018 年 3 月 13 日	《国务院关于兰州—西宁城市群发展规划的批复》《国家发展改革委关于印发兰州—西宁城市群发展规划的通知》
粤港澳大湾区	2019 年 2 月 18 日	2019 年 2 月 18 日	《中共中央国务院印发〈粤港澳大湾区发展规划纲要〉》

资料来源：作者整理所得。

在城市群发展进程中，重要中心节点城市的作用举足轻重，决定着城市群或经济圈的发展方向与质量。从图1-7中可以看出，在2019年经济总量排名前20的城市中，东部沿海地区的城市居多且经济总量差异较人口差异更大，上海以38 155亿元占中国城市经济总量第一位，是排名第六的2倍。北京紧随其后，其地区生产总值也超过了35 000亿元。由图1-7可以看出，排名前20的城市可以分为五个梯队，第一梯队为上海、北京，其地区生产总值超过35 000亿元；第二梯队为深圳，地区生产总值超过25 000亿元；第三梯队为广州、重庆，地区生产总值超过20 000亿元；第四梯队为苏州、成都、武汉、杭州，地区生产总值超过15 000亿元；第五梯队为其他剩余11个城市，其地区生产总值均在15 000亿元以下。

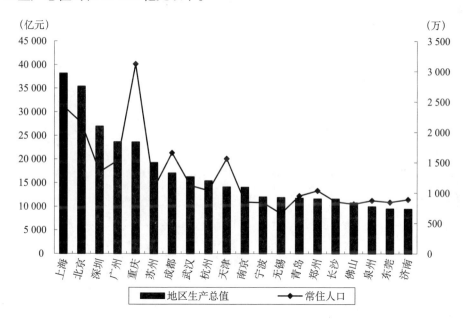

图1-7　2019年中国经济总量排名top20城市

资料来源：根据各城市统计公报数据整理。

从全国百强城市的角度来看，我国百强城市大多来自东部地区，其中，江苏省的所有地级市均进入2018年百强城市排行榜，西部地区如甘肃、新疆等只有1个城市入选百强城市（如表1-7所示），与经济差异一致，东部地区和中西部地区的百强城市分布存在着同样的差异性。在新型城镇化发展阶段，东部地区依然是全国城市发展引领者，中西部地区发展潜力巨大，也是今后城镇化发展的主力军，在空间资源优化配置的背景下，大力发展城市群已经成为带动中西部地区新型城镇化发展的必然选择。

表 1 - 7　　　　　　　2018 年百强城市所属省份统计（除直辖市）

省份	个数	省份	个数
江苏	13	山东	11
广东	10	河南	10
浙江	8	河北	6
湖南	5	福建	4
安徽	4	湖北	3
江西	3	内蒙古	3
四川	2	陕西	2
辽宁	2	广西	2
贵州	2	云南	1
吉林	1	黑龙江	1
山西	1	新疆	1
甘肃	1		

资料来源：华顿经济研究。

通过梳理我国 70 年来城镇化发展历程与特征，得到以下基本判断：第一，从发展模式来看，2012 年之前，我国城镇化普遍注重城镇化率的提升和规模扩张的粗放发展模式，2012 年之后，我国城镇化更加注重集约化和提质增效的发展模式，在新一轮城镇化进程中，集聚化发展成为主流方向，城市群将成为城镇化发展的主体形态。第二，从发展动力来看，70 年来我国城镇化发展经历了由政府主导到市场主导、政府协同推进的动力转变，1978 年改革开放之前，我国城镇化的发展动力为政府推动，1978 年改革开放之后，城镇化的发展更加注重市场导向。第三，从体制机制创新来看，与传统城镇化相比，新型城镇化更加注重体制机制创新，旨在通过户籍制度创新、土地制度创新、社会保障制度创新、住房制度创新等多元化制度创新，从根本上化解城乡二元结构，提高公共服务供给质量，加快农民工市民化进程，破解"三农"难题，推进城乡一体化发展，实现新型城镇化高质量发展。

第二章 空间趋同视域下新型城镇化效率优化分析

　　全面提高新型城镇化质量，其中的重要任务之一便是提高新型城镇化效率，增强城市可持续发展能力。在经济转型发展的关键时刻，提高城镇化效率已经成为推动以人为核心的新型城镇化的重要途径，也是促进区域均衡协调发展的重要选择，新型城镇化效率的高低直接决定着今后城镇化的发展质量，如何优化和提升我国新型城镇化效率，推动以人为核心和注重质量的内涵式城镇化发展已成为当前社会各界关注的热点问题。本章利用超效率DEA模型测度了中国省际新型城镇化效率，并实证检验了新型城镇化效率的空间趋同性，探讨趋同背后的潜在优化机制及其影响因素。研究结果表明，我国新型城镇化效率总体表现向好，同时区域分异和个体异质性较为明显，东中西三大区域的新型城镇化效率均呈倒"U"型变化趋势；全域新型城镇化效率存在着明显的绝对趋同特征，同时形成东、中、西三个空间趋同俱乐部，区域内部趋同速度表现为中部最快，西部次之，东部最慢的趋势；在控制技术进步等变量的条件下，有条件的趋同系数相比绝对趋同系数呈现出较大幅度上升，新型城镇化效率条件趋同迹象较为明显，这也为新型城镇化效率优化提升提供了有针对性的政策和路径选择菜单。

第一节　引言与文献综述

　　城镇化是现代化的必由之路，也是经济社会不断发展的必然过程。我国城镇化经过70多年的风雨兼程，尤其是自1978年以来伴随着经济增长之"奇迹"，城镇化发展快速推进，并且在 2011 年城镇化率首次突破 50% 的 "门槛"，实现了城乡人口结构的历史性转变。可见，我国城镇化发展取得的非凡成就不容置疑，但在快速发展过程中暴露出的城镇化低效率问题也常为人们诟病，如城市建设中资源要素投入过多、生态环境成本过高、"半城镇化" 问题已然突出、城市运营效率长期较低等，对提升经济增长质量的负面冲击较大。站在新的历史起点上，国家审时度势地提出了新型城镇化战略作为今后引领我国经济持续发展和改善民生福祉的新动力。新型城镇化是以人为核心的城镇化，注重质量提升和内涵发展，也是对传统城镇化的效率改进和系统优化。《国家新型城镇化规划（2014～2020 年）》明确提出要以人的城镇化为核心，全面提高城镇化质量，其中的重要任务之一便是提高新型城镇化效率，增强城市可持续发展能力。在经济转型发展的关键时刻，提高城镇化效率已经成为推动以人为核心的新型城镇化的重要途径，也是促进新常态阶段区域均衡协调发展的重要选择，新型城镇化效率的高低直接决定着今后城镇化的发展质量。如何优化和提升我国新型城镇化效率，推动以人为核心和注重质量的内涵式城镇化发展已成为当前社会各界关注的热点问题。同时，我国地域辽阔，区域经济发展很不均衡，这必然使新型城镇化效率表现出较大的区域差异性。因此，在全面推进新型城镇化建设的现实背景下，科学测度新型城镇化效率和深刻认识其区域差异性，分析新型城镇化效率的空间分布特征，探讨新型城镇化效率空间趋同及其影响因素，寻求新型城镇化效率从低水平地区向高水平地区趋同优化的有效路径，对提高城镇化质量与促进经济社会协调可持续发展具有重要的理论价值和现实意义。

作为多元耦合的复杂系统，城镇是空间再生产的重要节点与载体，其效率已成为衡量城市经济良性运行的重要标准，因而城镇化效率也得到国内外学者的广泛关注。纵观既有文献成果，最早注意到城镇化效率问题的是国外学者。自阿隆索（Alonso，1971）注意到城市效率与城市规模的关系之后，城市规模变化、区位距离、生产要素流动速度等因素对城市效率的影响作用逐渐得到学者们的关注（Sveikauskas，1975）。查恩斯等（Charnes et al.，1989）基于生产体系的视角对城市效率进行研究，在此基础上更进一步地从合作收益的角度论证区域城市合作产生了重要的效率收益（Byrnes and Storbeck，2000）。随着城镇化和土地利用关系的不断演化，城市土地利用政策、土地使用的外部性、城市扩张和土地危机、城市土地集约利用等问题也日益凸显（Ubink and Quan，2008；Louw，2008），但通过对荷兰、比利时和波兰等国的研究发现在城市扩张进程中特定的制度环境有助于提高和改善土地利用效率（Halleux et al.，2012）。在国内研究中，李博之（1987）最早将城市效率分为城市经济效率、城市运行效率、城市居住效率和城市环境效率，自此之后大多数学者基于投入产出角度对城镇化效率进行了系统研究。李郇等（2005）采用 DEA 测算了我国 202 个地级及以上城市的效率，结果表明，1990～2000 年中国城镇化效率较低，且形成了与三大经济地带以及城镇行政等级相一致的格局。刘秉镰、李清彬（2009）的研究结果显示，我国在 1990～2006 年的城市经济增长还处于投入增长阶段，利用效率整体较低。郭腾云和董冠鹏（2009）研究了特大城市空间紧凑度对城市效率的影响。张明斗（2013）实证分析发现，中国城市化效率整体呈现波浪式下降的演进过程，全国处于生产前沿面的省区市数量总体上也呈现下降趋势，且空间分异也发生了根本性的变动。王晓鹏、张宗益（2014）基于动态测量结果指出，中国城镇化效率在整体上处于效率变动的无效状态，从空间分布来看，我国的城镇化尚处于"摊饼式"的粗放增长状态且区域差异显著。万庆等（2015）利用 SBM 方向性距离函数和 Luenberger 生产率指数模型，测度各城市群的城市化效率和城市化全要素生产率，并对城市群城市化效率的影响因素进行实证检验。

通过文献梳理可以发现，多数研究主要集中于传统城镇化效率测度与比较分析方面，鲜见从空间趋同视角对中国城镇化效率优化进行深入系统地研究，而对新型城镇化效率优化的研究就显得更为缺乏；新型城镇化效率是否存在区域差异，其效率究竟是后进者对先进者的追赶趋同效应，还是两极分化的"马太效应"，现有文献对这一理论谜题并没有给予关注，新型城镇化效率是否具有空间趋同性以及导致趋同的影响因素仍需进一步的深入研究。因此，本章尝试性地从人口城镇化、经济城镇化、社会城镇化、生态城镇化四个方面来刻画新型城镇化的内涵，并客观测度新型城镇化的效率，从空间趋同视角探讨新型城镇化效率及其优化问题，实证检验中国新型城镇化效率究竟是趋同效应还是马太效应及其重要影响因素，进而科学地解释中国新型城镇化效率优化的空间趋同机制，进而提出有针对性的政策措施。

第二节　中国传统城镇化低效率化的现实表现

一、土地资源浪费严重：土地城镇化快于人口城镇化

土地城镇化和人口城镇化是城镇化的两个主要内容。中国传统城镇化发展的现实表明，土地城镇化的速度快于人口城镇化的速度，甚至土地城镇化超速前行，由此导致人口城镇化和土地城镇化的失衡。统计数据显示，1995 年以来，我国传统城镇化经历了历史上最快的发展阶段，国内城市建设用地面积从2003 年的 2. 33 万平方千米扩展到 2015 年的 5. 16 万平方千米，12 年内扩张了54. 90%，全国城镇建成区面积扩张了 46. 44%，但同期城镇人口仅增长了32. 08%。从图 2 - 1 中也可以看出，2003 ~ 2015 年我国城市建设用地面积和建成区面积曲线比较陡峭，而城镇人口曲线比较平缓，在此期间城市建成区面积的年均增长率比城镇人口的年均增长率高出 2. 0 个百分点，土地城镇化的年均增长率是人口城镇化速度的 1. 67 倍。由此可见，土地的城镇化速度要远快于人口城镇化速度，土地城镇化与人口城镇化速度极不匹配。

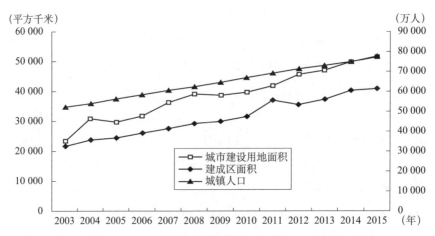

图 2 - 1　2003 ~ 2015 年我国土地城镇化和人口城镇化年增长速度比较

资料来源：根据《中国城市统计年鉴》（2004 ~ 2016）整理得到。

　　然而，快速发展的土地城镇化是以土地资源的严重浪费为代价的。城镇规模的不断扩大，引起了盲目无序扩张、频繁征收农村土地、肆意侵吞耕地、粗放增长，造成土地资源的闲置与粗放利用以及农地的违法违规使用。不少地方政府超越自身发展条件，盲目扩张，多圈地、早圈地，城市土地开发呈外延平面式扩展趋势，忽视了内涵立体的综合开发与利用，浪费土地资源（辛建卉、张午生，2006）。快速城镇化进程中土地资源的低效利用和浪费是由许多微观因素和宏观因素相互作用而整体表现出来的一种宏观现象，主要体现在以下四个方面。一是我国粗放型的经济增长方式决定了传统城镇化进程中城镇土地粗放式的利用方式。我国传统城镇化建设中普遍存在高成本平面式的扩张现象，土地闲置和浪费严重，导致城市用地规模超标，土地利用效率较低，单位面积土地产出水平低下。二是大搞开发区建设，城市土地闲置，浪费严重。由于某些地方政府盲目追求建大项目带动区域内经济发展，使得各地掀起了开发建设高科技园等各类开发区的热潮。但我国很多开发区在建设过程中，由于不切实际地盲目扩张，不仅造成了土地资源的浪费，而且不利于配套设施的建设，导致开发区的土地利用价值大打折扣。三是农村人口不断转移，土地大量闲置。随着城镇化进程的加快，大量的农村劳动力转移到城市。然而，由于城乡土地制度和保障制度的二元化以及农村人口就业、户籍、社保、土地处置等政策的不完善，使得进城农民的积极性不高，他们为了生活有保障，将自己在农村的土地保留下来，致使土地闲置撂荒，造成土地资源的严重浪费。四是农村建设用地占比大，闲置和粗放利用。因为城乡户籍管理制度不完善、城市产业结构转型等原因使得目前的城镇化不彻底，出现了大量半城镇化的两栖人口。这些人口一部分虽然已经摆脱了对农田和农村宅基地的依赖，融入城镇生活中，但是由于户籍管理体制等原因，他们在农村拥有的宅基地和农田被大量闲置，必然造成全国土地宏观层面的低效利用和浪费（吴敬琏等，2012）。而有一部分人口在城市"定居"难，"被两栖"的生活方式需要在城乡同时安排用地，村庄与城市"双扩"占地的局面尚未改变。随着农村劳动力大量外出和农村人口净减少，农村"空心化"和住房闲置也较普遍（胡存智，2012）。可见，在我国传统城镇化快速发展的过程中，由于盲目扩大城市规模，片面强调城市土地面积的扩张，而忽视了在城镇化过程中发挥主观能动性的人的城镇化过程，从而导致"人—地"失衡，出现有项目无人投资，有房无人住等"空城"现象，造成土地资源的严重浪费。这无疑是传统城镇化低效率化的真实反映。

二、能源资源利用低效：粗放式的城市经济增长模式

能源资源作为工业生产和居民生活的重要基础，在城镇化进程中发挥着越来越重要的作用。自 1978 年以来，中国的城镇化从 19.72% 以年均 1 个百分点的速度增长，但这种高速发展的城镇化是在粗放式的城市经济增长模式下实现的，由于过分强调数量及规模的提高或扩大，出现了盲目扩张、盲目投资、大量投资等一些现象，使得城市能源资源的供求失衡，结构失衡问题日益突出。城镇化的快速发展直接或间接导致能源资源消费总量的快速上升，致使能源资源利用低效化。图 2-2 中的两条曲线显示了这一历程。2003~2015 年，中国的城镇化率由 40.53% 上升到 56.10%，年均增速达 2.75%；城镇的能源消耗总量由 18 959 万吨标准煤增加到 45 570 万吨标准煤，年均增速 7.58%。城镇化率每增长 1 个百分点需要能源消耗总量增长 2.76 个百分点，由此可以看出，城镇化进程中的能源资源消耗较大，能源利用效率较低。虽然节能工作取得了一定的效果，但由于粗放式的经济增长方式，整体技术水平较低，单位 GDP 能耗下降的速度较为缓慢。2000~2016 年，中国能源效率水平保持了上升的趋势，从 2000 年的 14 655.35 吨标准煤/亿元的水平下降到了 2016 年的 5 859.21 吨标准煤/亿元的水平，比 2000 年下降了 60.02%，年均减少 549.76 吨标准煤/亿元；城镇能源资源效率水平也有上升趋势，2003~2015 年中国城镇单位 GDP 能耗波动中有所下降，由 2003 年的 0.25 吨标准煤/万元下降到 2015 年的 0.11 吨标准煤/万元，下降了 57.27%，年均减少 0.01 吨标准煤/万元。

三、生态环境质量改善空间较大：城市生态环境治理亟待加强

随着城镇化进程的进一步加快，导致大量人口与经济活动聚集在范围相对狭小的城市区域内，对城镇环境产生了极大的压力。城市人口、工业集中，造成了城市大气污染、水污染、土壤污染、固体废弃物污染、噪声污染等环境问题。而且目前的城市生态环境建设片面追求统一规划、观赏和美化亮化等效

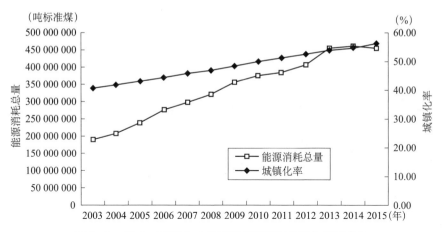

图 2 - 2　2003 ~ 2015 年中国城镇能源消耗总量与城镇化率

资料来源：根据《中国城市统计年鉴》(2004 ~ 2016) 整理得到。

应，强调建设规模的扩大，而忽视了城市生态环境的治理与保护，从而加剧了城市环境污染，造成城市环境的恶性循环。

　　大气污染严重。随着工业、交通运输等行业的迅速发展，空气中充斥着汽车尾气、工业废气，雾霾天数不断增加，细颗粒物（PM2.5）数据不容乐观。如城镇工业生产、交通运输和居民生活排放出大量的一氧化碳、二氧化硫、二氧化氮、颗粒物质、碳氢化合物等的污染。伴随着城镇化的发展，对人们的生活、工作和健康产生严重影响，如当空气污染物达到一定浓度时，将严重危害人们的身体健康，引起呼吸系统和心血管等疾病，甚至导致死亡（荣宏庆，2013）。《2016 中国环境状况公报》显示，我国城市环境污染状况十分严重，2016 年全国有 75.1% 的城市环境空气质量超标。

　　水污染加剧。城市的发展以及城市人口的不断增长，对城市用水的需求量日益加大，同时水资源的缺乏和水污染的威胁在不断加剧（王威、许红缨，2010）。随着城镇化进程的加快，特别是第三产业的大力发展，将带动商贸流通、餐饮服务、科技教育、文化旅游的发展，必将有大量的第三产业和城市居民的生活污水排入河道，加剧城市水体污染。

　　土壤污染。城镇工业发展过程中排放出来的污染物可以通过多种途径进入土壤，如通过水体污染、大气中酸沉降、城市垃圾渗出液污染、大气降尘等（王威、许红缨，2010）。大气降尘中的烟尘、灰尘、二次扬尘以及工业粉尘中细粒部分是土壤污染的主要形式，而且这种污染会由城镇及城镇周边蔓延到农村。

固体废弃物污染。伴随城镇化进程的加快，城镇工业"三废"、生活垃圾等固体废弃物急剧增加，加之城镇垃圾无害化处理设施落后于城镇的发展和功能需要，增加了大气中的粉尘含量，加重了大气的尘污染；无序堆放的固体废弃物中的有害成分由于挥发及化学反应，产生有毒气体，导致大气污染（荣宏庆，2013）。随着城市的快速发展，人口聚集、消费水平提高，生活垃圾的产生量也在快速增加。2013～2015 年，伴随中国城镇化率的增长，城市垃圾也在增加，城市垃圾的增长趋势与城市化率呈正比（如图 2-3 所示）。《2016年全国大、中城市固体废物污染环境防治年报》显示，2013 年 261 个大、中城市一般工业固体废物产生量为 23.83 亿吨，工业危险废物产生量为 2 937.05万吨，医疗废物产生量约为 54.75 万吨，生活垃圾产生量 16 148.8 万吨；2014年 244 个大、中城市一般工业固体废物产生量为 19.2 亿吨，工业危险废物产生量为 2 436.7 万吨，医疗废物产生量约为 62.2 万吨，生活垃圾产生量约为16 816.1 万吨；2015 年全国 246 个大、中城市一般工业固体废物产生量为19.1 亿吨，工业危险废物产生量为 2 801.8 万吨，医疗废物产生量约为 68.9万吨，生活垃圾产生量约为 18 564 万吨。

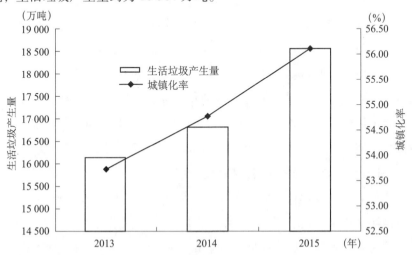

图 2-3　2013～2015 年中国城市生活垃圾产生量与城镇化率增长情况

资料来源：根据《中国城市统计年鉴》（2004～2016）整理得到。

　　噪声污染无处不在。随着城镇化速度的加快，城镇人口剧增、汽车猛增、道路拥堵、交通繁忙、工业及建筑业规模扩大等使城镇出现了交通噪声、工业噪声、建筑噪声、生活噪声等。实践表明，城镇居民长期生活在噪声超标的环境中会引起神经系统、心血管系统和胃肠消化系统等疾病，如记忆力减退、失眠、心跳加快、心律不齐、食欲不振等，甚至会影响到人们的心理健康。环保部发布的《中国环境噪声污染防治报告（2016）》中显示，全国1/4城市睡在噪声里。可见，噪声污染无处不在，已成为居民健康的"隐形杀手"。城镇绿地不足，快速城镇化使得人口密度加大，绿地面积严重缺乏，人与植物的生物量比值下降。在城市规模日益扩张、城市功能日益增强的形势下，园林绿地的生态效应显得日益重要。绿色植物具有维持二氧化碳－氧气平衡，吸滤有毒有害气体、吸滞粉尘、杀灭细菌、衰减噪声、改善小气候和美化环境等多种功能。由于城镇化过程中过多关注经济，忽视生活质量，城镇绿地面积严重不足（荣宏庆，2013）。如图2－4所示，2003~2015年中国城镇建成区绿化面积总体上保持波动持续上升的增长趋势（除2015年），而且随着城镇化进程的加快，建成区绿化面积的增长速度有所加快，而同期人均绿化面积呈现出波动下降的增长趋势。从绝对数上来

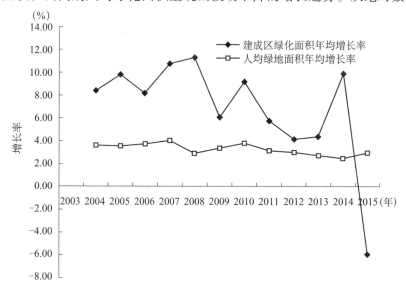

图2－4　2003~2015年中国城镇建成区绿化面积与人均绿地面积增长情况

资料来源：根据《中国城市统计年鉴》（2004~2016）整理得到。

看，建成区绿化面积从 2003 年的 712 990 公顷增长到 2015 年的 1 562 083 公顷，增长了 54.36%，但同期人均绿化面积增长了 32.80%，比建成区绿化面积低 21.56 个百分点，这种增长趋势既不利于城镇生态环境的治理与保护，也不利于居民生活质量的提高。

四、城镇运行低效率化：公共服务产品供给滞后

随着我国城镇化进程的快速推进，城市经济的快速增长和人口规模的不断膨胀，大量人口及产业在城市区域聚集，使得公共服务产品需求飞速增加。而我国目前城镇运行低效率化，公共服务产品供给滞后的这种状况使得一些特大城市人口规模超过了城市资源、生态环境、基础设施等的承载能力，城市发展与人口、资源和环境之间的矛盾日益突出，城市人口超饱和、建筑空间拥挤、绿化面积减少、交通阻塞、城市抗灾能力差等"城市病"凸显。其中，最为显著的是交通拥堵、子女上学困难、工作及房贷压力大，两栖农民工现象长期存在等。

首先，半城镇化使得农民工不能平等地分享城镇公共服务产品。虽然我国城镇化率在 2016 年已经达到 57.35%，但如果以享受城镇公共服务的户籍人口计算，仅有 41.2% 左右（孙丹，2016），剩余 16.15% 左右的农村进城人口只是在城市里打工，没有享受到和市民一样的公共服务和社会保障，属于"半城镇化"。他们中的一部分只是以农民工身份存在的，属于"两栖农民工"，另有一部分农村人口则已经在城市长年居住，但由于户籍及社会保障等制度的限制，他们在子女上学、就业、医疗服务、社会保障以及政治权益等方面无法得到与城市居民同等的待遇，不能平等分享城市各类公共服务产品。

其次，片面现代化使得农民工住房及房贷压力较大。长期以来在城镇化建设中注重规模的扩大和建设的美化，对城镇建设缺乏长远性的规划，使得一些城镇建设不切实际，盲目进行国际大都市、新城、生态城、大学城、市政中心、豪华会展中心、大马路、大场馆、大绿地等的规划建设，而居民生活真正需要的住房等民生工程却相对较弱。这种平面化的与经济发展水平不相匹配的城镇化扩张，造成了房价的过度上涨，从而给农民工等城市贫困群

体造成了很大的住房及房贷压力。

再次，城镇的快速扩张使得交通拥堵现象严重。伴随城镇化进程的加快，各大城市的出租车、私家车等机动车数量急剧增长，而城市交通系统更新完善和道路改造较为缓慢，导致了越来越严重的交通拥挤问题，降低了人们的出行和工作效率，严重影响城镇化发展的质量。统计数据证明了这一问题，2003～2015 年，伴随中国城镇化率的持续增长，人均城市道路面积也在增长，但其增长乏力且不稳定。2003～2015 年 12 年间城镇化率年均增长 1.29，而人均城市道路面积年均增长仅 0.43，城镇化率年均增长值是人均城市道路面积年均增长值的 3 倍（如图 2-5 所示）。

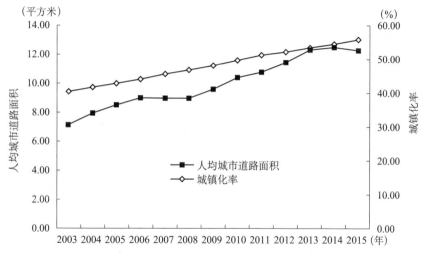

图 2-5　2003～2015 年中国城镇化率与人均城市道路面积增长情况

资料来源：根据《中国城市统计年鉴》（2004～2016）整理得到。

最后，人口城镇化的超前使得就业及工作压力增大。中国在城镇化过程中过分强调人口城镇化，而忽视了对产业支撑体系的构建和培育，从而导致城市产业支撑能力不足，进而使得城市发展面临巨大的就业压力。统计数据表明，1995～2015 年，我国城镇化率平均以每年 1.35 个百分点的速度增长，每年新增城镇人口达 2 000 多万，然而每年新增的就业岗位仅 1 200 万左右（陈勇敢，2015）。同时，由于大量农村人口聚集在城市，在岗位短缺的情况下增加剧就业的竞争力，使得就业压力增大。

第三节　新型城镇化效率测度与评价

一、超效率 DEA 模型

自 DEA 模型被提出以来，主要用于评价同类决策单元的相对效率，其原理是借助数学规划的方法构建包含若干个决策单元的相对有效前沿面，根据决策单元偏离有效前沿面的程度对它们的相对效率进行评判，是一种非参数评估方法（Charnes A et al.，1978），对于分析评价多投入多产出的复杂系统具有独到之处。与其他估计方法相比，DEA 模型优势明显，该模型不需要确定输入与输出变量之间的函数关系，也不需要预先进行参数估计以及权重假设等，规避了主观因素对测度结果的影响。最早的 DEA 模型——CCR 模型只能处理规模报酬不变特征的决策单元的效率问题，之后的 BCC 模型可用于分析规模报酬可变的生产技术，推导出纯技术效率和规模效率，进一步优化了 DEA 模型。扩展之后的 BCC 模型尽管能够区分决策单元的纯技术效率和规模效率，但所有的决策单元只是被简单地划分为两种情况：一种是决策单元的效率得分均为 1，处于效率前沿面上；另一种则是决策单元的得分小于 1，处于无效率状态。但在现实情况下，决策者的目的不仅是为了区分有效和无效的决策单元，而且更是为了能对所有的决策单元进行排序，传统 DEA 模型的一个弱点就是计算可能得到的有效单元较多，并且效率评价值都为 1，若对这些有效单元进行继续评价，传统 DEA 模型就显得无能为力。因此，针对有效决策单元效率值的进一步比较和排序问题，即解决传统 DEA 模型在评价决策单元效率时出现多个评价单元都处于生产前沿面而无法进一步比较评价的问题，随着超效率 DEA 模型的提出（Andersen and Petersen，1993），使得数据包络分析能够对决策单元的有效性进行排序和评价，具体模型如式（2-1）所示。

$$Min\theta$$

$$s.t. \begin{cases} \sum\limits_{\substack{r=1 \\ r \neq j}}^{n} X_r \lambda_r \leqslant \theta X_j, \lambda_r \geqslant 0, r = 1, 2, \cdots, n \\ \sum\limits_{r=1}^{n} Y_r \lambda_r \leqslant Y_j, \lambda_r \geqslant 0, r = 1, 2, \cdots, n \end{cases} \quad (2-1)$$

其中，θ 表示决策单元的效率值，X 和 Y 分别为决策单元的输入和输出变量，λ_r 为权系数。超效率 DEA 模型在进行第 j 个决策单元效率评价时，不同于传统 DEA 模型是将本单元包括在内，而是先将其排除在外，将第 j 个决策单元的投入和产出被其他所有的决策单元投入和产出的线性组合替代。对于无效率的决策单元而言，由于生产前沿面不变，得出来的结果仍与传统 DEA 模型相同；一个有效的决策单元可以使其投入按比例增加而效率值保持不变，其投入增加比例即其超效率评价值。超效率模型实质上只是在对有效单元 j 评价时去掉了效率指标小于等于 1 的约束条件，因而就能够得到大于等于 1 的效率 θ，并用于区别原来均为相对有效的决策单元的效率。本章将采用超效率 DEA 模型测度新型城镇化效率。DEA 模型属于非参数估计方法，可以根据投入产出对比对决策单元的相对有效性进行测度和评价。为正确地运用 DEA 方法以得到科学的评价结论和有用的决策信息，必须正确选择决策单元。DEA 方法对决策单元的选择具有技术和经验上的基本要求：一是所有的决策单元应该具有"同类型"的特征；二是决策单元的个数以大于输入输出指标的总个数为宜。满足上述两个条件就从技术上避免投入（产出）集内部的线性相关性。为了使决策单元具有可比性，在选择决策单元时可以选择部分相对有效的决策单元，以利于发现差距，进而寻求相应的效率改进途径。本章选取我国 30 个省份（西藏由于数据缺失较多，因而不在样本之列）作为决策单元，运用超效率 DEA 模型测度中国新型城镇化效率。

二、投入产出指标选取与样本数据

（一）指标选取

投入产出指标的确定是测度新型城镇化效率的关键，本章基于新型城镇化的投入产出过程以及 DEA 模型效率评价指标数量宜少原则，并且考虑到选取指标的代表性和数据的可得性，构建新型城镇化效率的投入—产出指标体系，具体包括输入性和输出性两类指标（如表 2 - 1 所示）。作为区域经济发展的重要节点和空间再生产的有效载体，城市或城镇本质上属于多元耦合的复杂系统，城镇化过程更是一个投入与产出不断促动的复杂代谢过程，其效率如何也是衡量城镇化运营质量高低的重要评判标准。从投入的角度分析，城镇系统正常运行需要消耗各种能源、占用和开发土地资源、利用先进技术、雇佣不同层次的劳动力、投资大量资本等，这将产生数量巨大的约束性要素需求。基于此，本章将从能源、土地、人力和资本投入四个方面入手，分别选取能源消耗总量、城镇建设用地面积、非农就业人口、城镇固定资产投资作为新型城镇化的投入指标。从产出角度分析，城镇系统的产出不仅是数量方面，更是一种综合质量提升的多元化产出，而新型城镇化正是这种多元产出的最好注解。新型城镇化是一个全新的中国式命题，是对传统城镇化的校正和优化，强调以人为核心，注重质量、效率提升以及内涵发展，相对传统城镇化具有更为丰富的内涵，涉及人口、经济、社会、生态等诸多方面。因此，考察新型城镇化效率完全不同于以往城镇化单一的经济效率，还要更多地关注人口、社会和生态等方面的效率。基于新型城镇化的核心内涵，本章从人口城镇化、经济城镇化、社会城镇化、生态城镇化四个方面来刻画新型城镇化，分别选取城镇化率、非农总产值、人均社会消费品零售总额、建成区绿化面积作为新型城镇化效率的输出性指标。在产出指标中，社会城镇化属于综合性概念，代表的含义也较为抽象，很难找到某一具体指标来准确衡量，因此，利用社会消费品零售总额与常住人口之比得到的人均社会消费品零售总额表示社会城镇化。

表 2 - 1　　　　　　　新型城镇化效率的投入—产出指标体系

指标性质	类别	变量说明
投入性指标	能源消耗	能源消耗总量
	土地投入	建设用地面积
	人力投入	非农就业人口
	资本投入	城镇固定资产投资
产出性指标	人口城镇化	城镇化率
	经济城镇化	非农总产值
	社会城镇化	城镇人均社会消费品零售总额
	生态城镇化	建成区绿化面积

(二) 样本数据说明

考虑到样本数据的可得性，选取我国 30 个省份（由于西藏相关数据缺失较多，不在样本之列）2003～2017 年的省级面板数据作为研究样本。为消除通胀因素，以 2000 年为基期对相关名义指标进行了平减处理。所有数据均来自 2004～2018 年《中国城市统计年鉴》以及《中国统计年鉴》，部分缺失数据通过各省统计年鉴进行补充。

三、效率测度及其时空演变

利用超效率 DEA 模型测度得出我国 30 个省份 2003～2017 年的新型城镇化效率值（如表 2-2 所示），其时空演变具有如下特征。

第一，我国 2003～2017 年新型城镇化效率总体表现向好，同时个体异质性也较为明显，区域间效率差距与追赶效应并存。具体而言，30 个省份中有 15 个省份处于新型城镇化效率的前沿面，其中，海南、青海、宁夏、广东、天津 5 个省份的新型城镇化效率最为显著。从新型城镇化效率的空间差异来看，东部地区[①]总体较高，西部地区尽管城镇化水平较低，但新型城镇化效率却随着年份推进而逐步上升，颇有接近东部新型城镇化效率之势，这也符合新古典经济学的边际报酬递减规律，卢卡斯也曾明确指出欠发达国家资本投入的边际产出高于发达国家。与此相似，西部地区作为我国后进地区，长期投入不足，因而经济学意义上的边际产出较高，从而测算出的新型城镇化效率较高。与东西部不同，中部地区 8 省份中有 5 个省份的新型城镇化效率小于 1，与东、西部相比处于较低效率水平，表明中部地区城镇化进程中生产要素低效率配置情况比较严重。

第二，我国东中西三大区域的新型城镇化效率都呈倒 "U" 型变化趋势，区域分异现象较为明显，城镇化进程中资源配置与利用水平亟待提高。东部地

[①]　目前，东部地区包括 11 个省级行政区，分别是北京、天津、河北、辽宁、上海、江苏、浙江、福建、山东、广东、海南；中部地区包括 8 个省级行政区，分别是黑龙江、吉林、山西、安徽、江西、河南、湖北、湖南；西部地区包括 12 个省级行政区，分别是内蒙古、广西、重庆、四川、贵州、云南、西藏、陕西、甘肃、青海、宁夏、新疆。

区的新型城镇化效率从 2003 年的 1.1777 上升到 2006 年的 1.3378，2017 年下降为 1.3060，中部地区从 2003 年的 1.0080 上升到 2005 年的 1.0959，2017 年下降为 0.9896，西部地区从 2003 年的 1.2272 上升到 2008 年的 1.2865，2017 年下降为 1.1571。可见，东、西部地区的平均效率基本是处于效率前沿面上的微幅波动，这种波动对东部地区而言更多的是一种效率提升与优化，对西部而言更多的是一种边际产出递增的呈现，但中部地区出现跌落前沿面的趋势，表明城镇化发展的资源配置和利用效率需要进一步改进提升，并且空间较大。若能继续保持东部地区的新型城镇化效率率先提升优化的基本态势，不断优化西部地区新型城镇化效率，全面提升中部地区新型城镇化效率，从而缩小新型城镇化效率的区域差异，优化与改善我国新型城镇化效率。

第四节 模型构建与实证分析

以上测度结果表明，我国新型城镇化效率呈现明显的区域差异性特征。由于不同地区的城镇化发展具有自身的经济地理属性及其区域内部运行的基本特征，在新一轮城镇化进程中有必要考察各地区新型城镇化效率的空间差异及其动态演化特征，探讨各地区之间新型城镇化效率优化协调发展的动力机制与关键因素，为全面提升城镇化效率与质量提供理论依据。为此，在分析新型城镇化效率变动基本特征的基础上，运用趋同理论，从绝对趋同、俱乐部趋同和条件趋同三个方面对我国新型城镇化效率的收敛性进行实证分析。

一、绝对 β 趋同与俱乐部趋同

后进的经济体能否赶上发达的经济体，这是一个富有现实意义的重要问题。根据新古典增长理论，由于规模报酬递减而边际产出递减的规律作用，意味着后进的经济体增长快于发达的经济体，因此，从长期而言，最终后进和发达的地区经济增长将会趋同，这就是所谓的绝对 β 趋同，其核心思想是所有经济体或不同地区最终将拥有共同的稳态，旨在考察后进地区的经济发展能否赶

表 2－2　中国新型城镇化效率值

地区	2003 年	2004 年	2005 年	2006 年	2007 年	2008 年	2009 年	2010 年	2011 年	2012 年	2013 年	2014 年	2015 年	2016 年	2017 年	均值
北京	1.0048	0.9779	0.9773	1.0835	1.0449	0.9644	0.9573	0.9622	0.9702	1.0116	1.0565	1.1733	1.2329	1.3091	1.3962	1.0748
天津	1.1533	1.1754	1.3943	1.4058	1.3700	1.3716	1.1761	1.2129	1.2971	1.3975	1.4087	1.4149	1.4705	1.5173	1.5488	1.3543
河北	1.0365	1.0360	1.0416	1.0530	0.9211	0.8151	0.8872	0.8705	0.8348	0.9185	0.9126	1.0145	1.0541	1.1174	1.1735	0.9791
辽宁	1.0864	1.0385	1.0914	0.9532	0.9882	0.9237	0.9320	0.7403	0.7160	0.7898	0.8180	0.8026	0.8190	0.8470	0.8619	0.8939
上海	1.0687	1.0699	0.8635	1.1434	1.0755	1.0111	1.0482	1.0950	1.0173	1.2435	1.2978	1.3705	1.4496	1.5838	1.6825	1.2014
江苏	1.1532	1.2048	1.2194	1.2608	1.2340	1.0846	0.8147	0.7928	0.8262	0.8959	0.8629	0.7771	0.7732	0.7605	0.7300	0.9593
浙江	1.1163	1.1630	1.0102	0.9753	1.0802	0.8938	0.9550	0.9382	0.8934	0.9257	0.8062	0.7708	0.7338	0.6986	0.6512	0.9074
福建	1.1898	1.1837	1.0887	1.0702	1.0039	0.9714	1.0193	1.0369	1.0330	1.0107	0.9674	0.9832	0.9702	0.9551	0.9417	1.0284
山东	1.0218	1.0059	0.9945	0.9686	1.0069	0.9020	0.9530	0.7610	0.7084	0.8741	0.9765	0.9232	0.9689	1.0478	1.0964	0.9473
广东	1.1965	1.2436	1.3942	1.4603	1.3619	1.4466	1.4210	1.3873	1.3321	1.3532	1.2448	1.1003	1.0384	0.9757	0.8990	1.2570
海南	1.9274	2.7637	6.0802	3.3414	3.3482	3.8591	2.2220	2.3439	1.9611	2.5270	2.4265	2.9141	3.0771	3.4440	3.7211	3.0638
东部	1.1777	1.2602	1.5596	1.3378	1.3123	1.2949	1.1260	1.1037	1.0536	1.1770	1.1616	1.2040	1.2305	1.2791	1.3060	1.2389
山西	0.8274	0.8144	0.9111	0.8980	0.8546	0.7926	0.8536	0.8037	0.8126	0.9164	0.9481	0.9093	0.9378	0.9720	0.9864	0.8825
吉林	1.1187	1.1350	1.1894	1.1309	1.1029	1.1104	1.1209	1.1109	1.0265	1.0946	1.0483	1.0122	0.9889	0.9798	0.9530	1.0748
黑龙江	1.2166	1.3191	1.5288	1.1394	1.1179	1.1274	1.2864	1.0039	1.1132	1.0657	1.1247	1.2080	1.2652	1.3063	1.3746	1.2131
安徽	0.9416	0.9627	1.0768	1.0589	1.0983	0.9289	0.9616	0.8880	0.9069	0.8752	0.9313	0.8487	0.8391	0.8230	0.8105	0.9301
江西	0.9843	0.9222	0.9914	1.0995	1.0773	0.9475	1.1738	1.1967	1.0330	1.2544	1.1564	1.1746	1.1691	1.2059	1.1941	1.1053
河南	0.9569	0.9368	1.0223	0.9785	0.9073	0.8346	0.9420	0.7852	0.6813	0.8319	0.8715	0.8487	0.8654	0.9187	0.9417	0.8882
湖北	0.9958	0.9801	0.9934	0.9056	1.4678	1.2045	0.9793	0.8750	0.8868	0.9405	0.9108	0.7922	0.7728	0.7466	0.7047	0.9437
湖南	1.0230	1.0436	1.0539	0.9373	0.8914	0.8632	0.8706	0.8746	0.8776	0.9127	0.9187	0.9478	0.9670	0.9908	1.0113	0.9456

续表

地区	2003年	2004年	2005年	2006年	2007年	2008年	2009年	2010年	2011年	2012年	2013年	2014年	2015年	2016年	2017年	均值
中部	1.0080	1.0142	1.0959	1.0185	1.0647	0.9761	1.0235	0.9423	0.9172	0.9864	0.9887	0.9677	0.9742	0.9889	0.9896	0.9971
内蒙古	0.9493	0.9091	1.1658	1.1935	1.1374	1.1477	1.2865	1.3377	1.3892	1.3729	1.5584	1.5402	1.5954	1.6516	1.7297	1.3310
广西	1.2131	1.1537	1.0775	0.9866	0.9898	0.8360	0.8709	0.8139	0.8428	0.9016	0.9004	0.9243	0.9542	0.9842	1.0060	0.9637
重庆	0.7179	0.7613	0.6813	0.8236	0.8295	1.4190	0.9196	0.9077	0.9290	1.1191	1.0472	1.0602	1.1022	1.1503	1.1582	0.9751
四川	0.8414	0.9304	0.9089	0.8809	0.7859	0.6522	0.7498	0.9142	0.7477	0.8407	0.8242	0.7672	0.7343	0.7310	0.7059	0.8010
贵州	0.8703	0.6558	0.9038	0.8678	0.8323	0.8529	0.8230	0.7937	0.6686	0.6755	1.8323	0.9201	0.9547	1.0437	1.1636	0.9239
云南	2.9166	1.0612	1.0908	1.2303	1.2138	0.9920	0.8845	0.7643	0.8784	0.9772	1.1161	1.1619	1.2902	1.4203	1.5595	1.2371
陕西	0.7789	0.7676	0.8545	0.8298	0.8182	0.7171	0.8213	0.8910	0.9378	0.9200	0.8758	0.7529	0.7219	0.6761	0.6260	0.7993
甘肃	0.7112	0.7977	0.8680	0.8905	0.8488	0.7916	1.0279	0.6978	0.6927	0.6956	0.8646	0.8238	0.8587	0.9061	0.9680	0.8295
青海	2.4762	2.5693	2.5548	3.9640	3.9901	3.7776	3.1174	2.6415	2.1151	3.3184	1.7137	2.2810	2.1988	2.2203	2.0081	2.7298
宁夏	1.0838	0.9710	1.3497	1.6159	1.5388	1.8980	1.8631	1.6981	1.6957	1.9280	1.3221	1.5779	1.5492	1.5146	1.4259	1.5355
新疆	0.9407	1.1143	1.0085	0.8907	0.8507	1.0673	1.3106	1.5811	2.4351	1.1445	1.2922	2.2208	1.1444	0.9475	0.9038	1.1901
西部	1.2272	1.0629	1.1331	1.2885	1.2578	1.2865	1.2431	1.1855	1.2120	1.2630	1.2134	1.1846	1.1844	1.1776	1.1571	1.2051
全国	1.1506	1.1223	1.2795	1.2346	1.2263	1.2068	1.1416	1.0907	1.0753	1.1577	1.1345	1.1339	1.1450	1.1631	1.1644	1.1618

上发达地区。本章借助于绝对 β 趋同的基本思想，基于绝对 β 趋同的经典回归模型，构造新型城镇化效率绝对 β 趋同检验的计量模型如式（2 - 2）所示：

$$(1/T)(nure_{i,t+T}/nure_{i,t}) = \alpha + \beta nure_{i,t} + \varepsilon_{i,t}, \ \varepsilon_{i,t} \sim N(0, \delta^2) \quad (2-2)$$

其中，$nure_{i,t+T}$ 和 $nure_{i,t}$ 分别表示区域 i 在 $t+T$ 和 t 时期的新型城镇化效率，α 为常数项，$\beta = -(1 - e^{-\theta T})/T$，$\theta$ 表示新型城镇化效率趋同的速度。如果回归系数 β 小于零，则表明在时间段 T 内存在绝对 β 趋同，否则趋异。

从表 2 - 3 第 2 列可以看出，中国新型城镇化效率的绝对趋同系数为负并在 10% 水平具有显著性，趋同速度为 0.091，表明在全国层面上，中国新型城镇化效率的区域差异呈逐渐缩小的总体趋势，即在一定程度上各省份新型城镇化效率具有空间趋同的基本特征。根据空间趋同理论，如果一个国家内部区域之间相互开放，则在"看不见的手"这一市场机制作用下，受边际报酬递减规律的约束，要素的区际流动将对区域发展不均衡状态进行自我修正，尽管区域差异存在，但只要经济增长的条件相同或相似，随着时间的推移，区域之间最终将出现均衡或趋同。显然东部地区的城镇化率一直高于中西部地区，城镇化发展基本趋于成熟阶段，在东部地区率先发展和示范效应的带动下，中西部地区不断学习、模仿先进地区的城镇化模式、建设经验、经营理念与管理方式，在此过程中其后发优势得到充分发挥，尤其是中西部地区城镇化建设进程中的要素投入处于边际报酬递增阶段，因此，后进的中西部省份比发达的东部地区省份新型城镇化效率提升更为迅速，没有呈现出新型城镇化效率差距的"马太效应"，呈现出绝对趋同的发展态势。

表 2 - 3　　　　　　　　　新型城镇化效率绝对趋同检验结果

回归系数	全国	东部	中部	西部
α	0.1127 *** 9.62	0.1332 *** 6.98	0.1417 *** (5.17)	0.1339 *** (9.52)
β	- 0.0172 * (- 1.83)	- 0.0167 (- 1.26)	- 0.0450 * (- 1.88)	- 0.0281 *** (- 3.33)
R^2	0.1067	0.0458	0.1193	0.4192
F 值	3.34	0.43	3.55	11.10
趋同速度	0.0191	0.0179	0.0621	0.0336

注：*** 表示在 1% 水平显著，** 表示在 5% 水平显著，* 表示在 10% 水平显著，括号中的值为 t 统计量。

考虑到我国地域辽阔、资源禀赋、经济结构、区域发展、软硬环境等方面存在着较大差异，必然导致城镇化发展存在明显的梯度性和区域性差异，因此，中国各地区的新型城镇化效率将天然地存在分异性。我国三大经济地带在区位、技术、经济、结构以及制度等方面存在较大差异，但在同一地带内部的各省份由于区域位置、基础设施、产业发展、经济结构、制度设计等方面具有许多相似之处，所以在区域内部更易促成俱乐部趋同。俱乐部趋同表现为同一类型的区域组内由于经济结构相似而表现出长期的空间趋同。前面的研究已经得出新型城镇化效率存在绝对趋同的基本结论，但这种绝对趋同的内部层次如何？有何特点？是否存在着俱乐部趋同现象？为此，运用绝对趋同模型对东、中、西部三大经济地带的新型城镇化效率的俱乐部趋同分别进行回归检验，结果如表 2 – 3 第 3 ~ 5 列所示。

检验结果表明，新型城镇化效率在东、中、西三大经济地带内部存在着不同程度的趋同现象，形成了三个空间趋同俱乐部。从表 2 – 3 第 3 ~ 5 列可以看出，东部地区的空间趋同系数的绝对值为 0.0167，但在统计检验上并不具有显著性，中部地区为 0.0450，在 10% 的水平具有显著性，西部地区为 0.0281，在 1% 水平具有显著性，而全国的空间趋同系数绝对值为 0.0172 并在 10% 水平具有显著性。可见，中部地区的收敛程度最强，西部次之，东部最弱。该俱乐部趋同程度也与区域各自的空间趋同速度形成明显呼应，东、中、西部地区的空间趋同速度分别为 0.0179、0.0621、0.0336，与全国绝对趋同 0.0191 的速度相比，东部地区低于全国的平均趋同速度，中西部高于全国的平均趋同速度，并且中部地区的趋同速度最快，西部地区次之，东部地区最慢。空间趋同系数和速度的差异意味着我国新型城镇化效率提升过程中必然存在空间差异性，即东部地区经济基础厚实，公共基础配套设施较为健全，经济发展起步较早，新型城镇化发展水平也远高于中西部地区（赵永平、徐盈之，2014），新型城镇化效率已经趋于缓慢提升和系统优化的较为成熟的阶段，距离稳态水平较近，效率优化将成为东部地区的常态；而中西部地区的城镇化发展水平还较低，还处于城镇化硬件建设的加速发展阶段，软件建设尚不成熟，城镇化建设产出还处于边际递增阶段，城镇化效率更多地表现为一种数量的提升，距离效率优化还有一定距离。

二、条件趋同及其影响因素分析

通过绝对空间趋同分析，发现中国新型城镇化效率整体上存在绝对 β 趋同特征，分区域存在俱乐部趋同现象。为何新型城镇化效率存在差异的同时，还存在绝对空间趋同现象？影响空间趋同的因素又有哪些？由此，本章接着将从条件 β 趋同的角度进行实证检验，着重研究造成新型城镇化效率区域差异的深层原因，进一步揭示哪些主要因素阻碍或促进新型城镇化效率趋同化发展，这些因素在趋同俱乐部之间又具有何种差异性的作用机制，进而寻求不同区域新型城镇化效率提升优化的内在动力。本章构建条件 β 趋同面板回归模型如下：

$$nure_{i,t}/nure_{i,t-1} = \alpha + \beta nure_{i,t-1} + \sum_{i=1}^{n} \lambda_n X_{i,t} + \varepsilon_{i,t} \qquad (2-3)$$

其中，被解释变量为新型城镇化效率的增长率，$nure_{i,t}$ 为核心解释变量，表征 t 时期的新型城镇化效率；$\varepsilon_{i,t}$ 为随机误差项；$X_{i,t}$ 代表其他控制变量，具体的指标选择和解释如下。

技术进步（$tech$）。技术进步有利于城镇吸引和集聚更多的高质量生产要素，能迅速提高新型城镇化效率。本章基于非参数 Malmquist 生产率指数分析法来获取技术进步指数，借助距离函数构造出反映生产率变化情况的 Malmquist 生产率指数。以产出为基础的 Malmquist 生产率指数呈如下形式：

$$M_0(x^t,y^t,x^{t+1},y^{t+1}) = \frac{D_0^{t+1}(x^{t+1},y^{t+1})}{D_0^t(x^t,y^t)} \times \left[\frac{D_0^t(x^{t+1},y^{t+1})}{D_0^{t+1}(x^{t+1},y^{t+1})} \times \frac{D_0^t(x^t,y^t)}{D^{t+1}(x^t,y^t)}\right]^{1/2}$$

$$= EFFCH \times TECH$$

$$(2-4)$$

其中，第一部分 $\frac{D_0^{t+1}(x^{t+1},y^{t+1})}{D_0^t(x^t,y^t)}$ 表示效率改进，记为 EFFCH，测度了从 t 时刻到 $t+1$ 时刻每个决策单元的技术效率变化。第二部分 $\left[\frac{D_0^t(x^{t+1},y^{t+1})}{D_0^{t+1}(x^{t+1},y^{t+1})} \times \frac{D_0^t(x^t,y^t)}{D_0^{t+1}(x^t,y^t)}\right]^{1/2}$ 表示技术进步，记为 TECH，测度了最佳前沿面从 t 时刻到 $t+1$ 时刻的技术进步。总产出、资本存量和劳动投入是测算 Malmquist 指数的三个必须变量，其中，总产出采用 GDP 来表示，并以 2000 年为基期进行平减处理；资本存量，先以 2000 年为基期的各省固定投资价格指数对历年固定资本形成额进行折算，然后运用永续盘存法，即 $K_t = I_t + (1-\delta)K_{t-1}$ 测算各省份历年的资本存量，其中，K_t 为第 t 年的资本存量，K_{t-1} 为第 $t-1$ 年的资本存量，I_t 为第 t 年的投资，δ 为第 t 年的折旧率；劳动投入则采用各省历年从业人员总数表示。

产业结构（$indu$、$serv$），产业结构与城镇的分工模式紧密相关，产业结构是否合理直接影响新型城镇化效率，因此，选取第二产业、第三产业占总产值的比例来刻画产业结构。

市场化程度（$mark$）。非公有制经济成分所占比重越高，经济活力就越强，资源配置效率也就更高，必然会对城镇化效率产生重要影响，因此，采用各省份非国有企业职工数与国有企业职工数之比表示市场化程度。

交通基础设施（$infra$）。交通基础设施覆盖水平与发达程度是城镇系统高效运转的重要保障，而且其配置水平也直接影响城镇化的运营效率，因此，采用人均铺装道路面积表示交通基础设施水平。

城市规模（$scale$）。城市规模在一定程度上具有集聚效应和拥挤效应两种效果，最终的综合效应本质上是二者的合力所致，人口规模是衡量城市规模的最重要指标，因此，采用城镇人口数量来表示城市规模。

政府行为（$gove$）。城镇化进程需要政府的科学引导，城市规划和城市资源配置离不开政府的宏观调控，政府这只"看得见的手"主要通过各种财政支出方式影响城镇建设与发展，并以此直接影响城镇化的运行效率，因此，采用政府财政支出占 GDP 比重刻画政府行为。

表 2-4 的结果表明，在控制技术进步等变量的条件下，无论是全国层面还是区域层面，$t-1$ 期与 t 期的新型城镇化效率增长率具有明显的负相关关系，并在 1% 显著水平通过检验，且通过与表 2-3 的绝对空间趋同结果比较，可以发现有条件的趋同系数绝对值呈现出大幅度的上升趋势，意味着新型城镇化效率存在着有条件的趋同特征，在一定程度上佐证了中国新型城镇化效率的收敛程度随着技术水平、产业结构、基础设施、城市规模以及政府行为等因素的影响而存在条件趋同性，同时，各地区的收敛速度也不尽相同，各经济体基于自身条件向各自的条件稳态趋同。

表 2 - 4　　　　　　　　　新型城镇化效率条件趋同检验结果

解释变量	全国	东部	中部	西部
$nure_{i,t-1}$	− 0. 6652 ***	− 0. 7127 ***	− 0. 3744 ***	− 0. 7524 ***
	(− 13. 49)	(− 8. 86)	(− 4. 27)	(9. 37)
$tech$	0. 0426 ***	0. 8680 ***	0. 0368 **	0. 0821 ***
	(3. 28)	(3. 92)	(2. 05)	(2. 89)
$indu$	− 0. 4271 *	− 0. 7556 ***	− 0. 4556 **	− 0. 5348
	(− 1. 91)	(− 3. 31)	(− 2. 20)	(− 0. 81)
$serv$	0. 4121 *	0. 5103 *	0. 4569 **	0. 3772
	(1. 73)	(1. 93)	(2. 22)	(0. 64)
$mark$	0. 0440	0. 0451 *	− 0. 0617	0. 1830
	(0. 92)	(1. 93)	(− 1. 06)	(1. 37)
$infra$	0. 0711	0. 1078 *	0. 0694	0. 0335
	(1. 20)	(1. 82)	(0. 52)	(0. 19)
$scale$	0. 1169 **	0. 1501 ***	− 0. 0786	0. 1063
	(1. 97)	(2. 92)	(− 1. 43)	(0. 21)
$gover$	− 0. 2206 ***	0. 4988 ***	0. 1185	− 0. 2138
	(− 2. 26)	(3. 25)	(1. 35)	(− 1. 13)
$F - stat$	4. 39	7. 47	4. 64	3. 64
$Hausman$ 检验	92. 29	47. 26	13. 89	28. 70
采取模型	FE	FE	RE	FE
R^2	0. 3935	0. 4795	0. 2799	0. 4302
rho	0. 8373	0. 9238	0. 7609	0. 8498
样本数	330	121	88	121

注：*** 表示在 1% 水平显著，** 表示在 5% 水平显著，* 表示在 10% 水平显著，括号中的值为 t 统计量。

作为控制变量，技术进步、第二产业结构、第三产业结构、市场化程度、交通基础设施水平、城市规模、政府行为等因素分别从不同角度对新型城镇化效率的增长产生了不同程度的影响作用。总体而言，技术进步对城镇化效率提升具有明显的促进作用，并通过 1% 的显著性水平检验，表明在新型城镇化进程中技术创新依然是推动城镇化高质量、高效益和内涵型发展的重要内生动力。东部地区的技术进步对新型城镇化效率优化提升效果明显，作用系数达到 0. 8680；西部地区次之，为 0. 0821；中部地区最弱，为 0. 0368。这一结果与东、中、西三大经济地带的经济社会发展水平基本相吻合，东部地区作为率先发展区域和改革开放的前沿地带，最先接受 FDI 的洗礼，对新技术、新产品、新经验接受能力较强，已经进入自主创新的发展阶段，西部地区自 21 世纪以来，受惠于区域协调发展的各种政策支持，并借助后发优势，节约了研发技术的时间成本和要素成本，基本形成模仿、吸收和消化的技术进步模式，而中部地区作为东西部的衔接地带，率先和后发优势都不明显，并曾一度基本处于经济塌陷和政策塌陷的双重困境，传统工业没有及时改造升级，市场内生动力不足，城镇化发展步履艰难，技术进步驱动城镇化效率优化的程度相对较低。

从产业结构方面来看，第二产业发展对中国新型城镇化效率的影响具有一定的阻碍作用，并在10%的显著性水平通过检验，而第三产业发展则具有较为明显的促进作用，且在10%水平具有显著性，这也是以人为核心的新型城镇化对产业结构高级化的客观要求，第二产业或工业化长期受制于GDP锦标赛规则，以至于突破城镇环境承载力，土地资源浪费严重，城镇化质量不高、"被市民化"和"被城镇化"问题不断被放大，地区自身资源禀赋和特色优势难以有效发挥，传统产业改造升级缓慢，新型产业和业态的建设动力不足。城镇在一定程度上是重要的消费中心，也是第三产业充分发展的重要载体和平台，随着经济社会的纵深发展，个性化和多样化的服务性需求不断增加，现代服务业专业化、社会化、市场化程度不断增强，迅速提升现代服务业发展水平，改善服务产品的供给质量，有效推动新型城镇化运行效率的提升。东部、中部地区的第二产业对城镇化效率优化阻碍作用明显，说明东、中部地区的产业结构与新型城镇化进程并不协调，尤其是经济发展进入新常态阶段，第二产业的结构和层次应及时改造优化，促进产城融合发展。西部地区第二产业结构影响系数尽管为负，但并没有通过显著性检验，这并不表明西部的工业化和城镇化之间必然是协调发展的良好状态，而是反映出西部地区工业化与城镇化如何协调发展依然有可供选择的较大空间。从第三产业结构来看，西部地区的第三产业结构系数较全国平均水平以及东、中部地区依然存在较为明显的差距，产业结构优化升级驱动城镇化效率优化依然任重而道远。

市场化程度和交通基础设施水平对中国新型城镇化效率影响为正，但并没有通过显著性检验，说明我国还需要继续完善市场运行机制，培育市场主体并不断增强其经济主体作用，发挥市场配置资源的决定性作用，交通基础设施水平虽然总量可观，但人均水平依然偏低，城市交通长期超负荷运行，居民出行交易成本居高不下，导致人流物流效率偏低，影响新型城镇化效率的提升。从分区域层面来看，市场化水平仅对东部地区的城镇化运行效率具有较为明显的促进作用，对中西部地区而言，促进作用不明显，中部地区甚至为负，表明培育中西部地区的市场内生发展能力已成为今后市场化进程中的重要任务。同样，交通基础设施也是中西部的发展短板，中西部地区的城镇化进程中，应注重城市交通的立体化建设与发展，提高交通基础设施的通达性和网络化水平，将城市公共交通设施向周边腹地延伸，促进城乡一体化发展。城市规模对中国新型城镇化效率具有明显的正向推动作用，这可能得益于人口的集聚效应，劳动力作为最具潜力和活的生产要素，尤其是高质量的人力资本不断向城市的集聚，促进知识与经验高频交流，不断催生新知识和新技术，使社会分工日益深化，经济的集聚性日益增强，有利于新型城镇化效率的优化提升。东部地区的城市规模对新型城镇化效率优化具有明显的积极作用，从侧面反映出城市规模推动城镇化效率优化的过程中，可能存在着某一特定门槛值，突破这一门槛值后，将会对城镇化效率优化产生积极作用，而中西部地区由于城镇化水平较低，人口和要素资源集聚水平较低，尚未跨越该门槛，难以发挥驱动新型城镇化效率优化的重要作用。

政府行为对中国新型城镇化效率的影响为负，并且在1%显著性水平通过检验，透析中国城镇化的发展历程，从重工业优先发展战略、城乡剪刀差、户籍制度诞生、城乡二元结构、新城新区建设到城乡一体化等城镇化发展演变来看，政府在城镇化进程中的作用几乎是决定性的，即我国城镇化可以说一直以来都是政府推动型的城镇化，这对中国近30多年取得经济增长长足进展具有重要贡献，对城镇化快速推进具有重要驱动作用，但由于长期注重城镇化的经济增长效应这一单维目标，导致土地财政、城镇粗放蔓延型扩张、农业严重萎缩、城镇吞噬农村、城中村问题突出等一系列经济社会问题，抑制了城镇化质量的全面提升。在新一轮的城镇化进程中，即以人为核心的新型城镇化建设阶段，政府财政支出应更多地侧重诸如教育、医疗、卫生、社保、住房、生态、环境等事关民生福祉的公共服务型支出，避免以往城镇化进程中被动性支出或者是经济绩效性支出的财政支出方式，提高新型城镇化建设中财政资金的使用效率。从政府行为的区域特征来看，东部地区的政府行为对于新型城镇化效率具有1%显著性水平的正向促进作用，中部地区影响系数为正，但并不显著，但西部地区政府行为对新型城镇化的效率优化具有阻碍作用，说明西部地区的财政资源利用效率较低，这或许与西部地区政府职能转变不够彻底，引导作用发挥不足以及对经济干预过多、资源错配等因素有关，可见提高西部地区政府财政资源配置效率和运行效率迫在眉睫。

第五节 主要结论与政策启示

本章利用超效率 DEA 模型测度了中国 2003～2017 年 30 个省份的新型城镇化效率，并对其空间分异性特征进行分析与评价，在此基础上，利用趋同理论系统分析了新型城镇化效率的空间趋同效应，探讨趋同背后的潜在机制及其影响因素。得出如下主要结论：我国 2003～2017 年新型城镇化效率总体表现向好，同时个体异质性较为明显，东、中、西三大区域的新型城镇化效率都呈倒"U"型变化趋势，存在区域分异现象；从全域层面来看，中国新型城镇化效率存在明显的绝对趋同特征，其区域差距呈逐渐缩小的总体趋势；从区域层面来看，东、中、西三大经济地带内部存在着明显的趋同迹象，形成东、中、西三个空间趋同俱乐部，同时各区域内部趋同速度具有较大差异性，具体表现为中部最快，西部次之，东部最慢的俱乐部趋同态势，且东部趋同速度略低于全国平均水平，中西部趋同速度均高于全国平均水平；在控制技术进步等变量的条件下，无论是全国层面还是区域层面，新型城镇化效率条件趋同迹象均较为明显，并且与绝对空间趋同结果相比，有条件的趋同系数绝对值呈现出大幅度的上升趋势，意味着新型城镇化效率存在着有条件的趋同特征，表明技术水平、产业结构、基础设施、城市规模以及政府行为等因素对新型城镇化效率空间趋同具有重要影响，同时也是造成空间分异以及不同收敛速度的重要原因，为优化提升新型城镇化效率提供了选择菜单。上述结论对于新常态阶段寻求新型城镇化效率从低水平地区向高水平地区趋同优化的有效路径，弱化新型城镇化效率空间差异，提高新一轮城镇化质量与效率，以及进一步促进区域协调可持续发展具有重要的理论价值和现实意义。

基于上述结论，本章得到以下政策启示。

（1）加强区域之间的技术交流与合作。在新一轮城镇化进程中东部地区应加强国际层面的交流、对话与合作，积极借鉴国外先进技术和现代管理经验，不断提升劳动生产率，同时应通过技术溢出、空间联动以及经验共享等方式，充分发挥对城镇化水平较低的中西部地区的辐射带动作用。中西部地区要立足自身实际禀赋，营造良好的软硬件环境，加强与其他地区的合作与交流，不断提高吸收先进技术的能力，使高质量的生产要素和资源逐步向内地移动与集聚，增强中西部地区城市的内生发展能力。

（2）积极调整和优化区域产业结构。应充分发挥产业对城镇发展的支撑作用，不断优化产业结构，促进产城融合发展。东部地区要积极发展高新技术产业，继续推动产业高级化发展。中西部地区需要积极改造传统产业，提高工业科技含量，持续降低单位产值能耗和废弃物的排放，提高城镇化建设中土地资源的保护力度与利用效率，提高要素的使用效率。继续增加对企业研究与试验发展（R&D）投入，增强企业自主创新能力，延长产业链条，增加产品附加值，推动产业向价值链高端发展。

（3）提高公共基础设施供给能力和服务水平。要适应城镇化发展的新方向，明晰政府与市场之间的边界，明确各自职责与分工，打破各种形式的行政垄断与壁垒，提高城镇化运行效率。针对不同区域提出因地制宜的城市建设规划与标准，遵循城市适度规模化发展路径，规范和引领城市公共基础设施建设，坚持一张蓝图管到底，确保城市建设目标的持续性与一致性，提高公共产品的供给质量，增强城市的便捷性和宜居性。构建城市交通循环圈，优化城市路网布局，畅通微循环，从根本上解决城市交通拥堵难题。

（4）优化地方政府支出结构与财政配置效应。打破以往注重经济效应而忽视社会效应的公共服务配置惯性，逐步优化经济性公共服务投资，加大诸如教育、医疗等社会性基本公共服务的财政支出，切实体现以人为核心的新型城镇化发展目标。科学设计地方政府绩效考核机制，弱化 GDP 导向和"自上而下"的官员晋升机制，校正地方政府投资支出的扭曲行为，努力克服市场失灵，构建城乡统筹的经济发展战略，纠正地方财政支出的城市倾向，积极推进城乡基本公共服务均等化。

第三章　金融产业集聚与新型
城镇化效率的耦合协调分析

金融产业作为现代经济的重要内容，通过各种路径促进经济增长，在经济社会发展中处于重要地位。当前，中国金融结构难以与创新驱动战略相匹配，无法满足实体经济发展的需要，金融体系中杠杆率持续上升，金融资源"脱实向虚"的病态急需改善，为此，习近平总书记特别提出"深化金融体制改革，增强金融服务实体经济能力"的重要改革目标。城镇的高效率运营与充分的资金支持密不可分，但在后金融危机时代，新型城镇化如何更有效地取得资金支持成为一个急需破解的重要现实命题。本章基于空间优化的视角分析了金融产业集聚与新型城镇化效率之间的耦合协调性，揭示了不同耦合协调水平背后的空间分异特征及其内在机理。研究发现，金融产业集聚与新型城镇化效率之间的耦合协调值呈波浪式上升趋势，但存在明显的区域分异特征。东部地区的省份处于初级协调或勉强协调阶段，中部地区处于勉强协调或濒临失调阶段，西部地区处于濒临协调或轻度失调阶段。中西部地区金融产业集聚对耦合协调发展的贡献高于东部地区，与理论预期有较大差距，因此，需要继续增强中西部地区金融产业集聚化水平；新型城镇化效率对耦合协调的贡献小于金融产业集聚，表明全面提升和优化新型城镇化效率依然具有较大空间。

第一节　引言与文献述评

长期以来，我国粗放外延式的低效率城镇化模式备受诟病，随着 2011 年城镇化率首次突破 50%，我国城镇化进入新的发展阶段。中共十八大报告明确强调，要坚持走中国特色的新型城镇化道路，推动工业化和城镇化良性互动，城镇化和农业现代化相互协调，促进工业化、信息化、城镇化、农业现代化同步发展。从发展经济学的角度来看，新型城镇化应注重内涵和高质量发展，强调"以人为核心"，注重人口、经济、生态、社会四个方面的有机统一，对传统城镇化进行校正和优化（赵永平，2016）。新型城镇化效率的高低决定着城镇化能否健康发展。金融产业作为现代经济的重要内容，通过各种路径促进经济增长，在国家经济社会发展中处于重要地位（周海鹏等，2016）。当前中国金融结构难以与创新驱动战略相匹配，无法满足实体经济发展的需要（严圣艳等，2019），金融体系中杠杆率持续上升，金融资源"脱实向虚"的病态急需改善，为此，习近平总书记特别提出"深化金融体制改革，增强金融服务实体经济能力"的重要改革目标（王剑锋，2018）。城镇的高效率运营与充分的资金支持密不可分，但在后金融危机时代，新型城镇化如何更有效地取得资金支持成为一个急需破解的重要现实命题。《国家新型城镇化规划（2014 – 2020）》提出，要创新城镇化的资金保障机制，加快财税体制和投融资体制改革，创新金融服务，放开市场准入，逐步建立多元化、可持续的城镇化资金保障机制。

金融发展到一定阶段会形成集聚，金融集聚会引起金融行业竞争，进而使得金融服务更加专业化和高端化（程中华等，2017），提升金融资源配置效率，促进要素资源自由流动。金融主要通过金融的规模、深度和宏观环境等方面对新型城镇化效率的提升与优化发挥支持促进作用。同时，新型城镇化发展使金融产业产生集聚，起到合理、高效的调节及促进作用，优化资金配置，提高资金使用效率。在金融体系中，货币和资本市场通过市场机制调节资金用途，使资金流向产出收益更高的地方，从而提升资金使用效率。金融作为中国产业升级的发动机，决定着产业结构升级的路径、方向与模式（汪浩瀚、潘源，2018）。

金融集聚与新型城镇化发展效率二者具有相互促进效应（张鹏、于伟，2019）。随着金融机构自发向城市或城镇集中并形成一定规模和密度，就会形成金融产业集聚，其溢出效应和辐射效应能够降低企业投资、融资、金融搜寻成本，促进社会资本积累与再创造，提升市场活力，为新型城镇化建设中的基础设施、能源、交通、教育、就业、养老等方面提供资金支持来源，有利于扭转新型城镇化融资难问题，提高新型城镇化运营效率。新型城镇化作为一项史无前例的建设工程，是适应并引领新常态的良方，具有刺激内需、拉动经济增长、促进产业结构转型升级和改善民生的重要优势，为资金高效率使用提供了重要机遇，也为金融产业提供了服务经济社会发展并取得持续收益的机遇。新型城镇化效率优化提升会催生金融产业进一步集聚，为金融产业集聚的发展提供大量的优秀、创新型人才。新型城镇化过程中工业发展又为金融集聚创造了良好的运行环境，因此，新型城镇化又是金融集聚的依托和载体。由于我国地域空间差异明显，金融产业集聚与新型城镇化效率之间的耦合协调是否也存在较大差距？那么，从空间优化角度深入研究两者的耦合协调发展就具有重要现实意义。

国内已有大量学者从不同层面研究金融产业对新型城镇化产生的影响，金融能够通过资本市场影响新型城镇化建设中土地、劳动、技术、资本等投入要素影响新型城镇化（柳思维等，2012）；通过影响城市总体生产率进而提升城市居民收入，促进新型城镇化（李健旋、赵林度，2018）；通过促进人口规模扩张、推动中小企业发展和提高基础设施建设水平，进而推动新型城镇化（汪小亚，2002）；通过影响投资和储蓄，调节资金流量结构，重组后分配生产要素，进而优化产业结构，促进新型城镇化高效、可持续与绿色发展（王锋等，2017）。新型城镇化对于资金的需求量巨大，传统的金融模式已经难以维持，应该通过金融集聚对金融模式进行创新，建立统一、开放、竞争、有序的金融支持体系和金融监管体系（陈雨露，2013）。金融的多元化供给是保证新型城镇化可持续发展的基本条件，目前，江、浙、沪区域金融集聚和城镇化建设均处于盲目扩张的粗放型阶段（俞思静、徐维祥，2016）。适度的金融集聚有利于企业进行实业投资，应大力发展金融、保险、商务等现代服务业，使其与生产性服务业、消费性服务业和工业性服务业联动发展，从而提升城镇化效率（吴旭晓，2013）。中国金融空间分布具有空间非匀质性和外溢性特征，区域金融产业集聚的外部规模经济效益、外溢效应、创新与竞争效应、自我强化效应促进区域经济增长（张同功、孙一君，2018）。国外学者对新型城镇化的研究较少，如加大对美国基础设施的融资来促进城市化水平的提升，加强在城市基本功能方面的优化，进而增强城市的国际竞争力（Chen，2018），具备合理化和高级化特征产业结构的城镇化，必须依靠成熟、稳健的金融产业

（Szirmai，2012）。

综上所述，既有文献关于金融产业对新型城镇化的静态及动态影响做了较为详细的研究，但是对金融产业与新型城镇化效率之间的关系研究提及甚少。在新时代经济社会协调发展的客观要求下，金融产业集聚与新型城镇化效率之间是否存在耦合协调的发展关系，这种耦合协调关系是否存在区域分异现象，其内在原因又是什么等问题值得去研究和思考。基于此，本章通过构建金融产业集聚和新型城镇化效率的测度指标体系，科学测度其发展指数，在此基础上构建耦合协调度模型，测算其耦合协调度并做分析评价，探究不同空间金融产业集聚与新型城镇化效率之间在耦合协调背后的运行机制及其优化路径与方向，为促进二者协调优化发展提供经验证据。

第二节　金融产业集聚指数测度与评价

一、指标选择

依据金融产业集聚的内涵特征，考虑到金融产业发展与地区生产总值的关系，添加金融宏观环境这一指标层，参考并优化孙武军等（2013）金融产业集聚指标体系，构建金融规模、金融深度、金融宏观环境这三个目标层，具体如表3-1所示。

表3-1　　　　　　　　　　金融产业集聚指标

目标层	指标层
金融规模	金融行业从业人数（万人）
	上市公司数量（家）
金融深度	金融业产值占 GDP 比重
	保费收入（亿元）
	年末金融机构各项存款余额（亿元）
	年末金融机构各项贷款余额（亿元）
金融宏观环境	GDP（亿元）

新型城镇化效率的投入—产出指标体系构建及水平测度结果见第二章的具体内容。

二、数据来源

本章选取 2003～2014 年我国 30 个省份（西藏数据缺失较多，不在样本之列）作为研究样本，数据来源于历年《中国统计年鉴》《中国劳动年鉴》《中国金融年鉴》《中国城市年鉴》。

三、金融产业集聚度测度及结果分析

（一）权重设定

根据表 3 - 1 中所列指标，建立 m 个省份和 n 个指标的原始矩阵 $\mathbf{X} = (x_{ij})_{m*n}$，然后对其进行标准化处理：

$$y_{ij} = \{x_{ij} - \min(x_{ij}) / \max(x_{ij}) - \min(x_{ij})\} \quad (3-1)$$

其中，x_{ij} 为第 i 个省（市）第 j 个指标的原始数据，y_{ij} 是已经标准化后的数据。

（二）指标权重计算

利用熵值法可以避免主观判断意向，更有科学性。

$$e_j = -k \sum_{i=1}^{m} \left[\left(y_{ij} / \sum_{i=1}^{m} y_{ij} \right) \times \ln \left(y_{ij} / \sum_{i=1}^{m} y_{ij} \right) \right] \text{其中} k = \frac{1}{\ln m} \quad (3-2)$$

$$w_j = (1 - e_j) / \sum_{j=1}^{n} (1 - e_j) \quad (3-3)$$

其中，e_j 代表第 j 项指标的熵；k 代表玻尔兹曼常量；w_j 代表第 j 项指标的信息熵权重值。

（三）指标贡献度

采用线性加权法来测度，计算公式为：

$$U = \sum_{j=1}^{n} w_j y_{ij} \quad (3-4)$$

（四）金融产业集聚测度结果与分析

测度的 30 个省份 2003～2014 年金融产业集聚指数，如表 3 - 2 和图 3 - 1 所示。

表 3－2

2003～2014 年金融产业集聚指数

地区	2003年	2004年	2005年	2006年	2007年	2008年	2009年	2010年	2011年	2012年	2013年	2014年	均值
北京	0.6059	0.6245	0.6262	0.6812	0.6681	0.6574	0.6779	0.6828	0.6674	0.7381	0.7192	0.7527	0.6751
天津	0.1478	0.1606	0.1717	0.1675	0.1820	0.1779	0.1857	0.1900	0.1896	0.2048	0.2068	0.2099	0.1829
河北	0.2630	0.3125	0.3124	0.3232	0.3024	0.3042	0.3184	0.3113	0.3092	0.3275	0.3082	0.3257	0.3098
辽宁	0.3028	0.3281	0.3142	0.3322	0.3078	0.3076	0.3012	0.2948	0.3066	0.2987	0.3005	0.3011	0.3080
上海	0.6365	0.6462	0.6577	0.6709	0.6601	0.6420	0.6553	0.6240	0.6017	0.6398	0.6142	0.6400	0.6407
江苏	0.6437	0.6699	0.6536	0.6796	0.6517	0.6556	0.6835	0.6905	0.7210	0.8053	0.7740	0.8095	0.7032
浙江	0.5162	0.5556	0.5738	0.6118	0.6113	0.6385	0.6486	0.6594	0.6752	0.7150	0.6890	0.6789	0.6311
福建	0.2010	0.2090	0.2313	0.2412	0.2385	0.2450	0.2493	0.2552	0.2549	0.2588	0.2633	0.2677	0.2429
山东	0.5160	0.5371	0.5919	0.5601	0.5242	0.5305	0.5431	0.5379	0.5479	0.5804	0.5712	0.5833	0.5520
广东	0.7638	0.8090	0.7963	0.8326	0.9036	0.8969	0.9065	0.9051	0.9161	0.8797	0.8707	0.8664	0.8622
海南	0.0316	0.0305	0.0595	0.0264	0.0325	0.0351	0.0425	0.0395	0.0438	0.0479	0.0548	0.0530	0.0414
东部	0.4207	0.4439	0.4535	0.4661	0.4620	0.4628	0.4738	0.4719	0.4758	0.4996	0.4883	0.4989	0.4681
山西	0.1763	0.1870	0.1836	0.1987	0.1874	0.1943	0.1985	0.1936	0.1900	0.2014	0.1941	0.1960	0.1917
吉林	0.1398	0.1474	0.1348	0.1435	0.1285	0.1234	0.1240	0.1125	0.1102	0.1186	0.1150	0.1222	0.1267
黑龙江	0.1799	0.1833	0.1992	0.1752	0.1527	0.1497	0.1468	0.1511	0.1477	0.1612	0.1507	0.1638	0.1634
安徽	0.1952	0.2043	0.2103	0.2193	0.2094	0.2190	0.2256	0.2150	0.2262	0.2495	0.2447	0.2554	0.2228
江西	0.1170	0.1232	0.1465	0.1313	0.1157	0.1150	0.1184	0.1251	0.1345	0.1418	0.1373	0.1543	0.1300
河南	0.3080	0.3237	0.3290	0.3270	0.3073	0.3099	0.3095	0.3186	0.3293	0.3466	0.3271	0.3414	0.3231
湖北	0.2613	0.2597	0.2442	0.2615	0.2603	0.2583	0.2700	0.2635	0.2612	0.2892	0.2815	0.2972	0.2673
湖南	0.2114	0.2224	0.2144	0.2332	0.2213	0.2280	0.2333	0.2289	0.2339	0.2558	0.2426	0.2585	0.2320

续表

地区	2003年	2004年	2005年	2006年	2007年	2008年	2009年	2010年	2011年	2012年	2013年	2014年	均值
中部	0.1986	0.2064	0.2077	0.2112	0.1978	0.1997	0.2033	0.2010	0.2041	0.2205	0.2116	0.2236	0.2071
内蒙古	0.0955	0.1026	0.1332	0.1170	0.1106	0.1174	0.1257	0.1227	0.1298	0.1353	0.1256	0.1292	0.1204
广西	0.1218	0.1259	0.1444	0.1322	0.1311	0.1320	0.1440	0.1375	0.1401	0.1524	0.1513	0.1536	0.1389
重庆	0.1544	0.1643	0.1616	0.1739	0.1674	0.1739	0.1878	0.1931	0.1988	0.2149	0.2118	0.2137	0.1846
四川	0.3210	0.3325	0.3133	0.3361	0.3210	0.3287	0.3513	0.3517	0.3589	0.4020	0.3933	0.4063	0.3513
贵州	0.0792	0.0864	0.0894	0.0941	0.0910	0.0900	0.0956	0.0962	0.0968	0.1006	0.1005	0.1011	0.0934
云南	0.1555	0.1551	0.1701	0.1550	0.1427	0.1610	0.1687	0.1586	0.1557	0.1604	0.1594	0.1658	0.1590
陕西	0.1526	0.1594	0.1650	0.1728	0.1704	0.1737	0.1838	0.1807	0.1780	0.1927	0.1872	0.2015	0.1765
甘肃	0.0859	0.0856	0.0908	0.0786	0.0697	0.0684	0.0685	0.0628	0.0705	0.0793	0.0844	0.0926	0.0781
青海	0.0293	0.0291	0.0269	0.0276	0.0211	0.0213	0.0260	0.0236	0.0183	0.0213	0.0402	0.0425	0.0273
宁夏	0.0474	0.0496	0.0550	0.0555	0.0573	0.0539	0.0535	0.0559	0.0552	0.0548	0.0607	0.0585	0.0548
新疆	0.1089	0.1146	0.1259	0.1184	0.1176	0.1138	0.1158	0.1075	0.1115	0.1243	0.1258	0.1278	0.1176
西部	0.1229	0.1277	0.1342	0.1328	0.1273	0.1304	0.1383	0.1355	0.1376	0.1489	0.1491	0.1539	0.1365
全国	0.2523	0.2646	0.2709	0.2759	0.2688	0.2707	0.2786	0.2763	0.2793	0.2966	0.2902	0.2990	0.2769

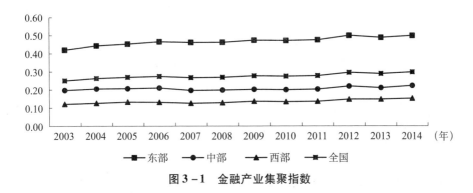

图 3 - 1　金融产业集聚指数

由表 3 - 2 和图 3 - 1 可以看出，我国东、中、西部地区金融产业集聚度在 2003 ~ 2014 年呈现稳步上升并且出现明显分层态势，显现出东部金融集聚度最高，中部次之，西部最低。东部作为改革开放前沿，拥有大量的跨国公司、外资企业、金融机构，市场经济活跃，金融集聚度为 0.4681，广东省由于其毗邻海域和与港澳地区相近的区位优势以及经济特区的政策优势，大量外商涌进和资本流入，工业发展迅速，区际贸易交流频繁，经济活跃度高，资本市场发展良好，广东省的金融集聚度均值为 0.8622，是全国金融集聚度最高的省份。中部地区金融集聚度增长缓慢，金融集聚度均值为 0.2071，河南省位于全国中心地带，拥有发达的铁路交通和运输网络系统，公共交通服务业发达，是内地经济贸易运行的核心地带，金融集聚度均值为 0.3231，是中部地区金融集聚度最高的省份。西部地区 2003 年金融产业集聚度较低，基数较小。

第三节　协调度模型构建与结果分析

一、耦合协调度评价方法及结果分析

（一）耦合度评价方法

耦合是来自物理学中的名词，指两个或者两个以上的系统相互作用、影响的现象。耦合度可以科学地衡量这种作用强度，根据本章研究内容，可将耦合度函数设定为：

$$C = \frac{(U_1 \times U_2)^{1/2}}{(U_1 + U_2)} \qquad (3-5)$$

其中，C 为耦合度，$C \in [0, 1]$，耦合度 C 值越大，耦合度越高，耦合度 C 值越小，耦合度越低。

（二）耦合协调度评价方法

耦合协调性函数：

$$T = \alpha U_1 + \beta U_2 \qquad (3-6)$$

$$D = (C \times T)^{1/2} \qquad (3-7)$$

其中，D 为耦合协调度；T 为综合评价指数；α 和 β 为待定系数，将 α、β 均等于 0.5。本章采用均匀分布函数法来划定耦合协调度的区间和等级，如表 3-3 所示。

表 3-3　　　　　　　　　　　　耦合协调度区间和等级

序号	协调度 D 值	协调等级	序号	协调度 D 值	协调等级
1	0.000 ~ 0.10	极度失调	6	0.5001 ~ 0.60	勉强协调
2	0.1001 ~ 0.20	严重失调	7	0.6001 ~ 0.70	初级协调
3	0.2001 ~ 0.30	中度失调	8	0.7001 ~ 0.80	中级协调
4	0.3001 ~ 0.40	轻度失调	9	0.8001 ~ 0.90	良好协调
5	0.4001 ~ 0.50	濒临失调	10	0.9001 ~ 1.00	优质协调

二、耦合协调结果分析

利用耦合协调模型测度中国 30 个省份 2003 ~ 2014 年金融产业集聚与新型城镇化效率耦合协调度，如表 3-4 和图 3-2 所示。

表 3－4 2003～2014 年金融产业集聚与新型城镇化效率耦合协调度

地区	2003 年	2004 年	2005 年	2006 年	2007 年	2008 年	2009 年	2010 年	2011 年	2012 年	2013 年	2014 年	均值
北京	0.6246	0.6251	0.6254	0.6554	0.6463	0.6310	0.6347	0.6366	0.6343	0.6573	0.6602	0.6855	0.6434
天津	0.4544	0.4661	0.4946	0.4926	0.4997	0.4970	0.4834	0.4899	0.4979	0.5172	0.5195	0.5220	0.4951
河北	0.5109	0.5334	0.5341	0.5401	0.5137	0.4990	0.5155	0.5102	0.5040	0.5237	0.5149	0.5361	0.5202
辽宁	0.5355	0.5402	0.5411	0.5304	0.5251	0.5162	0.5147	0.4833	0.4840	0.4928	0.4979	0.4958	0.5140
上海	0.6422	0.6448	0.6139	0.6618	0.6491	0.6347	0.6437	0.6429	0.6255	0.6678	0.6681	0.6843	0.6492
江苏	0.6563	0.6702	0.6681	0.6803	0.6696	0.6493	0.6108	0.6082	0.6212	0.6517	0.6392	0.6297	0.6492
浙江	0.6161	0.6340	0.6170	0.6215	0.6374	0.6146	0.6273	0.6271	0.6232	0.6378	0.6104	0.6014	0.6240
福建	0.4945	0.4987	0.5009	0.5040	0.4946	0.4939	0.5021	0.5072	0.5065	0.5057	0.5023	0.5065	0.5021
山东	0.6025	0.6062	0.6194	0.6069	0.6027	0.5881	0.5998	0.5656	0.5581	0.5968	0.6111	0.6057	0.5977
广东	0.6914	0.7082	0.7258	0.7425	0.7447	0.7547	0.7533	0.7485	0.7432	0.7386	0.7215	0.6987	0.7315
海南	0.3514	0.3810	0.5485	0.3855	0.4063	0.4289	0.3920	0.3900	0.3829	0.4170	0.4269	0.4432	0.4190
东部	0.5933	0.6115	0.6485	0.6283	0.6240	0.6221	0.6043	0.6007	0.5950	0.6192	0.6137	0.6225	0.6160
山西	0.4370	0.4417	0.4522	0.4596	0.4473	0.4430	0.4537	0.4441	0.4432	0.4635	0.4631	0.4594	0.4508
吉林	0.4447	0.4523	0.4475	0.4488	0.4339	0.4303	0.4317	0.4204	0.4101	0.4245	0.4167	0.4194	0.4320
黑龙江	0.4836	0.4958	0.5253	0.4726	0.4545	0.4532	0.4662	0.4413	0.4503	0.4552	0.4537	0.4716	0.4693
安徽	0.4630	0.4709	0.4878	0.4909	0.4897	0.4749	0.4826	0.4674	0.4759	0.4834	0.4886	0.4825	0.4805
江西	0.4119	0.4105	0.4365	0.4358	0.4201	0.4062	0.4317	0.4398	0.4317	0.4592	0.4464	0.4613	0.4333
河南	0.5210	0.5247	0.5385	0.5318	0.5138	0.5043	0.5196	0.5001	0.4866	0.5182	0.5167	0.5188	0.5168
湖北	0.5050	0.5023	0.4962	0.4933	0.5559	0.5281	0.5071	0.4900	0.4906	0.5107	0.5032	0.4925	0.5077
湖南	0.4822	0.4908	0.4875	0.4835	0.4712	0.4710	0.4747	0.4730	0.4759	0.4915	0.4858	0.4975	0.4825

续表

地区	2003 年	2004 年	2005 年	2006 年	2007 年	2008 年	2009 年	2010 年	2011 年	2012 年	2013 年	2014 年	均值
中部	0.4730	0.4783	0.4884	0.4816	0.4790	0.4698	0.4776	0.4665	0.4651	0.4829	0.4782	0.4823	0.4771
内蒙古	0.3880	0.3907	0.4439	0.4322	0.4211	0.4284	0.4484	0.4500	0.4608	0.4643	0.4704	0.4723	0.4403
广西	0.4384	0.4365	0.4441	0.4250	0.4244	0.4076	0.4208	0.4090	0.4145	0.4305	0.4296	0.4340	0.4272
重庆	0.4080	0.4205	0.4073	0.4350	0.4316	0.4984	0.4559	0.4576	0.4635	0.4952	0.4853	0.4879	0.4558
四川	0.5098	0.5273	0.5165	0.5216	0.5011	0.4812	0.5066	0.5325	0.5089	0.5391	0.5336	0.5284	0.5181
贵州	0.3623	0.3450	0.3770	0.3780	0.3709	0.3722	0.3745	0.3717	0.3566	0.3610	0.4632	0.3905	0.3798
云南	0.5803	0.4504	0.4641	0.4672	0.4562	0.4470	0.4394	0.4172	0.4300	0.4449	0.4592	0.4684	0.4664
陕西	0.4152	0.4182	0.4333	0.4351	0.4321	0.4201	0.4408	0.4479	0.4519	0.4588	0.4499	0.4413	0.4375
甘肃	0.3515	0.3615	0.3747	0.3637	0.3487	0.3411	0.3643	0.3235	0.3324	0.3427	0.3675	0.3716	0.3545
青海	0.3671	0.3698	0.3621	0.4065	0.3809	0.3765	0.3774	0.3534	0.3137	0.3647	0.3624	0.3945	0.3742
宁夏	0.3366	0.3313	0.3690	0.3870	0.3854	0.3999	0.3973	0.3926	0.3911	0.4032	0.3763	0.3898	0.3814
新疆	0.4000	0.4227	0.4221	0.4029	0.3977	0.4174	0.4414	0.4540	0.5104	0.4343	0.4490	0.4444	0.4368
西部	0.4406	0.4292	0.4415	0.4548	0.4473	0.4525	0.4553	0.4476	0.4519	0.4657	0.4612	0.4620	0.4511
全国	0.5190	0.5220	0.5425	0.5402	0.5358	0.5346	0.5310	0.5239	0.5235	0.5413	0.5356	0.5396	0.5327

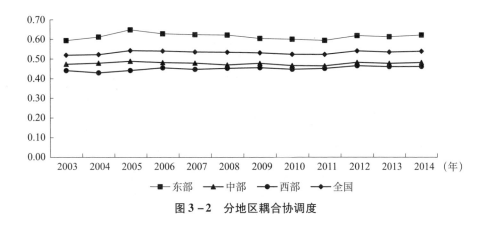

图 3 - 2　分地区耦合协调度

由表 3 - 4 和图 3 - 2 可以看出，2003 ~ 2014 年我国金融产业集聚与新型城镇化效率协调度出现小幅波动，但大体趋势呈波浪上升，处于勉强协调阶段，东、中、西部地区呈现明显的区域分异。改革开放以来，东部地区经济一直处于经济增长领跑状态，经济基础良好、产业结构较合理、高科技研发与创新水平较强、公共基础设施较为完善、产城融合水平较高，新型城镇化效率较高；东部地区资本、金融市场起步较早，随着经济的快速发展、工业化水平提高，大型跨国公司、上市公司、国际集团集聚，国际贸易交流频繁，金融产业需求与供给快速跟进，金融产业发展较快、集聚度高，东部地区耦合协调均值为0.6160，主要处于初级协调和勉强协调阶段，总体协调度最高。中部地区耦合协调均值为 0.4771，处于勉强协调或濒临失调阶段，中部地区经济基础较好，但省份之间异质性较强。安徽省、河南省、山西省、湖南省、湖北省工业转型发展缓慢，人口密度高且农村人口众多，公共基础设施建设滞后，资本、能源、土地、人力等投入要素资源错配现象较严重，造成新型城镇化盲目发展，新型城镇化效率不高；吉林省、黑龙江省地广人稀、资源丰富、工业基础较好、交通网络良好，新型城镇化产出投入比较高，不过，它们面临的共同问题是金融产业集聚度较低。西部地区耦合协调均值为 0.4511，主要处于濒临失调和轻度失调阶段，新型城镇化效率值较高，说明西部地区新型城镇化追赶速度很快，但是西部地区金融产业集聚度在全国最低，应该增强金融产业的发展能力，实现金融产业集聚与新型城镇化效率耦合协调发展。

可以看出，东部地区相对于中西部地区更加协调，并且中西部地区与东部地区协调值差距较大。中部地区比西部地区高 0.021，差距不太明显。

表 3 - 5 特定年份各省份协调度分类

类型	2003 年	2006 年	2008 年	2011 年	2014 年
轻度失调	宁夏、海南、甘肃、贵州、青海、内蒙古、新疆	甘肃、贵州、海南、宁夏	甘肃、贵州、青海、宁夏	青海、甘肃、贵州、海南、宁夏	甘肃、宁夏、贵州、青海
濒临失调	重庆、江西、陕西、山西、广西、吉林、天津、安徽、湖南、黑龙江、福建	新疆、青海、广西、内蒙古、重庆、陕西、江西、吉林、山西、云南、黑龙江、湖南、安徽、天津、湖北	江西、广西、新疆、陕西、内蒙古、海南、吉林、山西、云南、黑龙江、湖南、安徽、四川、福建、天津、重庆、湖北	吉林、广西、云南、江西、山西、黑龙江、陕西、内蒙古、重庆、安徽、湖南、辽宁、河南、湖北、天津	吉林、广西、陕西、海南、新疆、山西、江西、云南、黑龙江、内蒙古、安徽、重庆、湖北、辽宁、湖南
勉强协调	湖北、四川、河北、河南、辽宁、云南	福建、四川、辽宁、河南、河北	河南、辽宁、河北、山东	河北、福建、四川、新疆、山东	福建、河南、天津、四川、河北
初级协调	山东、浙江、北京、上海、江苏、广东	山东、浙江、北京、上海、江苏	浙江、北京、上海、江苏	江苏、浙江、上海、北京	浙江、山东、江苏、上海、北京、广东
中级协调	—	广东	广东	广东	—

如表 3 - 5 所示，北京、上海、江苏、浙江、广东这 5 个省份金融产业集聚与新型城镇化效率有序协调发展，耦合协调度最高，均处于初级耦合协调阶段，其中广东在 2006 年、2008 年、2011 年协调值达到了中级协调。广东、上海作为我国对外开放的前沿窗口，金融产业规模较为庞大，经济发展较快，形成经济增长极，具有较强的集聚效应和辐射效应，带动江苏和浙江金融产业的集聚。金融产业集聚提高区域经济运行效率，产生金融溢出效应，促进金融制度创新与完善、金融产品创新、金融信息公开，降低金融寻租成本，吸引大量工业及服务业企业集聚，降低地区失业率，增加政府税收，劳动力、资本、技术等资源得到充分的利用，从而提高新型城镇化效率，促使金融产业集聚与新

型城镇化效率趋向协调。北京市是我国的政治、文化、经济和国际交往中心，拥有坚实的经济基础，工业、商业发达，金融产业集聚程度高，劳动力、资本、技术等资源不断向北京配置，金融调节要素配置作用不断增强，人口、产业、空间、生活、资源环境及城乡一体化协调发展，新型城镇化效率逐年提升。

河北、福建、河南、湖北、四川5个省份均处于勉强协调阶段。河北省金融产业集聚度为0.3098，水平较低。河北省的新型城镇化效率均值是0.9451，新型城镇化效率较低，急需引进新能源产业、淘汰落后产业、发展绿色产业、注重生态保护和产品研发、大力发展服务产业和金融产业，调整产业结构，将能源消耗驱动型产业向消费升级和创新驱动型产业转变，改善人居生态环境，提高新型城镇化效率。福建省新型城镇化效率呈波浪式下降趋势，从2003年的1.1898下降到2014年的0.9832。河南和湖北农业人口基数庞大，农业现代化、信息化、规模化进程缓慢，由于农产品产业附加值不高，带来的经济收益效应不明显，省内创新型产业发展不足，新型城镇化投入产出效率较低，虽然金融产业集聚常年持续上升，但还是无法扭转新型城镇化效率的颓势。四川省地理环境复杂，农业发展粗放、工业大而不强、服务产业不足，亟需金融产业带动工业结构升级、自主创新、科技研发、基础设施建设等。这3个省份应该着重提升新型城镇化效率，以促进区域协调发展。

山西、天津、吉林、黑龙江、安徽、重庆、江西、湖南、内蒙古、广西、云南、陕西、新疆均处于濒临失调阶段，天津的新型城镇化效率均值是1.3148，新型城镇化有效率，但金融产业集聚度为0.1829，天津市应该注重金融产业发展，以提升金融产业与新型城镇化效率的协调性。内蒙古的协调度逐年变好。新疆从2003年的轻度失调演变到2011年的勉强协调，其金融产业集聚度一直处于缓慢上升阶段，新型城镇化效率呈现逐年提高的态势。西部地区贵州、甘肃、青海、宁夏常年处于轻度失调阶段，重庆、吉林、江西、黑龙江、云南、内蒙古、青海、宁夏、新疆新型城镇化效率值均大于1，反观它们的金融产业集聚度却较低，均处于0.1~0.2，新型城镇化效率优于金融产业的集聚，表明这9个省份应该增大金融产业要素投入，进而促进金融产业与新型城镇化效率的协调发展。山西省、安徽省、湖南省、广西壮族自治区、贵州省金融产业集聚度均较低，应该加大金融要素投入，提升金融产业集聚度，促进二者耦合协调发展。

第四节　促进耦合协调发展的贡献度分析

我国金融产业集聚与新型城镇化效率的耦合协调度常年偏低，东、中、西部地区协调度差异较明显，究竟是地区金融产业集聚度偏低，还是新型城镇化效率低下，还是二者发展不匹配引起的协调度差异？为进一步探讨新型城镇化效率与金融产业集聚之间的耦合协调关系，研判二者促进区域耦合协调的贡献度，借鉴徐佳萍等（2018）的研究方法，构建全国范围及东、中、西部地区的耦合协调度 QD、ED、MD、WD 与金融产业集聚度 $fian$ 和新型城镇化效率 $urbefi$ 之间回归方程如下：

$$QD = \alpha Qfian + \beta Qurbefi + c \quad (i = 1, \cdots, 30; \ t = 1, \cdots, 12) \quad (3-8)$$

$$ED = \alpha_1 Efian + \beta_1 Eurbefi + c_1 \quad (i = 1, \cdots, 30; \ t = 1, \cdots, 12) \quad (3-9)$$

$$MD = \alpha_2 Mfian + \beta_2 Murbefi + c_2 \quad (i = 1, \cdots, 30; \ t = 1, \cdots, 12) \quad (3-10)$$

$$WD = \alpha_3 Wfian + \beta_3 Wurbefi + c_3 \quad (i = 1, \cdots, 30; \ t = 1, \cdots, 12)$$

$$(3-11)$$

从表 3 - 6 的拟合方程结果来看，回归方程拟合度均较高，金融产业集聚和新型城镇化效率在显著性 1% 水平上耦合协调度均呈显著性正相关。全国范围金融产业集聚度提高 1 单位，协调值提高 0.4170 个单位，新型城镇化效率提高 1 单位，协调值提高 0.1786 个单位，因此，需要进一步提升优化城镇化效率。从区域来看，东部地区金融产业集聚度系数提高 1 单位，区域协调值就提高 0.3664 个单位。中部地区金融产业集聚度系数提高 1 单位，区域协调值就提高 0.5669 个单位；西部地区金融产业集聚度系数提高 1 单位，区域协调值就提高 0.6167 个单位。可见东部地区金融产业集聚的贡献低于中西部地区，这一现象符合规模报酬递减理论和库兹涅茨倒 "U" 型曲线原理，说明中西部地区金融产业集聚度还远远不够，需要继续增强金融产业集聚能力，提升集聚水平。东部地区新型城镇化效率提高 1 个单位，区域协调值就提高 0.1342 个单位；中部地区新型城镇化效率提高 1 个单位，区域协调值就提高 0.1125 个单位；西部地区新型城镇化效率提高 1 个单位，区域协调值就提高 0.2765 个单位。东中部地区新型城镇化效率系数均小于西部地区，说明为了达到区域协调，西部地区应继续大力推进新型城镇化战略，提高城镇化水平，持续提升和优化新型城镇化效率。

表 3 - 6   不同地区协调发展贡献度回归分析结果

解释变量	全国	东部	中部	西部
fian	0.4170 (0.0065)***	0.3664 (0.0091)***	0.5669 (0.0093)***	0.6167 (0.0298)***
urbefi	0.1786 (0.0024)***	0.1342 (0.0034)***	0.1125 (0.0041)***	0.2765 (0.0037)***
C	0.3551 (0.3551)***	0.3873 (0.0074)***	0.2409 (0.0053)***	0.3046 (0.0077)***
R^2	0.9205	0.9341	0.9751	0.7704
样本观测数	360	132	96	132

注：括号内为标准误差，***表示 1% 的水平显著，** 表示 5% 的水平显著，* 表示 10% 的水平显著。

第五节　主要结论与政策启示

本章利用省级面板数据分析了金融产业集聚和新型城镇化效率的耦合协调性。研究结果显示：第一，我国金融产业集聚度呈波浪上升趋势，整体发展状态良好，在空间上呈现分层且由东到西梯度下降状态，东部地区金融产业集聚度比较高，中部次之，西部最低。第二，我国新型城镇化效率值大于 1 且呈波浪式上升趋势。分地区而言，东部地区新型城镇化效率值呈波浪式上升态势，中西部地区呈波浪式下降趋势。第三，全国及东中西部的金融产业集聚与新型城镇化耦合协调度逐年上升，但东中西部地区出现明显的分层态势，东部地区的省份主要处于初级协调和勉强协调阶段，中部地区的省份处于勉强协调和濒临失调阶段，西部地区的省份处于濒临失调和轻度失调阶段。第四，中西部地区金融产业集聚对耦合协调度的贡献度高于东部地区，与理论预期有一定差距，表明中西部地区的金融产业集聚还停留在边际收益递增阶段，今后需要继续增强中西部地区金融产业集聚化水平；新型城镇化效率对耦合协调度贡献小于金融产业集聚，表明全面提升和优化新型城镇化效率依然具有较大空间。

基于上述结论，本章得到以下政策启示。

（1）调整及优化金融产业结构，重点促进中西部地区金融产业集聚。创新金融制度，降低金融风险，注重金融产品创新，扭转金融资本"脱实向虚"病态现象，建立更加完善的金融信息公开机制，降低金融寻租成本，使得资金转向实体企业，着力发展生态、新能源、科技创新等产业，促进产城融合，提升新型城镇化效率，促使新型城镇化的绿色、高质量发展，促进区域协调发展。

（2）创新制度供给，建立政府与市场合作机制。积极推动政府与市场有效合作，推出惠及社会、市场的优惠政策，大力推行诸如 PPP、BT 等合作模式，协调政府与市场之间的关系，注重基础设施、公共服务、社会福利等方面的共同建设与运营。加强区域交流合作，打破由于行政规划、恶性竞争等因素导致的金融发展、产业合作、技术交流等方面的割裂局面，强化金融产业集聚产生的空间溢出效应，实现区域一体化，缩小区域差距。

（3）加强城镇基础设施建设。加大交通、通信、医疗、教育、城市绿化等方面的金融投入，特别是西部地区，优化新型城镇化建设投入要素配置，提升效率。同时，西部地区应抓住"一带一路"倡议、"新一轮西部大开发"等机遇，发展地方特色产业，推动区际贸易，激发市场活力，带动区域产业结构转型升级和发展动能转换，提升新型城镇化效率，促进经济高质量发展。

第四章 公共服务供给、空间溢出与新型城镇化发展质量

城镇化是各种生产要素综合作用的结果,应该以提高所有社会成员的效益为目标,而我国各地区的城镇化效益却存在空间不均,公共服务供给的数量和质量存在明显差异和不均衡性,城镇居民享受公共服务远优于农村居民和进城务工的农民工。公共服务供给不均衡现象始终贯穿我国城镇化发展的全过程,城镇居民享受了城镇化发展成果,农民工支付了建设成本却未获得建设收益。因此,推动居民需求和公共产品的有效匹配,抓住公共服务供给的间断性矛盾,提高公共服务供给效率,落实公共服务供给的民生改善效应已经成为新型城镇化建设的当务之急。本章利用省级面板数据实证研究了公共服务供给对新型城镇化发展质量的作用机理及其空间效应。研究结果表明,公共服务供给和新型城镇化发展质量均存在显著的空间相关性,且公共服务供给对新型城镇化发展质量的空间溢出效应日趋增强。教育具有显著的正向空间溢出作用,交通基础设施的空间溢出效应为负但并不显著,医疗具有较为明显的空间抑制作用。进一步的区域异质性分析发现,公共服务供给对新型城镇化的直接效应和空间效应在三大地区存在明显的差异性。因此,不同区域要基于公共服务供给及其空间溢出效应的特点制定新型城镇化高质量发展的政策措施。

第一节 引言与文献述评

改革开放以来,我国的城镇化发展成就显著,但由于长期存在重速度轻质量的问题,传统发展模式负面影响不断凸显,有效解决以往城镇化的弊端已成

为我国经济社会高质量发展的必然要求。2011年，我国城镇化率首次突破50%，标志着城镇化发展进入新的阶段，新一轮城镇化发展的主体方向为新型城镇化。新型城镇化更加注重城镇建设的质量，坚持速度与质量并重，有助于推动经济社会的内涵式发展。在新型城镇化进程中公共服务供给既是短板也是瓶颈，如何破解新型城镇化进程中公共服务供给不足问题已成为社会各界关注的焦点。目前，我国公共服务供给不足、公共服务均等化失衡、城乡统筹困难重重、公共服务财政投入不足、区域经济发展不平衡等问题依然突出。城镇化是各种生产要素综合作用的结果，应该以提高所有社会成员的效益为目标，而我国各地区的城镇化效益却存在空间不均，公共服务供给的数量和质量存在明显差异和不均衡性，城镇居民享受公共服务远优于农村居民和进城务工的农民工。公共服务供给不均衡现象始终贯穿我国城镇化发展的全过程，城镇居民享受了城镇化发展成果，农民工支付了建设成本却未获得建设收益。因此，推动居民需求和公共产品的有效匹配，抓住公共服务供给的间断性矛盾，提高公共服务供给效率，落实公共服务供给的民生改善效应已经成为新型城镇化建设的当务之急。

随着城镇化向纵深发展，公共服务供给愈发显得重要，这一问题也得到了学术界的广泛关注。关于公共服务与新型城镇化的研究主要存在以下两种观点。第一种观点认为，公共服务供给与新型城镇化呈正向互动关系。徐盈之、赵永平（2015）认为，新型城镇化建设有利于公共服务供给水平的优化，但我国城镇化发展存在不均衡现象（万广华，2013），城市的发展带来社区和经济的不平等（Talm and Maarten，2018），户籍制度、父母的受教育程度、所在省区、党员身份、性别、民族等因素导致接受教育的机会也不均等（Golley and Taokong，2018），这必然导致公共服务供给的不均等。许莉等（2015）验证了公共服务供给的空间效应在小城镇确实存在。胡艳、朱文霞（2015）指出，交通基础设施的网络性会对相邻区域产生影响，城市发展过程中空间相关性和依赖性相互作用（Chris et al.，2014）。市政道路对城市发展具有深远影响，除道路交通基础设施外，排水基础设施的完善也是改善城市生活环境的重要途径（Chissano，2014；Mikovits，2014）。绿色空间增幅与城市发展质量密切相关（Cortinovis et al.，2016）。市政土地规划作为城市发展的重要影响因素促进城市化进程（Christensen，2014），财政政策需要与金融发展相结合共同促进新型城镇化建设（李新光等，2015）。孙红玲（2014）利用财政平衡方法，研究人均公共服务均等化问题，认为分税制改革有利于促进财政支出均等化，从而推动城镇化（Nahrin，2018）。第二种观点认为，公共服务供给必须基于一定的标准和范围，迎合消费者需求的公共服务供给会给消费者带来相应的效用和福利，提高城镇化水平，反之则不然。通过研究河内的社会空间结构发现越南的城市公共政策阻碍了城市发展（Leducq and Scarwell，2018）。雷潇雨、龚六堂（2014）认为，地方政府财政能力与城镇化质量并不一定是正向关系（宋旭、李冀，2015）。公共服务均等化以政府制定合理的制度和政策为前提（何兴强、费怀玉，2018），公共服务不均等会导致城镇化的差异化。

纵观国内外文献，多数研究表明，公共服务供给可以提高城镇化质量，但全面分析公共服务供给对新型城镇化空间作用机理的研究成果较少，且对公共服务供给能否促进本地新型城镇化发展以及是否存在空间溢出的区域分异这一问题并没有作出明确回答。因此，本章的主要贡献体现在以下三个方面：（1）突破传统的城镇化度量方法，综合考量经济、社会、生态维度的因素，全面测度新型城镇化发展质量；（2）通过变量的探索性空间数据分析，判定公共服务供给和新型城镇化发展质量在地理空间上的集群程度或空间相关性；（3）从公共交通、教育和医疗卫生三个方面分析公共服务供给对新型城镇化发展质量的空间作用机理，并对其直接效应和空间溢出效应进行经验检验，从全域和区域异质性层面探索空间溢出效应的区域分异特征及其内在机理。

第二节　理论机制与研究设计

一、理论机制

传统城镇化注重规模和速度，更多的是物的城镇化，对城镇化的发展质量关注不够。新型城镇化是以人为核心的城镇化，是立足于人的需求和选择的城镇化，其高质量发展包含多方面的内容，但公共服务为重中之重，需要公共服务产品供给增加与均等化同时推进。公共服务是以政府为供给主体，向城乡居民提供公共交通、教育、医疗卫生等服务产品，它与居民的生存与发展需求紧密相连，公共服务供给与以人为核心的城镇化在改善民生方面具有一致性，二者都坚持人本发展理念。显然公共服务供给与新型城镇化发展质量联系密切，公共服务供给对城镇常住人口的全覆盖是促进城镇持续高质量发展的稳定剂。理论上公共服务供给有直接和间接两种作用机制促进城镇化高质量发展。直接作用机制正如福利经济学理论所述，公共服务供给保证了国民经济大蛋糕的公平与公正分配，有利于提升全社会的福利水平，改善和优化城镇化发展质量，即公共服务供给对本地新型城镇化发展质量具有积极促进作用。间接作用机制是由于经济活动空间交互作用的存在，公共服务供给不仅对本地区新型城镇化发展质量产生积极影响，而且也会产生空间溢出效应。这两种理论作用机制及其影响程度依然需要做进一步的实证考察。

二、模型构建

在理论分析的基础上借鉴柯布道格拉斯生产函数，构建空间计量模型如下：

$$\ln urb_{it} = c + \rho W \ln urb_{it} + \alpha_1 \ln tra_{it} + \alpha_2 \ln edu_{it} + \alpha_3 \ln med_{it}$$
$$+ \rho_1 W \ln tra_{it} + \rho_2 W \ln edu_{it} + \rho_3 W \ln med_{it} + x_{it} \qquad (4-1)$$
$$+ \beta W x_{it} + u_{it}$$

其中，$u = \lambda W u + \varepsilon$，$\ln urb$ 代表新型城镇化发展质量；c 为常数项；α_1、α_2、α_3 分别表示为本地区的交通、教育、医疗投入对本地区新型城镇化发展质量影响的弹性系数；ρ、ρ_1、ρ_2、ρ_3 属于空间系数，分别表示新型城镇化发展质量、公共交通、教育、医疗卫生的空间溢出效应；β 表示其他控制变量的空间溢出效应系数；λ 表示空间误差项的影响系数；W 表示空间权重矩阵，本章采用基于 Queen 邻近准则构造的 W 作为地理空间权重矩阵；x_{it} 为控制变量；u_{it} 为随机扰动项。

三、变量选择

被解释变量为新型城镇化质量（urb）。目前，对于城镇化度量大多采用人口城镇化，以往的城镇化注重人口数量的增加，城市规模的扩大，缺乏对居民生产、社会生活及整个生态环境的重视，忽略了城镇化的核心内涵。以人为核心的新型城镇化集经济效率、社会发展、生态环境于一体，旨在寻求全面优化的城镇化路径。因此，本章认为以人为核心的新型城镇化应从经济、社会、生态三个维度进行综合考量，具体指标体系如表4-1所示。

表4-1　　　　　　　新型城镇化发展质量评价指标体系

一级指标	二级指标	指标解释	方向
经济城镇化	非农产值比重	二产与三产之和/GDP（%）	正向
	劳动力单位产出	GDP/总就业人员（元/人）	正向
	固定资产单位产出	GDP/城镇固定资产投资（%）	正向
	土地单位产出	GDP/建成区面积（万元/平方公里）	正向
社会城镇化	城镇家庭居民恩格尔系数	食品与烟酒支出/消费支出（%）	逆向
	城镇登记失业率	城镇登记失业率（%）	逆向
	城镇家庭居民人均可支配收入	城镇家庭居民人均可支配收入（元/人）	正向
	城镇人口比重	城镇人口/总人口（%）	正向
生态城镇化	建成区绿化覆盖率	建成区绿化面积/建成区面积（%）	正向
	固体废弃物利用率	固体废弃物利用量/固体废弃物产生量（%）	正向
	单位GDP电力消耗量	电力消耗总量/GDP（千瓦时/万元）	逆向
	单位GDP二氧化硫排放量	二氧化硫排放量/GDP（吨/万元）	逆向

四、新型城镇化发展质量测度

在运用评价指标体系进行水平测度时，最关键的是对各个指标的权重进行赋值，而确定指标权重的方法主要有主观赋权法和客观赋权法，本章采用改进的熵权法确定权重以消除赋权过程中的主观因素。"熵"作为对不确定性的一种度量，信息量越大，不确定性就越小，熵也就越小；反之，不确定性就越大，熵也就越大。假设有 m 个对象，n 个评价指标，则 a_{ij} 表示第 i 个对象的第 j 项指标值，测算步骤如下。

（1）数据标准化。由于各指标的量纲、数量级及指标的正负取向均有差异，需对初始数据做正规化处理。

正向指标（指标值越大，对新型城镇化发展水平越有利）：

$$x_{ij} = \frac{a_{ij} - \min \{a_{ij}\}}{\max \{a_{ij}\} - \min \{a_{ij}\}} \quad (i = 1, 2, \cdots, m; j = 1, 2, \cdots, n)$$

逆向指标（指标值越小，对新型城镇化发展水平越有利）：

$$x_{ij} = \frac{\max \{a_{ij}\} - a_{ij}}{\max \{a_{ij}\} - \min \{a_{ij}\}} \quad (i = 1, 2, \cdots, m; j = 1, 2, \cdots, n)$$

（2）测度第 i 个指标值在第 j 项指标下所占的比重 p_{ij}：$p_{ij} = x_{ij} / \sum_{i=1}^{m} x_{ij}$。

（3）测度第 j 项指标的熵值 e_j：$e_j = -\frac{1}{\ln m} \sum_{i=1}^{m} (p_{ij} \ln p_{ij})$，$e_j \in [0, 1]$。

（4）测度第 j 项指标的差异性系数 g_j：$g_j = 1 - e_j$。

（5）测度第 j 项指标的权重 w_j：$w_j = g_j / \sum_{i=1}^{n} g_j$。

（6）测度各评价对象的综合得分 H_i：$H_i = \sum_{j=1}^{m} w_j a_{ij}$，其中，$w_j$ 为确定的指标权重，a_{ij} 为各指标的标准化值。

新型城镇化质量的测度结果如表 4 - 2 所示，可以看出：（1）2005 ~ 2016 年全国地区新型城镇化平均水平为 0.3 左右，整体水平普遍较低。（2）新型城镇化发展质量存在空间差异性，东部地区的新型城镇化发展质量总体较高，其均值在 0.5 左右，中部地区次之，其均值在 0.3 左右，作为后发地区的西部地区尽管地处内陆，新型城镇化发展质量较低，但新型城镇化在时间趋势上发展较快，有望赶上中东部地区的发展进度。（3）新型城镇化发展质量差别较大，从北京、上海的 0.8 左右到甘肃、青海的 0.1 左右，区域分异现象较为明显，说明东部发达地区和中西部地区存在明显的不均衡发展，同一区域各个省份新型城镇化发展质量也不尽相同。（4）虽然不同年份各个省份的新型城镇化发展质量存在特殊变动规律，但总体都随着时间变换稳步递增。

核心解释变量：公共交通（tra），用铁路密度表示，是表征交通基础设施的重要指标，用铁路里程数与行政区域面积的比值测算。教育（edu），用总人口中的大专（及以上）文化程度人口所占比重表示。接受过高等教育的人口，具有较强的逻辑思维能力和专业能力，高等教育人口比重越高，教育收益越大。医疗卫生（med），用人均医疗卫生支出费用表示，涵盖了医疗、保健多个卫生领域，政府医疗卫生财政支出的数量和质量能够客观表征我国医疗卫生的服务水平。

表 4－2　2005～2016 年中国新型城镇化发展质量

地区	2005 年	2006 年	2007 年	2008 年	2009 年	2010 年	2011 年	2012 年	2013 年	2014 年	2015 年	2016 年
北京	0.8157	0.8359	0.7788	0.7684	0.788	0.7601	0.843	0.8123	0.8459	0.7822	0.8474	0.8304
福建	0.6043	0.5714	0.5101	0.5607	0.5495	0.551	0.3725	0.564	0.5374	0.4898	0.4881	0.4655
广东	0.7307	0.7594	0.7405	0.7512	0.7243	0.7268	0.5959	0.6719	0.6135	0.5392	0.5834	0.5684
海南	0.2676	0.3257	0.3381	0.3578	0.311	0.3414	0.3469	0.3531	0.3237	0.2501	0.259	0.2517
河北	0.4084	0.4263	0.3871	0.4205	0.3662	0.3307	0.2278	0.3259	0.3015	0.3272	0.2773	0.2482
江苏	0.6319	0.6468	0.6206	0.6432	0.6081	0.6223	0.4646	0.6036	0.6	0.5454	0.5829	0.575
辽宁	0.2955	0.2638	0.2624	0.3321	0.2896	0.2929	0.2239	0.3698	0.3646	0.3731	0.3317	0.3469
山东	0.5188	0.5651	0.5443	0.5315	0.5395	0.5331	0.3934	0.5304	0.5077	0.4399	0.4551	0.4223
上海	0.8753	0.7939	0.7107	0.7568	0.7124	0.7737	0.6615	0.8185	0.8208	0.7897	0.8295	0.8204
天津	0.6294	0.6223	0.5165	0.5661	0.4943	0.5177	0.4249	0.5695	0.5259	0.4422	0.4778	0.4589
浙江	0.7418	0.7294	0.6754	0.691	0.6606	0.6951	0.5093	0.6238	0.6122	0.5431	0.5717	0.5497
东部	0.5927	0.5945	0.5531	0.5799	0.5494	0.5586	0.4603	0.5675	0.5503	0.502	0.5185	0.5034
安徽	0.2785	0.2875	0.2723	0.3036	0.2719	0.2953	0.2414	0.3446	0.3343	0.263	0.2947	0.284
黑龙江	0.335	0.335	0.2795	0.3314	0.2667	0.2644	0.2272	0.3011	0.2662	0.2775	0.2182	0.174
河南	0.3566	0.3878	0.3762	0.4075	0.3574	0.3555	0.2801	0.3731	0.338	0.2927	0.2971	0.2795
湖北	0.2943	0.3058	0.278	0.3081	0.2743	0.2944	0.2471	0.3573	0.3386	0.297	0.3171	0.2917
湖南	0.3347	0.3466	0.3068	0.3468	0.3106	0.3304	0.2414	0.3409	0.3342	0.3212	0.3016	0.2984
江西	0.2242	0.2501	0.2652	0.2827	0.2555	0.2442	0.2493	0.3299	0.3079	0.272	0.2539	0.2038
吉林	0.2637	0.2881	0.2708	0.2859	0.2546	0.2611	0.2266	0.3445	0.3337	0.2955	0.2515	0.2106
山西	0.3174	0.3554	0.3553	0.3883	0.2846	0.3125	0.2508	0.3402	0.3111	0.2796	0.2342	0.1915

续表

地区	2005 年	2006 年	2007 年	2008 年	2009 年	2010 年	2011 年	2012 年	2013 年	2014 年	2015 年	2016 年
中部	0.3005	0.3195	0.3005	0.3318	0.2845	0.2947	0.2455	0.3414	0.3205	0.2873	0.271	0.2417
重庆	0.3306	0.3384	0.3163	0.3807	0.3449	0.3578	0.2938	0.4296	0.4026	0.3394	0.3617	0.3417
甘肃	0.1843	0.2262	0.2189	0.2154	0.1708	0.1581	0.141	0.1939	0.184	0.1529	0.1625	0.1462
广西	0.2909	0.2758	0.2864	0.312	0.2881	0.2837	0.2296	0.3338	0.3194	0.2667	0.2672	0.253
贵州	0.1538	0.1708	0.1628	0.185	0.1681	0.1743	0.1398	0.1971	0.1806	0.1914	0.2028	0.1836
内蒙古	0.2666	0.298	0.2981	0.3433	0.3178	0.3078	0.2497	0.3484	0.3193	0.3451	0.3045	0.2619
宁夏	0.1623	0.1906	0.1831	0.2413	0.2091	0.1787	0.1364	0.2071	0.2013	0.2065	0.1856	0.1549
青海	0.1557	0.1852	0.1758	0.2064	0.1712	0.1661	0.1463	0.1915	0.1676	0.1798	0.1691	0.1467
陕西	0.2482	0.2843	0.2575	0.3185	0.2888	0.273	0.2443	0.3672	0.3352	0.3306	0.3059	0.2998
四川	0.2761	0.2761	0.242	0.2757	0.2542	0.2591	0.1788	0.2867	0.2543	0.2461	0.212	0.1741
新疆	0.2441	0.264	0.2456	0.2729	0.2325	0.2455	0.1918	0.2223	0.2065	0.2138	0.2077	0.1863
云南	0.265	0.2446	0.2135	0.2458	0.225	0.2133	0.1725	0.2649	0.2436	0.2565	0.2141	0.1874
西部	0.2343	0.2504	0.2364	0.2725	0.2428	0.2379	0.1931	0.2766	0.2559	0.2481	0.2358	0.2123
全国	0.3493	0.3616	0.3383	0.3712	0.3335	0.3391	0.2746	0.3718	0.3521	0.3258	0.3191	0.2967

控制变量：文化水平（*cul*），用人均图书馆藏书册数来表示，人均图书馆藏书册数是衡量国民阅读指数的重要指标之一，现有研究大多采用该指标反映文化水平。经济发展水平（*eco*），用人均 GDP 来表示，人均 GDP 能够客观反映一国的经济社会发展水平，且人均 GDP 本身隐含社会的公平和平等概念，与一国的社会和谐发展联系密切。科技水平（*sci*），用国内三项专利申请授权总量来表示，三项专利是我国最为核心的专利，专利发明与创新能力紧密联系，专利发明越多，创新能力越强。资本投入（*cap*），用固定资本投资额来表示，由于固定资本投资占资本投入的比重较大，限于数据的可得性，采用固定资本投资额反映资本投入。对外开放度（*ope*），采用外商直接投资总量与 GDP 之比来衡量，外商直接投资总量体现对外投资的规模和数量，对外开放能够引导、规范企业的对外投资方向，加速企业融入"走出去"战略平台，实现互利共赢的开放战略。

在消除变量异方差的基础上，对数据进行统计性描述，如表 4 - 3 所示。

表 4 - 3 变量描述性统计结果

类型	urb	tra	edu	med	cul	eco	sci	cap	ope
均值	0.3667	5.1379	3.6642	5.9034	0.5833	10.1100	9.0978	8.7540	0.0462
最大值	0.8753	6.9078	4.4806	7.5128	3.1700	11.8467	12.506	10.866	0.2444
最小值	0.1364	2.7264	2.3394	3.6546	0.1500	8.4341	4.3694	5.7393	0.0048
标准差	0.1797	0.8106	0.4217	0.8794	0.4940	0.6560	1.6070	1.0269	0.0560

五、相关变量的探索性空间数据分析

变量具有空间自相关性是使用空间模型的前提。要研究公共服务如何通过空间效应影响新型城镇化，先对核心公共服务（交通、教育、医疗）及新型城镇化发展质量运用莫兰指数（Moran's I）及莫兰散点图进行空间自相关性分析，由此，判断公共服务供给是否存在空间配置的非均衡性，以及新型城镇化发展质量是否存在空间差异性，确定变量的空间自相关性之后再进行变量间空间效应分析。本章选用莫兰指数作为各变量空间自相关程度的衡量指标，其表达式如下：

$$I = \frac{n \sum_{i=1}^{n} \sum_{j=1}^{n} w_{ij}(x_i - \bar{x})(x_j - \bar{x})}{\sum_{i=1}^{n} \sum_{j=1}^{n} w_{ij} \sum_{i=1}^{n} (x_i - \bar{x})^2} = \frac{\sum_{i=1}^{n} \sum_{j=1}^{n} w_{ij}(x_i - \bar{x})(x_j - \bar{x})}{S^2 \sum_{i=1}^{n} \sum_{j=1}^{n} w_{ij}} \quad (4-2)$$

其中，$S^2 = \frac{1}{n}\sum_{i=1}^{n}(x_i - \bar{x})^2$，$\bar{x} = \frac{1}{n}\sum_{i=1}^{n}x_i$，假设海南和广东是相邻关系，并基于 Queen 邻近准则构造w_{ij}为作为地理空间权重矩阵，根据所选取的公共服务指标特征以及各省份地理位置的差异，以地理权重矩阵测度 30 个省份的区域邻近关系。全局莫兰指数反映了各个变量的聚集程度，其取值范围为 [-1, 1]，-1 表示地区之间是完全负相关，1 表示地区之间完全正相关，0 表示不存在相关关系。

局部莫兰指数是衡量局部空间自相关程度的指标，将全局莫兰指数进行分解得到局部莫兰指数，其表达式如下：

$$I_i = \frac{(x_i - \bar{x})}{S^2}\sum_{j=1}^{n}w_{ij}(x_j - \bar{x}) \qquad (4-3)$$

其中，I_i为第 i 个地区的局部莫兰指数；S^2、$\bar{x}$、w_{ij} 的含义与式（4-2）相同。局部莫兰指数反映的是区域 i 附近的空间集聚状况，正的I_i表示区域 i 的高（低）值被周围的高（低）值所包围，负的I_i表示区域 i 的高（低）值被周围的低（高）值所包围。

（一）全局相关性分析

本章采用 Geoda 软件进行空间相关性测度，发现无论是被解释变量、核心解释变量，还是控制变量都具有较强的空间相关性，被解释变量及核心解释变量的莫兰指数如表 4-4 所示。

表 4-4　　　　　　　　　　全局莫兰指数

年份	lnurb	lntra	lnedu	lnmed	lncul
2005	0.48 *** (4.09)	0.56 *** (4.80)	0.45 *** (3.93)	0.33 *** (3.00)	0.28 *** (2.58)
2006	0.50 *** (4.13)	0.55 *** (4.74)	0.46 *** (4.03)	0.27 ** (2.55)	0.29 *** (2.73)
2007	0.53 *** (4.33)	0.57 *** (4.93)	0.46 *** (3.95)	0.27 ** * (2.52)	0.28 *** (2.60)
2008	0.52 *** (4.25)	0.58 *** (5.02)	0.43 *** (3.77)	0.24 ** (2.26)	0.28 *** (2.60)
2009	0.50 *** (4.08)	0.61 *** (5.18)	0.45 *** (3.95)	0.24 ** (2.29)	0.27 *** (2.60)
2010	0.52 *** (4.24)	0.58 *** (4.89)	0.44 *** (3.82)	0.24 ** (2.18)	0.27 *** (2.62)
2011	0.51 *** (4.22)	0.59 *** (4.91)	0.42 *** (3.68)	0.19 * (1.82)	0.26 ** (2.47)

续表

年份	lnurb	lntra	lnedu	lnmed	lncul
2012	0.50 *** (4.20)	0.59 *** (4.93)	0.42 *** (3.72)	0.13 (1.32)	0.31 *** (2.83)
2013	0.51 *** (4.27)	0.61 *** (5.09)	0.41 *** (3.62)	0.12 (1.23)	0.27 *** (2.61)
2014	0.45 *** (3.76)	0.59 *** (4.96)	0.39 *** (3.49)	0.12 (1.21)	0.28 *** (2.63)
2015	0.47 *** (3.92)	0.59 *** (4.95)	0.35 *** (3.15)	0.14 (1.35)	0.29 *** (2.73)
2016	0.46 *** (3.86)	0.59 *** (4.96)	0.36 *** (3.28)	0.09 (0.97)	0.30 *** (2.74)

注：括号中为 Z 值，为蒙特卡洛 999 次模拟的结果，＊、＊＊、＊＊＊分别代表10%、5%、1%显著性水平。

可以看出，交通、教育、医疗变量的莫兰指数明显通过显著性检验，其莫兰指数普遍较高，新型城镇化发展质量的莫兰指数都在 0.4 以上，说明新型城镇化发展质量及公共服务供给均存在较强的空间自相关性。由图 4 - 1 可以看出，2005 ~ 2016 年新型城镇化发展质量的莫兰指数比较稳定，这说明，随着经济发展，区域经济联系的日益紧密，本地区的新型城镇化会与周边地区相互作用、相互影响，存在较强的空间正相关性。交通、教育、医疗的莫兰指数也较高，表明公共服务不仅存在本地效应，还会对周边地区的新型城镇化发展质量产生明显的空间溢出，各个省域的公共服务供给和新型城镇化空间交互作用明显。

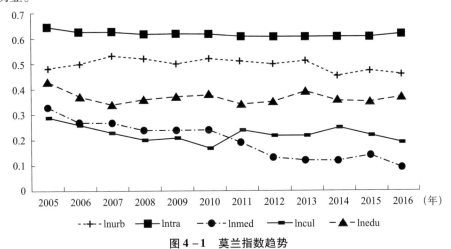

图 4 - 1　莫兰指数趋势

（二）局部相关性分析

全局莫兰指数只能反映变量之间的总体相关程度，忽略了区域、省份的局部异质性。为了明确研究公共服务供给及新型城镇化发展质量的局域空间分布特征和动态变化，分析其区域差异，细致观察各省份的空间相关性，将 2008 年和 2016 年的莫兰散点图进一步对比分析，如图 4-2 所示。莫兰散点图能够反映地区变量之间的局部相关关系，每一象限各个点的疏散程度代表集聚程度的高低，莫兰散点图的第一象限是高高（HH）集聚，两变量空间正相关，说明公共服务供给水平（新型城镇化发展质量）高的省域周边地区公共服务供给水平（新型城镇化发展质量）也高；第二象限是低高（LH）集聚，两变量空间负相关，说明公共服务供给水平（新型城镇化发展质量）低的省域周边地区公共服务供给水平（新型城镇化发展质量）反而较高；第三象限是低低（LL）集聚，两变量空间正相关，表明公共服务供给水平（新型城镇化发展质量）低的省域周边地区公共服务供给（新型城镇化发展质量）也较低；第四象限是高低（HL）集聚，两变量空间负相关，说明公共服务供给水平（新型城镇化发展质量）高的省域周边地区公共服务供给水平（新型城镇化发展质量）反而较低。通过观察 2008 年的莫兰指数散点图，可以发现，尽管 2008 年发生了全球金融危机，但我国的新型城镇化发展质量莫兰指数仍然较高，莫兰散点依然分散，说明新型城镇化发展质量的空间自相关性不以经济发展状态变动以及经济地理位置的不同而改变。2016 年的莫兰指数有所降低，但总体变幅不大，散点图依然分散，表明新型城镇化发展质量的空间自相关性客观存在。

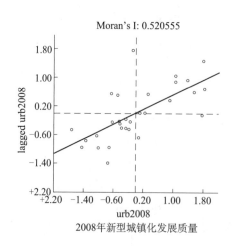

2008年新型城镇化发展质量

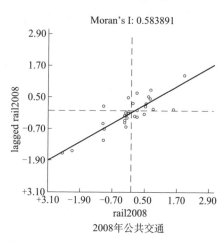

2008年公共交通

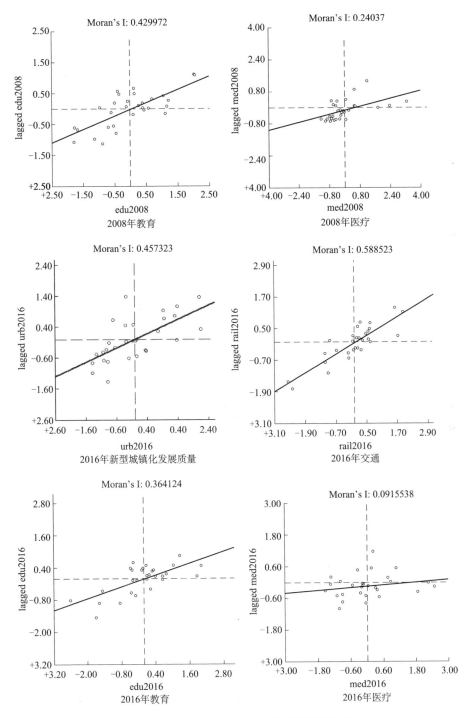

图 4 - 2　2008 年和 2016 年局部莫兰散点图

通过 2008 年和 2016 年局部莫兰指数散点图可以看出，散点大多落在一、三象限，这符合一般规律，说明大多省域新型城镇化发展质量和公共服务供给都存在明显的正向空间相关性，即本地区公共服务供给水平越高（低），其周围地区公共服务水平也越高（低），本地区新型城镇化发展质量越高（低），其周围地区新型城镇化发展质量也越高（低）。具体来看，北京、上海、山东、江苏、浙江、福建自身及周边地区新型城镇化发展质量较高，空间差异性较小；安徽、江西、海南属于自身新型城镇化发展质量较低而周边地区新型城镇化发展质量较高的省域，存在显著的空间负相关，自身和周边地区新型城镇化发展质量差异较大；新疆、内蒙古、甘肃、青海、黑龙江、吉林、宁夏、广西、贵州、云南、四川属于自身及其周边地区新型城镇化发展质量均低的省域，存在显著的空间正相关；重庆、广东等地自身新型城镇化发展质量较高但周边地区新型城镇化发展质量较低，两者之间空间差异程度较大，存在强烈的空间负相关。

对于公共服务供给，北京、上海、天津、江苏、浙江的交通、教育、医疗均属于 HH 集聚区，表明本地区公共服务供给和周边地区公共服务供给是空间正相关关系；新疆、甘肃、青海、四川的交通和教育属于 LL 集聚区，表明本地区交通和教育较低，其周边地区交通、教育水平也越低；内蒙古、安徽的交通和教育属于 LH 集聚区，表明本地区交通、教育水平较低，但其周边地区交通、教育水平较高；吉林、重庆、陕西的交通属于 LL 集聚区，表明本地区交通水平较低，其周边地区交通水平也较低。

此外，不同类型公共服务供给各个象限的散点密集程度有所差别，各个省份 2008～2016 年公共服务供给的集聚区域也不尽相同，如浙江的交通从 2008 年的 LH 集聚到 2016 年的 LL 集聚，河北、江苏的医疗从 2008 年的 LH 集聚到 2016 年的 LL 集聚，贵州的医疗从 2008 年的 LH 集聚到 2016 年的 HL 集聚，河北、浙江的教育从 2008 年的 HH 集聚区到 2016 年的 HL 集聚区等。

六、数据来源

基于统计数据的可得性、及时性以及面板数据模型所需要的样本容量特征，本章研究时段为 2005～2016 年，由于西藏相关数据缺失较多，故本章的样本数据采用 30 个省份的面板数据。本章数据主要来源于《中国统计年鉴》（2006~2017）《中华人民共和国乡镇行政区划简册（2016）》《中国人口和就业统计年鉴（2010）》《中国统计摘要》（2006~2017）。

第三节 实证结果分析

根据探索性空间数据分析结果，公共服务供给和新型城镇化发展质量总体上都存在显著的空间相关性。由表 4-5 可知，普通回归模型拟合优度偏低，与空间自回归模型和空间误差模型相比，空间杜宾模型的拟合优度、对数似然值最大，而且 Wald 空间滞后检验和空间误差检验结果均表明 SDM 模型最适合分析公共服务供给和新型城镇化的空间相关关系。SDM 模型既可以解释本地区公共服务供给对本地区新型城镇化发展质量的影响，还可以解释本地区公共服务供给对其他地区新型城镇化发展质量的影响，通过霍斯曼检验，本章最终选择随机效应模型。

一、基本回归分析

从表 4-5 中的 SDM 模型估计结果可以看出，空间相关系数 ρ 为 0.58，并且通过了 1% 的显著性水平检验，说明新型城镇化发展质量存在显著的正向空间溢出效应。当纳入地理权重矩阵后，其系数的显著性降低，说明考虑空间因素后本地区的公共服务供给对本地区的新型城镇化建设效果下降，原因在于公共服务同样存在空间上的相互影响，本地区公共服务对城镇化的推动作用需要结合空间因素综合考量，医疗、教育对其他地区新型城镇化发展质量空间溢出效应明显，教育产生显著的正向溢出作用，医疗产生显著的抑制作用。具体而言，公共交通基础设施的本地效应为正，溢出效应为负，均不显著，但不可否认的是交通基础设施通过为企业生产和要素流动创造了有利条件，该结果的主要原因在于我国交通基础设施建设和经济发展水平具有显著空间差异，受空间中和效应影响导致促进作用并不显著。公共医疗卫生的本地效应为正、空间溢出效应为负，且空间溢出效应在 5% 水平显著，由于本地区医疗投资的极化发展会造成其空间溢出效应的弱化。教育的本地效应为负，空间溢出效应为正且通过 1% 的显著性水平检验，这与现实中"孔雀东南飞"现象相吻合，人才流失抑制本地区城镇化发展。

其他控制变量也不同程度地影响新型城镇化发展质量，文化的本地效应和空间效应均为正但不显著，表明文化建设对新型城镇化的促进作用还有待提升。经济发展水平的本地效应为正而空间效应为负，均在 1% 水平显著，人均 GDP 每上升 1 个百分点，本地新型城镇化发展质量提高 0.533 个百分点，而邻近地区新型城镇化发展质量降低 0.513 个百分点，表明经济发展水平高的地区对要素具有虹吸效应。科技创新的本地效应在 1% 水平显著为正而空间溢出效应在 1% 水平显著为负，科技创新能力越强的地区吸引的流入要素越多，促进本地新型城镇化发展的作用越强，对周边城镇化发展吸附作用越强。资本投入的本地效应显著为负但空间溢出效应显著为正，原因可能在于投资效率低但激活了周边地区要素供给。对外开放的空间溢出效应为正但不显著，本地效应大于空间溢出效应。外商投资产生倍数效应促进本地新型城镇化发展，通过技术、资本等扩散外围地区的发展，但外商直接投资对资本流入区的影响更大，所以直接效应更为显著。

表 4 - 5　　　　　　　　　　　　　基本回归结果

解释变量	OLS 模型		SAR 模型		SEM 模型		SDM 模型	
	系数	t 值	系数	z 值	系数	z 值	系数	z 值
lntra	0.069 ***	3.42	-0.003	-0.09	0.109 ***	2.86	0.012	0.28
lnedu	-0.083 *	-1.77	0.079	1.63	-0.016	-1.26	-0.048	-0.85
lnmed	0.255 ***	12.4	0.134 ***	3.61	0.186 ***	4.73	0.069	1.55
lncul	-0.108 **	-2.56	0.063	1.09	0.074	1.27	0.005	0.09
lneco	0.602 ***	12.56	0.276 ***	3.86	0.381 ***	4.89	0.533 ***	7.18
lnsci	0.176 ***	11.14	0.069 ***	2.85	0.109 ***	4.49	0.111 ***	5.21
lncap	-0.217 ***	-7.78	-0.123 ***	-3.64	-0.159 ***	-4.75	-0.142 ***	-4.46
lnope	0.029 **	2.30	0.035 **	2.51	0.029 **	2.18	0.0212 *	1.61
cons	-5.410 ***	-14.0	-2.13 ***	-3.96	-3.795 ***	-6.13	-0.94	-1.24
Wlntra							-0.012	-0.17
Wlnedu							0.259 ***	2.94

续表

解释变量	OLS 模型		SAR 模型		SEM 模型		SDM 模型	
	系数	t 值	系数	z 值	系数	z 值	系数	z 值
$Wlnmed$							-0.133 **	-2.19
$Wlncul$							0.154	1.40
$Wlneco$							-0.513 ***	-4.34
$Wlnsci$							-0.089 ***	-2.89
$Wlncap$							0.219 ***	3.58
$Wlnope$							0.002	0.07
ρ			0.56 ***	12.60			0.58 ***	12.84
λ					0.66 ***	14.38		
R^2	0.82		0.80		0.85		0.89	
$Log-L$			246.92		251.68		270.79	
瓦尔德空间滞后检验							32.55	0.000
瓦尔德空间误差检验							12.46	0.049
霍斯曼检验							-14.88	

注：＊、＊＊、＊＊＊分别代表10%、5%、1%显著性水平。

二、区域异质性分析

从全国层面来看，利用空间杜宾模型最适合解释公共服务供给与新型城镇化发展质量的空间作用关系，但只能反映出全国的总体水平，还需要从区域异质性层面进行分析研究。如表4-6所示，东中西部地区的空间系数 ρ 均通过了1%的显著性检验，证明三大地区新型城镇化发展质量具有明显的正向空间溢出效应。交通基础设施对东、西部地区新型城镇化的本地效应分别在5%、1%水平显著为正，但空间溢出效应分别在1%、10%水平显著为负，而中部地区的本地效应和空间溢出效应均为正但不显著。西部地区的交通基础设施相对落后，对新型城镇化发展质量的促进作用有很大的上升空间，但西部地区人口密度较小导致要素向省会城市或交通发达的城市流动，加剧了交通较发达城镇的集聚作用，产生负的空间溢出效应。东部地区极化现象明显，经济发达、交通完善，产生强大的吸引力，对本地区产生显著的正效应，同时，伴生负向空间溢出效应。中部地区内部发展差距较小，但虹吸作用不明显，产生正向但不显著的空间作用。公共教育对东、中部地区的新型城镇化本地效应为负而空间溢出效应为正，西部地区正好相反，原因在于东、中部地区内部外来流入人口多，大城市出现拥堵病，教育优质资源严重短缺，上学难、学区房压力等因素导致本地效应为负，大城市人口向周边扩散，促进了外围城镇化发展。西部地区正在成为城镇化发展的新的生力军，集聚效应不断增强，但是优质人才资源流失依然是一个值得高度关注的严峻现实问题。医疗卫生对三大地区的本地效应均为正，空间溢出效应均为负，且只有东部地区的空间效应10%水平显著，说明居民的公共医疗服务保障有待加强，就空间效应来看，人们更偏好医疗卫生资源更为丰富的区域性大城市，而东部地区汇集的是全国最优质的医疗卫生资源，负向溢出效应最为显著。

表 4 – 6 区域异质性模型回归结果

变量	东部		中部		西部	
	系数	z 值	系数	z 值	系数	z 值
$lntra$	0. 124 **	2. 08	0. 032	0. 40	0. 140 ***	2. 92
$lnedu$	− 0. 070	− 0. 57	− 0. 083	− 0. 89	0. 103	1. 44
$lnmed$	0. 046	0. 75	0. 019	0. 21	0. 077	1. 02
$lncul$	0. 159 ***	2. 70	1. 156	1. 58	0. 172 *	1. 98
$lneco$	0. 398 **	2. 54	0. 974 ***	6. 61	0. 658 ***	8. 84
$lnsci$	0. 167 ***	5. 36	0. 038	1. 20	0. 067 ***	2. 56
$lncap$	− 0. 269 ***	− 7. 26	− 0. 023	− 0. 28	− 0. 054	− 0. 90
$lnope$	0. 083 ***	4. 10	− 0. 058 **	− 2. 53	0. 027	1. 30
$cons$	0. 245	0. 14	0. 575	0. 36	1. 774	1. 35
$Wlntra$	− 0. 386 ***	− 4. 91	0. 060	0. 66	− 0. 178 *	− 1. 76
$Wlnedu$	0. 386 ***	2. 67	0. 099	0. 67	− 0. 253 **	− 1. 96
$Wlnmed$	− 0. 149 *	− 1. 78	− 0. 065	− 0. 49	− 0. 125	− 1. 57
$Wlncul$	0. 563 ***	5. 69	0. 342 ***	2. 77	0. 520 **	2. 39
$Wlneco$	− 0. 312	− 1. 52	− 1. 155 ***	− 6. 13	− 0. 815 ***	− 5. 09
$Wlnsci$	− 0. 225 ***	− 4. 73	− 0. 029	− 0. 49	0. 105 *	1. 67
$Wlncap$	0. 388 ***	5. 61	0. 105	0. 97	− 0. 027	− 0. 23
$Wlnope$	− 0. 013	− 0. 47	0. 071 *	1. 80	0. 095 **	2. 47
ρ	0. 262 ***	3. 19	0. 550 ***	8. 72	0. 465 ***	6. 18
R^2	0. 90		0. 49		0. 83	

续表

变量	东部		中部		西部	
	系数	z 值	系数	z 值	系数	z 值
$Log-L$	106.10		91.14		115.56	
瓦尔德空间滞后检验	25.30***	0.001	68.05***	0.000	204.40***	0.000
瓦尔德空间误差检验	17.71***	0.007	10.01	0.124	14.49***	0.025
霍斯曼检验	-78.44		-39.67		-56.18	

注：*、**、***分别代表10%、5%、1%显著性水平。

第四节　主要结论与政策启示

本章通过分析得到以下结论：第一，公共服务供给和新型城镇化发展质量均存在显著的空间相关性，且公共服务供给对新型城镇化发展质量的空间溢出效应日趋增强。第二，交通基础设施的空间溢出效应为负但并不显著，教育产生显著的正向空间溢出作用，医疗卫生具有显著的空间抑制作用。第三，进一步的区域异质性研究发现，东、西部地区的公共交通基础设施建设对本地区的新型城镇化产生显著的促进作用。同时，东部地区的教育具有显著正向空间溢出作用，但东部地区的医疗卫生，东、西部地区的交通基础设施，西部地区的教育均具有显著的负向空间溢出效应。因此，不同区域要基于公共服务供给及其空间溢出效应特点制定新型城镇化高质量发展政策措施。

基于上述结论，本章得到以下政策启示。

（1）优化公共交通基础设施的服务功能。一是重点支持中西部地区的交通基础设施建设，着力压缩时空成本，助力区域协调发展和新型城镇化高质量发展；二是优化公共交通基础设施布局，推动形成城市立体化的交通格局，缓解城市交通拥堵，提高交通运输效率和地区通达度，促进经济要素在各个地区之间自由流动，有效释放地区间正向空间溢出效应，推动各地区新型城镇化发展质量不断提高。

（2）提高人力资源配置效率。一是完善人才激励机制，提高教育投资收益，减少中西部地区人力资本的外流现象。二是建立政府、企业以及个人多元化教育投资格局，加快公共教育资源的均衡发展，缓解发达地区城市教育拥挤现象和欠发达地区公共教育短板问题。三是加大对劳动者技能培训，丰富职业选择的多样性，缩小区域收入差距。

（3）改善区域性医疗卫生条件。一是加大先进医疗设备和医疗技术人才供给，优化卫生机构和人员配置。二是加大社区医疗网络覆盖率，为群众打造安全、高效、便捷、价廉的医疗卫生服务，优化医疗卫生条件，弱化大城市三甲医院的拥挤程度，使公共医疗卫生服务均等化。三是进一步完善医疗保险制度，降低进城务工农民的健康风险，提高他们融入城市的能力，助力新型城镇化高质量发展。

第五章 人口集聚对城乡协调
发展的影响效应分析

城市和农村相辅相成,如何在城市化快速发展进程中处理好城乡发展的关系,是政府和社会各界普遍关注的重要问题。中国对城乡关系这个重要问题的思考先后经历了"统筹城乡""城乡一体化""新型城镇化""乡村振兴""城乡融合"等阶段,各个阶段有其特定的发展背景,主要表现为处理城乡不协调发展这个主要矛盾。在高质量发展阶段,如何促使人口向城市有效集聚,充分发挥人口集聚的经济效应和农村农业经营的规模化效应,对当下破解中国城乡发展矛盾,推动城乡协调发展起到积极作用。本章认为,中国城乡劳动生产率已由"城乡发展差距不断扩大"转向"城乡发展逐渐收敛"阶段,城乡劳动生产率出现收敛迹象,通过促使人口向城市有效集聚加速提升农村劳动生产率,可以加快城乡劳动生产率收敛步伐,加快推动中国城乡协调发展进程。本章基于理论和经验分析,以 2006 ~ 2018 年中国省级面板数据为样本数据,对所提出的理论假设及其内在机理进行了实证检验。

第一节 引言与文献综述

城市化是人类社会发展的必然进程,高度的城市化代表着人类社会发展的高级化和先进化,但城市化快速发展的同时也存在着不可忽视的农村发展问题。城市和农村相辅相成,如何在城市化快速发展进程中处理好城乡发展的关系,是政府和社会各界普遍关注的重要问题。2003 年以来,中国对城乡关系这个重要问题的思考先后经历了从"城乡统筹"到"城乡协调"等阶段,各个阶段有其特定的发展背景，不同阶段对应不同的战略和体制机制，主要表现为处理城乡不协调发展这个主要矛盾，体现了政府处理城乡关系与时俱进的战略性思考与重视。由于中国发展长期受"城乡二元结构"影响，因而有关"城乡协调"的战略或体制机制或多或少带有一定偏向性，"城市偏向（以农促工）"和"农村偏向（农村发展）"的存在一定程度上将城市和农村发展对立起来。在高质量发展背景下不平衡的矛盾尤为突出，而城乡发展不平衡已成为高质量发展亟待解决的关键性矛盾，也成为中国社会多重矛盾中亟需解决的主要矛盾。城乡收入差距日渐拉大；农业现代化发展缓慢，发展缺乏资金和技术的支持；城市基础设施建设较为完备，农村地区较为欠缺；城乡社会保障不协调；教育医疗资源分配不均，教育体系不完备；看病难、看病贵等一系列问题均较为突出。因此，在向高质量发展转变阶段，如何促使人口向城市有效集聚，充分发挥人口集聚的经济效应和农村农业经营的规模化效应，对当下破解中国城乡发展矛盾，推动城乡协调发展起到积极作用。

城乡协调发展是一个综合性的命题，是继承和升华了"城乡统筹"和"城乡一体化"之后契合时代发展需求的城乡发展之路（张克俊、杜婵，2019）。中国城乡关系问题的研究始于20世纪80年代，综合来看，国内学界对城乡协调发展的相关研究主要集中在两个方面：一是对城乡协调发展内涵、演变理论、问题以及经验路径辨析梳理的定性研究；二是通过数理模型来展开定量研究。定性研究以理论梳理分析为主，基于城乡协调发展思想以及国外城乡协调相关理论思考中国城乡关系的实践，结合"城乡统筹"和"城乡一体化"，进而全方位、整体性阐述城乡协调发展的内涵。在内涵辨析的基础上通过梳理国外处理城乡关系的理论和实际经验，总结有利于中国城乡发展的经验启示和路径（刘先江，2013；张晖，2018；廖桂村，2018；郭殿生、宋雨楠，2019；宋迎昌，2019；姚毓春、梁梦宇，2019；涂圣伟，2020）。70年的历史更迭，中国城乡关系慢慢由分割走向协调融合，体现了要素流动的变化。基于要素流动视角，程响、何继新（2018）探析了城乡协调发展与特色小镇建设之间的互动性，认为城乡协调发展和特色小镇建设的互动是不同资源要素交叉流动和有机协调的过程（程响、何继新，2018）。杜启平（2020）从农村人口流动角度切入研究城乡发展的问题，认为农村流动人口的治理应着重保障流动人口主观能动性和自主选择权，实现人口流动的内生性发展和自由全面发展

（杜启平，2020）。随着"乡村振兴"战略的提出，对城乡协调发展和乡村振兴的共同探讨已然成为新的命题。有从经济、社会、生态及文化的视角论述城乡关系对乡村振兴的启示，发现通过创新乡村振兴的理论和实现路径可以推动城乡融合发展的研究（张英男等，2019），也有从乡村空间治理视角探讨乡村空间治理与城乡融合互动发展关系的研究（戈大专、龙花楼，2020）。定量研究方面，学者们多从不同角度切入运用相关数理模型进行研究，如对全国或分区城乡协调发展水平的测度（谢守红、王利霞，2013；杨晓冬、武永祥，2015；王俊霞等，2015；吕丹、汪文瑜，2018；王颖等，2018；郭磊磊、郭剑雄，2019）。城乡协调发展水平的测度体现了全局性、整体性和系统性，为研究中国城乡协调发展提供了重要参考。与综合水平测度不同的研究是基于某一角度分析对城乡协调发展的影响，陈钊、陆铭（2008）通过构建城市决定城乡分割政策的动态经济模型，分析了中国城乡融合发展的可能性。林丹（2011）认为，只有将土地出让金均衡地投入农村和城市两个区域，通过合理界定归公的土地增值收益比例，才能统筹城乡协调发展。杨娜曼等（2014）发现，湖南省城乡收入差距与城乡协调发展水平之间存在双向因果关系。刘明辉、卢飞（2019）认为，改善农业发展中的要素错配状态是推动城乡融合发展的重要动力，而非农部门的要素错配恶化一定程度上阻碍了城乡融合发展。廖祖君等（2019）发现，经济集聚能促进区域城乡融合发展，经济集聚能够通过直接效应和间接效应对城乡融合发展产生影响，且表现出明显的区域异质性。也有学者发现中国西北地区城乡协调发展的空间格局呈现出中心极化和群体集聚特征；经济总量、生活水平、空间聚集、城乡往来、投资生产和社会保障对城乡协调发展均存在重要影响（刘融融等，2019）。

　　有关人口集聚与城乡协调发展的研究几乎没有，学界对两者之间关系的研究多从不同视角切入，探讨城乡协调发展的可能性。人口流动是人口集聚的前提，人口流动对城乡协调发展起至关重要的引导作用。人口之所以发生流动是因为拉力和推力的影响，个体的流动行为在综合衡量流入地拉力和流出地推力的基础上进行抉择，这种双向"力"被称为人口迁移的"推拉"理论（Heberle，1938），随后这一理论得到进一步的完善（Bogue，1959；Lee，1966）。刘易斯（Lewis，1954）所构建的城乡二元经济模型则从经济学角度证明了农村劳动力向城市的迁移是城市经济部门收入水平提升的主要动力，从侧面证明了人口流动对于城市发展的重要性。从人口流动的"推拉"到城市发展的动因，证明了人口流动和城市发展是相互依赖的。从实际经验解读人口流动，一方面是个体为了自身更好地发展而前往能提供更多发展机会的地域（城市或发达乡镇），以便获取更多劳动报酬改善个体所处境况；另一方面则表现为随机性的流动，如探亲、旅游等，而人口流动所引发的经济反应更多地体现在前者。从人口流动的约束来看，郭东杰（2019）认为，户籍制度的综合性改革更有利于通过乡村人口的自由流动推进城乡一体化发展，同样，王桂新、胡健（2018）认为，必须加大力度进行以户籍制度为基础的二元社会体制改革。而李一花等（2017）认为，仅有户籍的改变是不够的，在推动城乡协调发展中还需要注重有关人民福利的其他方面配套。类似的研究还有王丽莉、乔雪（2019）认为，降低人口流动壁垒将有利于中国城市规模的扩大以及劳动力资源配置效率的改进。林晨（2018）通过构建"斯拉法—列昂惕夫"体系下的二元经济模型，分析了二元经济形成的原因及其结果，研究发现，显性或隐性的要素流动限制会加剧城乡发展的不协调程度。人口流动引发人口集聚，进而形成城市，同时城市的发展也促使更多人口向城市集聚，人口集聚正是城市形成和发展的内生动力（Berlianta et al.，2000）。人口在城市的集聚，通过共享（分享）、匹配和学习效应催生城市产生集聚经济提高劳动生产率，这种提高也来源于人力资本外部性（陆铭，2016；张先锋等，2018），且在生产者和消费者中并存，斯密式、张伯伦式和马歇尔式三大学术流派的研究方法则正是集聚三部曲（共享、匹配和学习）的思想起源（藤田昌久、雅克－弗朗斯瓦·蒂斯，2016）。

人口集聚命题的出现使得学界开始关注与集聚相关的经济连锁反应，威廉姆森（Williamson，1965）认为，集聚有利于提高劳动生产率，促进经济发展，而当人口集聚到达一定程度后则会不利于经济增长，其提出了经典的"威廉姆森假说"（Williamson，1965），国内外也有学者对这一假说进行验证（Brülhart and Sbergami，2009；陈心颖，2015；王智勇，2018），巧合的是对"威廉姆森假说"的验证一定程度上耦合了克拉逊发现的城市化发展四阶段现象，它们之间是巧合还是符合的关系是一个值得探究的有趣命题。当然，也有不同于威廉姆森一派的研究，如城市规模扩大会带动劳动生产率的大幅度提高（Shefer，1973；Sveikauskas，1975；Moomaw，1981）。国内研究中范剑勇

（2006）发现，非农人口集聚能明显提高劳动生产率。周玉龙、孙久文
（2015）认为，人口集聚对第二产业影响不大，或者可能为负；第三产业的发
展则受到了人口集聚的正向影响；同时认为人口规模超过一定程度后反而会对
劳动生产率产生阻碍作用。杨东亮、李春凤（2020）利用中国省级面板数据
研究发现高技能人口集聚有利于显著提高劳动生产率，从而在一定程度上能够
有效缩小区域劳动生产率的差距，说明人力资本具有显著的外部性。但这项研
究中忽略了低技能人口和城乡发展的问题，在城市化程度较高时，更需要高低
技能劳动力的互补性，这种互补集中体现在劳动分工（协调配套）、人力资本
外部性（相互学习）和消费外部性（服务需求）方面（陆铭，2016），如果一
味追求高技能人口的集聚，那么城乡发展的矛盾将会愈发尖锐。

　　人口集聚的影响还表现在其他方面，如城镇化、经济发展、环境污染等。
刘国斌、韩世博（2015）认为，中国人口集聚与城镇化发展正由不协调转向
协调，通过改善城乡人口、教育、收入以及就业结构可以有效协调人口集聚与
城镇化发展。杨东亮、任浩锋（2017）发现，人口集聚有利于提高经济发展
水平，且在西部地区人口集聚的经济效应最大，而且认为城镇化、人力资本和
人口抚养比是通过人口集聚提升经济发展的重要途径。同时杨东亮、李朋鸷
（2019）发现，人口集聚能够显著促进经济增长，而人口年龄结构和就业结构
的改善更有利于经济增长。梁伟等（2017）研究发现，在中国发展的现阶段
人口集聚所产生的经济集聚有利于减小雾霾污染，同样，郑怡林、陆铭
（2018）基于规模效应和同群效应验证了人口和经济的集聚有利于减排，从宏
观和微观角度证明了大城市更为环保的理论。

　　综上所述，有关城乡协调发展的研究，一方面是通过理论梳理进行定性研
究；另一方面是基于定性研究的基础，定量分析劳动力、土地、人力资本等对
城乡协调发展的影响，认为要素的自由（双向）流动是促进城乡协调发展的
关键。人口流动是个体行为的表现，人口流动对经济的影响则更多地受到市场
力量的导向。在市场作用下人口流动对社会发展产生影响，如提高劳动生产率
以及缩小地区和城乡发展差距；同时在人口流动中政府的服务作用不可忽视，
如为人口流动提供相应配套设施等。人口流动促使人口集聚，主要表现为集聚
经济所产生的影响，如提高劳动生产率、推动非农产业发展，其中如人口结
构、人力资本等与人有关的因素起着重要的协调促进作用。人口集聚也会影响

社会发展的其他方面，如城镇化的发展、环境的改善等都与人口集聚联系密切。因此，本章基于发展经济学工农发展关系和刘易斯工农部门劳动生产率趋同理论，以人口集聚为切入视角，通过研究人口在城市（城镇）的集聚对城乡劳动生产率的提升作用以及两者差距的缩小（收敛），为城乡协调发展的研究提供参考经验。

第二节　中国城乡协调发展事实及理论假设

一、中国城乡劳动生产率发展事实考察

城乡发展差距体现在诸多方面，如城乡实际人均收入、城乡居民受教育程度、公共服务以及社会保障等，但最本质的差距还是劳动生产率差距。劳动生产率作为衡量高质量发展的一个重要指标以及衡量城乡发展差距的重要检视指标，可将城乡协调发展具体化和数据化，为城乡协调发展提供新的衡量视角。图5-1中的（1）、（2）、（3）和（4）分别表示全国、东部、中部和西部2006～2018年城乡劳动生产率发展现状。实线代表城市劳动生产率（实际值），虚线表示农村劳动生产率（实际值）。由图5-1可知，无论是全国还是东、中、西部三大分区，城市劳动生产率提升速度远大于农村劳动生产率，农村劳动生产率呈现出一种极其缓慢增长的态势，城乡劳动生产率的差距不断扩大。"城乡发展差距的扩大"显而易见，但差距是否持续性扩大则需要进一步的数据分析来验证，在此用城市劳动生产率与农村劳动生产率的比值来分析差距的趋势。

表5-1列出了全国以及东、中、西部地区城乡劳动生产率的比值。由表5-1可知，2006年中国城乡劳动生产率平均比值为5.88，东部最小为5.50，中部为5.82处于中间水平，西部7.05比值最大。最大值和最小值相差1.5，东西部发展差距明显存在。东部地区比值不断增加，但在2015年之后趋向平缓。西部地区2012年比值达到最大值为9.33，此后一直呈较为明显的下降趋

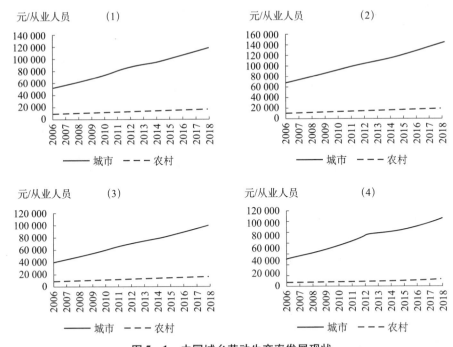

图 5 - 1　中国城乡劳动生产率发展现状

势。中部地区也在 2012 年达到最大值 6.74，之后同样呈现下降趋势。为方便分析，根据表 5 - 1 作图 5 - 2 来直观展示城乡劳动生产率比值变化趋势。

表 5 - 1　　　　　　　　　中国城乡劳动生产率比值

区域	2006年	2007年	2008年	2009年	2010年	2011年	2012年	2013年	2014年	2015年	2016年	2017年	2018年
全国	5.88	6.08	6.23	6.43	6.64	6.84	7.15	7.12	7.03	7.16	7.29	7.29	7.29
东部	5.50	5.57	5.68	5.83	5.81	5.91	6.13	6.13	6.09	6.36	6.62	6.69	6.75
中部	5.82	5.61	5.80	6.06	6.39	6.72	6.74	6.68	6.58	6.58	6.54	6.51	6.51
西部	7.05	7.39	7.57	7.80	8.44	8.69	9.33	9.27	9.10	9.03	9.05	8.93	8.80

资料来源：整理计算所得。

由图 5 - 2 可知，从平均比值来看，全国处于中等水平，西部地区最大，中部次之，东部最小。以 2012 年为时间节点，可以将图 5 - 2 划分为两部分，第一部分为 2006 ~ 2012 年，比值不断上升，表明城乡发展差距不断扩大。2012 ~ 2018 年全国、中部和西部地区城乡劳动生产率差距开始缓慢缩小，东部地区略有上升，但 2016 年后又趋于平缓，说明 2012 年以后城乡劳动生产率差距开始缩小，城乡劳动生产率出现收敛迹象，其中西部地区收敛最明显。通过实际发展数据可以发现，城乡劳动生产率差距从逐步扩大到趋于平稳和缩小。城乡劳动生产率出现收敛迹象成为基本事实，基于此，本章认为通过促使人口向城市有效集聚可以在提高城市劳动生产率的同时加速提升农村劳动生产率，加快两者收敛程度，推动城乡协调发展的进程。

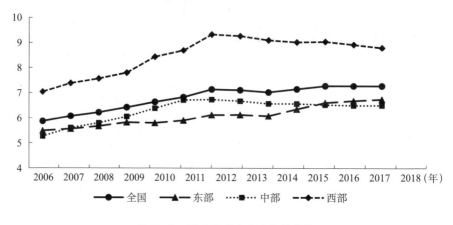

图 5-2　城乡劳动生产率比值趋势

二、理论假设的提出

二元经济结构是实现城乡协调发展的最大壁垒，对中国而言也不例外，但在研究中国城乡协调发展问题时不可直接照搬刘易斯二元经济模型，这是因为中国城乡二元结构的形成还包户籍制度、教育问题以及公共服务供给等因素。因此，在参考借鉴发展经济学工农发展理论和刘易斯城乡二元结构模型的基础上将影响中国城乡二元经济结构的多元因素纳入研究范围，从而使得改进后的模型更适合研究中国城乡发展问题。刘易斯模型中所提及的劳动生产率提升和农村剩余劳动力转移的思想为本章研究中国城乡协调发展提供了重要的理论支持。一方面，农村剩余劳动力转移不断扩大城市工业部门；另一方面，农村人口的减少使得人均耕地面积增加，从而加快了农业规模化发展的步伐，最终使得城乡劳动生产率的差距逐渐缩小，加快城乡劳动生产率的收敛，推动城乡协调发展，基于以上理论基础，提出以下理论假设。

城市和农村劳动生产率从初始值到 A 点所描述的过程经历了"城乡发展差距扩大—城乡发展逐渐收敛—城乡发展趋向均等"三个阶段，在当前高质量发展背景下，在保持城市劳动生产率以一定速率提升的同时加速提升农村劳动生产率，加快两者收敛速度，进而推动城乡协调发展。图 5-3 为本章研究中国城乡协调发展的理论假设。

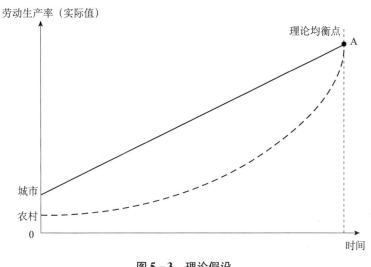

图 5-3　理论假设

在图 5-3 中，横轴表示发展时间，纵轴表示劳动生产率（实际值）。其中，实线表示城市劳动生产率（以一定速率提升），虚线为农村劳动生产率（加速提升），A 点为城乡协调发展的理论均衡点（即城市劳动生产率等于农村劳动生产率），在当前的发展状况下是一种较为理想的状态。城市和农村劳动生产率差距的缩小（收敛）正好体现了城乡协调发展的过程。现阶段，中国城乡协调发展的问题已由"差距的不断扩大"转向城乡劳动生产率的逐渐收敛，通过促使人口向城市有效集聚，推动城市劳动生产率提升的同时加速推动农村劳动生产率的提升，进而促使城乡协调发展是本章重点探讨的方向。

第三节　人口集聚与城乡协调发展的理论机理分析

人口集聚对城乡协调发展的作用机理主要体现在两个方面：一方面，通过城市"加人"提升城市劳动生产率，主要表现为集聚经济和人力资本外部性；

另一方面，通过农村"减人"间接提升农村劳动生产率，通过城市劳动生产率的提升及农村劳动生产率的加速提升促使城乡劳动生产率收敛从而达到城乡协调发展。

一、人口集聚对城市劳动生产率的提升机理

根据集聚经济学原理，共享、匹配和学习是集聚的三大显著特征，俗称"集聚三部曲"，人口集聚作为集聚的一种形式，其外部性效应同样体现在共享、匹配和学习上。人口集聚所产生的人力资本外部性和集聚效应并存于推动劳动生产率提升的各个阶段。

（一）共享效应

人口倾向于集聚于可以提供更多就业机会及拥有众多消费选择的城市，人口集聚为城市发展带来大量的劳动力资源，从而在城市形成丰富的劳动力市场池。劳动力市场池不仅拥有大量的劳动力资源，而且更为重要的是可以促进知识技能在劳动力之间的传播，共享知识信息，从而激发学习效应。劳动力之间的互动交流通过学习效应不断提高知识水平和技能水平，进一步激发人力资本的外部性效应。丰富的劳动力市场池可以共享信息知识和公共设施。城市经济学理论指出，当部分企业驻地和其他企业的驻地较为邻近，那么该部分企业就可以共享其他企业所提供的中间投入品，反之，其他企业也能够共享该部分企业的中间投入品。例如，服装企业集聚在纽扣企业生产地附近可以共享中间产品纽扣，汽车生产商集聚在汽车零部件企业附近可以共享汽车生产所需的零部件等，这是经济集聚的成因之一，反映在人与人之间则表现为共享丰富的信息流和他人所拥有的知识和技能。人口集聚地区有着丰富的信息，集聚区的个体可以通过这些丰富的信息提升自身的知识素质和技能水平。同样，低技能劳动力可以共享高技能劳动力所分享的知识技能，学生可以共享教授所传授的学识。在人口集聚区域公共设施同样被人们所共享，个体作为集聚区域的纳税人，地方政府通过纳税为区域提供公共设施，在该区域集聚的个体不可能独占公共设施而是和其他个体一起共享。且人口集聚度越高的地区，公共设施越完善且越发达。这是因为个体数越多，被分摊在人均个体身上的公共设施成本也

就越低，进一步优化了公共资源配置。

（二）匹配效应

匹配主要表现为劳动力市场的匹配效率和匹配质量。假设存在一个城市，有较多企业分布在城市中，同时有一群拥有不同劳动技能的劳动力。在该城市中，拥有不同技能的劳动力会去寻求符合自身拥有技能的企业岗位工作，从而获得劳动报酬，以满足自身消费需求和发展。同理，企业也需要符合岗位需要的劳动力。较为理想的状态是具有异质性的劳动力都能找到符合自身所拥有劳动技能的工作，企业都能聘到符合岗位需求的劳动力。但是如果劳动力无法找到符合自身劳动技能的岗位，同时企业寻求不到拥有企业所需劳动技能的劳动力，那么劳动力可能会去别的城市寻找就业就会，与此同时，企业为招聘工作人员不得不单独花费一定的费用去培训符合岗位需求的劳动力，最终不仅使得该城市人口集聚度降低，而且也会增加企业的生产成本和单独培训劳动力的成本。但是人口的集聚一方面扩大了城市劳动力市场规模和丰富了劳动力种类，另一方面吸引了更多的企业在该城市集聚，提供了更多类型的工作岗位，从而提高了劳动力匹配成功的概率，提升了劳动力匹配效率和质量，优化了分工，进一步提升了专业化生产的效率，提升了劳动生产率，由此，吸引更多的人口向该城市集聚。例如，在中国东南沿海地区的城市，由于企业用工需求的不断增加和岗位的多样性，吸引大量的青年劳动力向东南沿海集聚，从而推动了东南沿海地区经济的腾飞。

（三）学习效应

学习是人与人之间的交流和互动，人口集聚可以加强学习效应，其具体表现为人口集聚度高的地区，人与人之间的交流和互动也更加频繁，促进劳动力知识和劳动技能水平的提升。人口往往向能为自身提供更多就业机会和更多消费选择的城市地区集聚，大量的人口集聚在城市，加快了信息的交流和传播，更有利于知识的学习和扩散。拥有不同知识和技能的人口在城市集聚，从而造就了多元化的城市知识环境。人口集聚所产生的学习效应体现在较多方面，如知识的吸收与扩散、技能的获得与提升等。学习者是吸收体，分享者则为扩散体，通过知识的吸收与扩散，能够提高群体的受教育水平，劳动者学习各种各样有利于自身发展的学识和技能，从而有益于社会整体的发展。人口集聚度越高，能够获得的学习机会也就越多，人力资本的种类也就越丰富，人力资本的外部性效应也就越强，从而更有利于区域发展。

二、人口集聚对农村劳动生产率的提升机理

"三农"问题是中国社会发展必须要面对的问题，也是政府持续关注的发展问题，而解决"三农"问题的本质是走中国特色社会主义农业现代化道路，打造高生产率的农业经济部门（舒尔茨，2010），提高农民的收入水平，这也是实现城乡协调发展的基本路径。本章将通过简洁的数理推导分析人口集聚间接提升农业劳动生产率的作用机理，具体分析如下。

农业劳动生产率是指一单位农业劳动力在单位时间内（通常指一年）所生产的农业产品的总价值，假设农业总产值用 G 表示，农业从业人数用 L 表示，劳动生产率用 R 表示，则农业劳动生产率的数学表达式为：$R = G/L$。进一步地，可以将农业总产值表示为：$G = Q \times P$，在此假定所有农产品均可以折算为标准农产品，其中，Q 为标准总产量，P 为标准价格，则劳动生产率公式可以进一步细化为：$R = P \times Q/L$。然而，由于农产品价格缺乏弹性，很难通过提高价格增加总产值，因此，增加农业总产值的主要途径是增加农产品产量。农产品产量主要取决于农业耕地面积和土地生产率，假设农产品耕地面积为 M，土地生产率为 N，则农业劳动生产率进一步可以表示为：$R = M \times N \times P/L$。其中，耕地面积 M 和标准农产品价格 P 为定值，因而可知要提高劳动生产率，一是提高土地生产率，二是减少农业劳动力。

土地生产率的提高一是依赖技术要素的投入，如发展机械化农业作业和提升农业劳动力的知识和技能水平；二是依赖农业规模化经营。在技术不断进步的今天，机械化水平不断提高，农业机械化作业已成为发展农业现代化的重要标识，显然，机械化已不再是制约农业劳动生产率提升的因素，那么，提升土地生产率的最主要途径则是推行农业规模化经营。农业规模化经营或许会受到人们质疑，例如，在平原地区比较容易开展规模化经营，而高原和丘陵地区因地形不平坦，且受到气候、水文等自然条件的约束难以推行，发展规模化经营较为困难。对于高原丘陵地区推行农业规模化的质疑，陆铭（2016）通过调研图片的形式直观展示了中国西部地区推行农业规模化经营的实例（西部某

山区的鲜花种植园），同时也强调了农业规模化经营并不一定是大型的农业机械作业，农业规模化主要是发挥规模经济进而提高土地生产率。土地生产率的提高降低了农业劳动力的需求，农村地区将出现较多剩余劳动力迫于压力开始出现向城市转移的现象，使得农业劳动力数量不断降低。农村剩余劳动力的转移一方面通过从事非农工作增加了收入，另一方面也使得人均农业经营规模增加，有利于发展农业规模化经营。而当农村地区没有多余的剩余劳动力，城市不再对农村剩余劳动力产生吸引时，便达到了"刘易斯拐点"，此时，城市和农村共享一个劳动力市场，二元经济向一元经济发展，城乡劳动生产率趋近均衡，城乡实现协调化发展。由以上的推导可以发现，人口集聚对农业劳动生产率的提升机理主要是促使农村剩余劳动力向城市地区集聚，进而间接通过农业规模化提升农业劳动生产率。图 5 – 4 为本章理论机理示意。

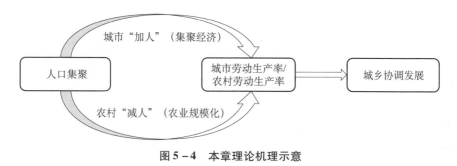

图 5 – 4　本章理论机理示意

第四节　模型构建与变量选择

一、模型构建

　　人口向城市集聚不仅为城市发展带去了丰富的劳动力资源，同时会产生人口集聚的经济效应，城市因人口集聚的经济效应而发展。同理，人口向城市集聚有利于间接提升农村劳动生产率。因此，结合理论机理分析，构建中介效应模型实证检验人口集聚对城市和农村劳动生产率的提升作用，同时检验集聚经济对城市劳动生产率和农业规模化对农村劳动生产率提升的中介作用。为保证平稳性对所有变量取自然对数，模型构建如下：

$$\ln clp_{it} = \beta_1 \ln ppa_{it} + \delta_1 Z_{it} + \alpha_1 + \varepsilon_{it} \qquad (5-1)$$

$$\ln ame_{it} = \beta_2 \ln ppa_{it} + \delta_2 Z_{it} + \alpha_2 + \delta_{it} \qquad (5-2)$$

$$\ln clp_{it} = \beta_3 \ln ppa_{it} + \gamma_1 ln\, ame_{it} + \delta_3 Z_{it} + \alpha_3 + \vartheta_{it} \qquad (5-3)$$

$$\ln rlp_{it} = \beta_4 \ln ppa_{it} + \delta_4 Z_{it} + \alpha_4 + \in_{it} \qquad (5-4)$$

$$\ln ags_{it} = \beta_5 \ln ppa_{it} + \delta_5 Z_{it} + \alpha_5 + \theta_{it} \qquad (5-5)$$

$$\ln rlp_{it} = \beta_6 \ln ppa_{it} + \gamma_2 \ln ags_{it} + \delta_6 Z_{it} + \alpha_6 + \mu_{it} \qquad (5-6)$$

模型中 i 代表个体，t 为时间；$\ln clp_{it}$ 为城市劳动生产率，$\ln rlp_{it}$ 为农村劳动生产率，$\ln ppa_{it}$ 代表人口集聚；$\ln ame_{it}$ 表示集聚经济，$\ln ags_{it}$ 代表农业规模化，分别为模型（5-3）和模型（5-6）的中介变量；Z_{it} 为控制变量组合，$\alpha_1 \sim \alpha_6$ 为常数项，$\beta_1 \sim \beta_6$、$\delta_1 \sim \delta_6$ 和 γ_1、γ_2 分别为模型（5-1）～模型（5-6）中人口集聚、控制变量及中介变量的相关性系数；ε_{it}、δ_{it}、ϑ_{it}、$\in_{it}$、θ_{it} 及 μ_{it} 分别为模型（5-1）～模型（5-6）的随机扰动项。中介效应模型不同于一般的多元回归模型，中介效应模型的设定需要进行相应的检验，即进行逐步回归从而确定是否具有中介效应。例如，在模型（5-1）～模型（5-3）中，当系数 β_1 和 β_2 同时显著时才可进行模型（5-3）估计，若系数不显著则无法进行中介效应检验。在满足模型（5-1）和模型（5-2）检验的基础上，当模型（5-3）中系数 β_3 和 γ_1 同时显著时则为部分中介效应，γ_1 显著而 β_3 不显著时则为完全中介效应，若 β_3 显著而 γ_1 不显著时则无法说明是否具有中介效应。

二、变量说明和描述性统计

（一）劳动生产率

本章的被解释变量为劳动生产率，学界较为成熟的研究中采用较多的是社会全员平均劳动生产率，是指社会全部劳动者在一定时间内所创造的价值总和的均值。计算公式为：社会全员劳动生产率 = GDP 总值/社会全体从业人员。在本章的研究中将采用社会全员平均劳动生产率作为被解释变量，在此，将被解释变量分为城市劳动生产率和农村劳动生产率，具体计算公式为：城市劳动生产率＝第二三产业增加值之和/第二三产业从业人员之和，农村劳动生产率＝第一产业增加值/第一产业从业人员。

（二）人口集聚

在衡量人口集聚变量时，不同的学者所采用的方法有所差异，但概括起来大致可以分为以下三种：人口密度、人口集聚度、城镇人口占城镇建成区面积的比重和城镇化（或城市化，城市化指标多为国际化一般性表述）。宋宝琳等（2020）认为，人口集聚反映了一个地区对人口的吸引力度和吸纳程度，人口集聚度高的地区人力资本储备更为丰富，因此，在研究中采用人口密度这一指标来代理人口集聚程度；王佳、陈浩（2016）也认为，人口密度是衡量人口集聚的良好指标。刘永旺等（2019）认为，地区人口数量比地区面积除以全国人口数量比全国总面积是衡量人口集聚的良好指标，并把该指标定义为人口集聚度，采用类似指标来衡量人口集聚的研究还有王玥（2018）、杨东亮、任浩锋（2018）等学者。杨东亮、李朋骜（2019）认为，城镇人口占城镇建成区面积的比重是衡量人口集聚的重要指标，陈乐等（2018）也采用城镇人口占建成区面积的比重，认为相比于城市统计年鉴中的城市户籍人口，城镇人口不仅包括城市户籍人口，同时也包括在城市工作和生活的非城市户籍人口，因而认为城镇人口更能反映人口的实际流动状况。赵领娣、张磊（2013）认为，人口集聚的形式有多种，即人口从农村向城市、从小城市向大城市以及人口的跨区域和跨国的流动，这是人口集聚的一般现象，而中国的人口集聚多表现为从农村向城市集聚，因而采用城镇化率更能衡量中国人口集聚的实际状况。同理，张翠菊、张宗益（2016）也采用人口城镇化率来衡量人口集聚。基于此，本章研究采用人口城镇化率来代理人口集聚变量，原因在于人口密度指的是城市每平方千米所包含的人口数量，采用同样计算原理的还有人口集聚度和城镇人口占建成区面积的比重，这三种衡量方法忽略了一个至关重要的问题，过去中国的城镇化过程以政府为主导，部分地区为完成城镇化发展的硬性指标盲目扩大建成区面积，使得人口城镇化和土地城镇化严重脱节，这一点可以用《中国统计年鉴》（2006～2018）城市人口密度的面板数据来证明，通过整理可以发现，城市人口密度从2013年开始整体呈递减趋势，综合来看，用人口密度来衡量人口集聚无法较为准确地描述中国人口集聚的真实状况。

（三）集聚经济

集聚经济是城市经济发展和增长的主导力量，是本章研究城市劳动生产率提升的重要中介变量。顾乃华、陈秀英（2015）在研究劳动生产率的变动问题中利用 GDP 密度和非农从业人员密度来衡量集聚经济，具体计算公式为：GDP 密度 = GDP 总量/土地总面积（万元/平方千米），从业人员密度 = 从业人员总数/土地总面积（人/平方千米），本章研究借鉴该学者的方法用 GDP 密度来表征集聚经济，具体表述为：集聚经济 =（第二产业增加值 + 第三产业增加值）/土地总面积。用 GDP 来计算的主要原因是在中国部分经济发展较为欠缺的地方从业人员数量较多，若用从业人员密度来表征则无法准确衡量当地经济集聚的程度。

（四）农业规模化

改革开放以来，家庭联产承包责任制的实施成为农村劳动生产率提升的重要转折点，但随着医疗技术的进步和人民生活水平的提升，中国人口数量不断增加，伴随着农村反哺城市的中国式城镇化的快速发展，中国城乡发展不协调的矛盾愈发突出，其实质在于中国农村劳动生产率不断发散于城市劳动生产率，改善发散的关键点是发挥农业经济的规模化效应，即要推行农业规模化，农业规模化是研究农村劳动生产率问题的重要变量，是本章的另一中介变量。在研究"三农"的文献中农业规模化多为一种理论的表述或是数据的反映（如具体的耕地面积），缺乏较为具体的衡量标准。经过综合考量，本章采用高延雷等（2020）研究中的土地经营规模来尝试表征农业规模化。由于农林牧渔从业人员数据 2012 年以后不再单独统计，因此，在本章中采用第一产业从业人员数据，具体计算公式为：农业规模化 = 农作物总播种面积/第一产业从业人员。采用这一指标来衡量农业规模化的原因主要是随着农村剩余劳动力向城市转移，农村劳均耕地面积的比例不断增加，从而有利于农业规模化的推行。

（五）控制变量

除了必要的核心解释变量之外，本章还选取以下变量来尽可能地控制影响劳动生产率的其他影响因素。人力资本，参照学界较为成熟的做法，用平均受教育年限来衡量，平均受教育年限又分为人均受教育年限和劳均受教育年限，本章采用劳均受教育年限来衡量人力资本，之所以采用这种方法主要在于劳动者是推动社会经济发展的主要群体，在科技革命和产业变革的大环境下，劳动年龄人口受教育的程度决定了一个国家创新的能力，所体现的"净"推动力是促使中国向高质量发展阶段转变的关键性因素，若用人均受教育年限来衡量，则包含了正在受教育的学生和已退休的劳动者，无法真正反映当前人力资本的真实状况。由于从业人员受教育程度数据缺失，故而本章根据从业人员总数和受教育程度构成两者计算相应层级的受教育从业人员，并按照小学 6 年、初中 9 年、高中和中职 12 年、大专和高职 15 年、大学本科 16 年及研究生平均为 19 年整理计算最终所得各地区从业人员的劳均受教育年限。技术创新，衡量技术创新常用的指标有专利授权数和科研人员数量以及科研经费投入等指标，由于以上指标所代表的仅为技术创新的前沿端，没有涉及科技成果的市场化转换，因此，本章采用技术市场成交额来衡量技术创新，该指标不仅包含了技术创新的前沿端，而且也涵盖了技术创新成果的市场化转换，具有一定的代表性。政府干预，在中国特色社会主义市场经济的发展过程中，政府是不可或缺的重要角色之一，在研究城乡协调发展方面政府更是重要的考察变量，因此，在本章的研究中参考周玉龙、孙久文（2015）及焦勇、杨蕙馨（2019）的做法，用政府财政支出占 GDP 的比重来刻画。基础设施，基础设施作用毋庸置疑，良好的基础设施为居民生活水平的提高提供了重要的物质基础，基础设施环境水平的提升能够提高工作效率，为经济社会的发展起到重要的服务和调节作用。本章借鉴俞伯阳（2019）的做法，采用人均固定资产投资来表征基础设施。表 5-2 所示为样本数据的变量描述性统计。

表 5-2　　　　　　　　　　　变量描述性统计

变量	变量说明	样本量	平均值	标准差	最小值	最大值
Lnclp	城市劳动生产率	403	11.259	0.432	10.147	12.275
Lnrlp	农村劳动生产率	403	9.315	0.481	7.851	10.279
lnppa	人口集聚	403	3.937	0.275	3.051	4.495
lname	集聚经济	403	11.303	0.397	10.087	12.457
lnags	农业规模化	403	−0.609	0.441	−1.476	0.689
lnhcl	人力资本	403	2.226	0.161	1.299	2.61
lntci	技术创新	403	3.764	2.2	−3.219	8.509
lngov	政府干预	403	3.088	0.494	2.125	4.927
lnift	基础设施	403	9.102	0.416	8.085	9.952

三、数据来源

本章选取 2006～2018 年中国 31 个省份的省级面板数据为样本数据。以 2006 年为时间起点的主要原因是 2005 年 10 月召开的中国共产党十六届五中全会提出了社会主义新农村建设，成为中国改善城乡关系的重要转折点。所用样本数据主要来源于《中国统计年鉴》（2007—2019）、《中国劳动统计年鉴》（2007—2019）、《中国人口和就业统计年鉴》（2007—2019）以及 31 个省份的统计年鉴（2007—2019）。对以元为单位的统计量，均以 2006 年为基期进行平减，其中衡量劳动生产率所用到的产业增加值分别用一二三产业增加值指数平减，衡量基础设施变量所用的固定资产投资用相应的固定资产投资指数进行平减，技术创新变量中的技术市场成交额和政府干预变量中的财政支出用 GDP 指数进行平减。

第五节　实证结果分析

一方面，人口向城市集聚会对城市劳动生产率产生影响，随着城市劳动生产率的不断提高，城市资源越来越丰富，同时该城市所拥有的基础设施和医疗体系不断完善，环境不断改观，使得城市综合影响力水平不断提升，与此同时，吸引人口进一步向该城市集聚，可见，人口集聚和城市劳动生产率会相互影响；另一方面，人口集聚也会对农村劳动生产率产生影响，通过规模化经营和现代生产技术提高农村劳动生产率，提高农村居民收入水平。经济的发展使得农村环境和设施等不断完善，进一步提高了农村地区人民生活质量，同时反向吸引一些投资者到农村地区投资，进一步活跃了农村市场经济，同时也让想回乡发展的农村居民返乡创业，可以发现，人口集聚和农村劳动生产率之间也存在相互影响的作用力。

综合而言，人口集聚和劳动生产率之间存在双向因果关系，也即人口集聚和劳动生产率之间存在内生性，产生内生性的原因可以简单概括为以下三种：

（1）遗漏变量，即在模型回归中遗漏了对被解释变量有重要影响的因素；
（2）测量误差，即测度变量所产生的误差；（3）双向因果关系，即被解释变量和解释变量之间相互影响。本章内生性产生的原因为上述第三种情况，即人口集聚和劳动生产率双向交互影响。如果直接用最小二乘或面板估计会因内生性而得到有偏估计量。OLS 估计最重要的前提假设是不存在内生性，若存在内生性，即使样本容量无穷大，OLS 估计也不会得到有效和真实的估计参数。在学界常用的解决内生性的方法主要是工具变量法，即通过寻找外生的工具变量来避免内生性问题。本章实证分析过程中经过多次尝试最终采用人口集聚的高阶滞后项（4、5 阶）作为本章的工具变量，采用高阶滞后项作为工具变量的原因在于：一是人口集聚的高阶滞后项与人口集聚即期高度相关（通过一阶段检验）；二是人口集聚的高阶滞后项（4、5 阶）无法与被解释变量产生双向交互影响。由表 5－6～表 5－9 的 Sargan－Hansen 检验以及 P 值可知，所有工具变量均为外生且有效，表明所选用的工具变量较为合理。在本章中选用人口集聚高阶滞后项作为人口集聚的工具变量，估计方法为面板工具变量回归。其中，表 5－3 所示为全国人口集聚对城乡协调发展影响的实证检验。

表 5－3　　　　全国人口集聚对城乡协调发展影响的实证检验

解释变量	(1)	(2)	(3)	(4)	(5)	(6)
	RE	FE	RE	FE	RE	RE
	lnclp	lname	lnclp	lnrlp	lnags	lnrlp
lnppa	1.461***	0.970***	1.289***	1.779***	0.670***	1.505***
	(13.06)	(10.53)	(9.94)	(17.62)	(5.28)	(16.12)
lname			0.224**			
			(3.08)			
lnags						0.374***
						(8.44)
lnhcl	0.687***	0.870***	0.524***	0.779***	0.219	0.589***
	(4.66)	(7.04)	(3.45)	(5.75)	(1.31)	(5.14)
lntci	0.0287**	-0.00460	0.0249*	0.0219*	-0.00743	0.0203*
	(2.67)	(-0.47)	(2.41)	(2.04)	(-0.57)	(2.30)
lngov	0.275***	0.210***	0.242***	-0.0228	-0.0650	0.0580
	(6.10)	(4.40)	(5.41)	(-0.44)	(-1.06)	(1.39)

续表

解释变量	(1)	(2)	(3)	(4)	(5)	(6)
	RE	FE	RE	FE	RE	RE
	ln*clp*	ln*ame*	ln*clp*	ln*rlp*	ln*ags*	ln*rlp*
ln*ift*	0.0389	0.00378	0.0492	0.0764	0.0997	−0.0233
	(0.45)	(0.03)	(0.57)	(0.51)	(0.67)	(−0.24)
cons	2.677 **	4.893 ***	1.201	−0.167	−4.422 **	2.238 *
	(3.26)	(3.62)	(1.29)	(−0.11)	(−3.05)	(2.29)
N	248	248	248	248	248	248
R^2	0.7705	0.6984	0.7899	0.8149	0.2292	0.8758
Hausman Test	−12.19	67.51 ***	11.19 *	15.41 ***	2.12	−55.66
Sargan − Hansen	0.847	0.338	0.902	0.355	0.062	0.655
P − value	0.3573	0.5613	0.3424	0.5516	0.8033	0.4184

注：括号内为 t 值，*、**、*** 分别表示 10%、5%、1% 的显著性水平。

一、全域分析

由表 5 - 3 可知，人口集聚对城市劳动生产率和农村劳动生产率的回归都通过了中介效应检验。其中，集聚经济和农业规模化均存在部分中介效应，在回归中控制人力资本、政府干预等对劳动生产率的影响，以期观察集聚经济和农业规模化对劳动生产率的单向影响。

回归结果显示，人口集聚对城市劳动生产率和农村劳动生产率的相关性系数分别为 1.289 和 1.505，且都通过了 1% 的显著性检验，当人口集聚增加 1 个百分点时，劳动生产率将分别提高 1.3 和 1.5 个百分点。由此可知，第一，人口集聚对城乡劳动生产率均具有正向提升作用；第二，人口集聚对农村劳动生产率的提升作用大于对城市劳动生产率的提升作用，也即通过农村地区"减人"促使人口向城市集聚可以加速提升农村劳动生产率，从而验证了本章的理论假设，即在"城乡发展逐渐收敛"阶段，通过促使人口集聚可以加速提升农村劳动生产率，进一步缩小城乡劳动生产率发展差距，促使城乡劳动生产率向"城乡发展均等"阶段发展，推动城乡协调发展。

集聚经济系数为 0.224，通过了 5% 的显著性检验，农业规模化系数为

0.374 且通过了 1% 的显著性检验，验证了本章的理论机理，人口集聚所产生的集聚经济对城市劳动生产率影响为正，农业规模化对农村劳动生产率具有显著提升作用。同时可以发现，农业规模所带来的规模化效应要大于集聚经济所产生的经济效应，进一步验证了通过发展农业规模化可以加速提升农村劳动生产率，缩小城乡劳动生产率发展差距。

人力资本对城乡劳动生产率的影响系数分别为 0.524 和 0.589，均通过了 1% 的显著性检验，表明人力资本能够显著提高劳动生产率，从系数来看，人力资本对农村劳动生产率的影响大于城市，从侧面说明了人力资本对城乡劳动生产率收敛的重要性，人力资本通过提高农村劳动生产率加快了与城市劳动生产率的收敛，对促进城乡协调发展产生积极影响。技术创新系数分别为 0.0249 和 0.0203，且都通过了 10% 的显著性检验，说明技术创新对劳动生产率有正向影响，但影响较小，在促进城乡协调发展中对技术创新的投入不能松懈，应以创新驱动为主，为推动城乡协调发展创造动力源泉。政府干预系数分别为 0.242 和 0.058，前者通过了 1% 的显著性检验，后者不显著，表明政府对于市场发展的不足可以起到及时的补充作用，而农村地区由于没有完善的市场体系，因而相对农村地区，政府干预对城市经济的发展影响更为明显。基础设施系数分别为 0.0492 和 -0.0233，但都不显著，说明面对目前高质量发展的诉求，基础设施已显示出短板，同时，也体现了农村地区基础设施严重不足。应加大完善基础设施力度，补齐农村地区短板，推进城乡互联互通。

二、区域异质性分析

由表 5-4~表 5-6 可知，东部地区人口集聚系数分别为 1.152 和 2.367，中部地区系数为 1.716 和 1.206，西部地区系数为 1.289 和 1.824，东、中、西部地区系数均通过了 1% 的显著性检验。人口集聚对城市劳动生产率的回归系数由高到低依次为中部、西部和东部，贡献系数均超过 1，其原因在于东部地区城市人口集聚水平较高，中西部地区城市人口集聚水平远低于东部地区，但东部地区人口集聚对城市劳动生产率的影响要小于中西部地区，中西部地区加快促进人口向城市集聚能够显著提升城市劳动生产率。人口集聚对农村劳动生产率的回归系数由高到低分别为东部、西部和中部，贡献系数也均超过1。原因主要是东部地区城市人口集聚水平高，农业从业人员较少，同时，借助于现代化的农业生产机械和技术，易于发展规模化农业。中西部地区人口集聚对农村劳动生产率的贡献率略小于东部地区，但促使农村剩余劳动力向城市集聚也能够显著提升农村劳动生产率。同时，发现东西部地区人口集聚对劳动生产率的回归系数农村大于城市，说明人口集聚对农村劳动生产率的提升作用大于对城市，通过分区实证检验，进一步验证了本章的理论假设，即人口集聚不仅有利于提高城市劳动生产率，而且也会提升农村劳动生产率，且对农村劳动生产率的影响作用大于城市，可以加速提高农村劳动生产率，加快城乡劳动生产率进一步收敛，推动城乡协调发展的实现。

表 5 - 4　　　　东部地区人口集聚对城乡协调发展影响的实证检验

解释变量	(1)	(2)	(3)	(4)	(5)	(6)
	RE	RE	RE	RE	RE	FE
	lnclp	lname	lnclp	lnrlp	lnags	lnrlp
lnppa	1.328 ***	0.581 *	1.152 ***	2.123 ***	1.274 **	2.367 ***
	(5.10)	(2.07)	(4.84)	(6.24)	(2.58)	(7.71)
lname			0.352 ***			
			(3.95)			
lnags						0.297 ***
						(4.65)
lnhcl	1.242 ***	1.688 ***	0.680 **	-0.379	-0.301	0.191
	(3.46)	(4.79)	(1.93)	(-0.83)	(-0.48)	(0.56)
lntci	0.0671 ***	0.0259	0.0546 **	0.0242	-0.0288	0.0201
	(3.56)	(1.22)	(3.16)	(0.97)	(-0.77)	(0.90)
lngov	0.0426	-0.0230	0.0758	-0.0624	-0.282	-0.120
	(0.47)	(-0.24)	(0.92)	(-0.53)	(-1.67)	(-1.21)
lnift	-0.238	-0.200	-0.183	-0.613 ***	0.207	-0.338
	(-1.77)	(-1.12)	(-1.51)	(-3.31)	(0.68)	(-1.50)
$cons$	4.909 ***	7.064 ***	2.322	7.665 ***	-6.360	3.093
	(3.59)	(3.67)	(1.66)	(3.97)	(-1.93)	(1.22)
N	88	88	88	88	88	88

续表

解释变量	(1)	(2)	(3)	(4)	(5)	(6)
	RE	RE	RE	RE	RE	FE
	lnclp	lname	lnclp	lnrlp	lnags	lnrlp
R²	0.8231	0.6317	0.8492	0.6722	0.1357	0.7797
Hausman Test	6.64	− 5.08	− 95.29	− 72.77	3.34	146.28 ***
Sargan − Hansen	0.425	0.687	0.142	0.075	0.005	0.000
P − value	0.5146	0.4071	0.7063	0.7841	0.9415	0.9996

注：括号内为 t 值，＊、＊＊、＊＊＊分别表示 10%、5%、1% 的显著性水平。

表 5 − 5　　　　中部地区人口集聚对城乡协调发展影响的实证检验

解释变量	(1)	(2)	(3)	(4)	(5)	(6)
	FE	RE	RE	RE	RE	RE
	lnclp	lname	lnclp	lnrlp	lnags	lnrlp
lnppa	2.101 ***	0.194	1.716 ***	1.314 ***	2.374 ***	1.206 ***
	(11.85)	(0.71)	(9.25)	(6.08)	(4.53)	(10.80)
lname			0.466 ***			
			(4.39)			
lnags						0.897 ***
						(11.92)
lnhcl	0.0660	2.010 ***	− 0.122	0.885 *	− 2.703 **	0.768 ***
	(0.18)	(4.21)	(− 0.37)	(2.01)	(− 3.26)	(3.35)
lntci	0.0144	0.0866 ***	− 0.0224	0.0647 **	− 0.0999 *	0.00469
	(0.80)	(3.87)	(− 1.45)	(3.00)	(− 2.44)	(0.37)
lngov	0.103	− 0.136	0.0700	0.146	0.681 ***	0.0637
	(1.24)	(− 1.20)	(0.99)	(1.44)	(3.31)	(1.20)
lnift	0.403	− 0.347 *	0.589 ***	0.251	0.407	0.170
	(1.94)	(− 1.97)	(4.03)	(1.03)	(1.45)	(1.31)
cons	− 1.196	9.191 ***	− 5.949 ***	− 0.852	− 8.845 **	1.374
	(− 0.60)	(5.35)	(− 3.72)	(− 0.36)	(− 3.21)	(1.08)
N	64	64	64	64	64	64
R²	0.9307	0.8031	0.9535	0.8904	0.2033	0.9709
Hausman Test	411.95 ***	− 3.00	− 0.52	0.66	− 1292.70	0.76
Sargan − Hansen	0.010	0.003	0.329	0.022	1.193	0.230
P − value	0.9190	0.9600	0.5663	0.8833	0.2747	0.6317

注：括号内为 t 值，＊、＊＊、＊＊＊分别表示 10%、5%、1% 的显著性水平。

表 5 – 6　　　　　　西部地区人口集聚对城乡协调发展影响的实证检验

解释变量	(1)	(2)	(3)	(4)	(5)	(6)
	RE	RE	RE	FE	RE	RE
	ln*clp*	ln*ame*	ln*clp*	ln*rlp*	ln*ags*	ln*rlp*
ln*ppa*	1. 337 ***	0. 967 ***	1. 289 ***	1. 815 ***	0. 757 ***	1. 824 ***
	(8. 23)	(9. 52)	(6. 16)	(17. 72)	(10. 37)	(9. 51)
ln*ame*			0. 0625			
			(0. 47)			
ln*ags*						– 0. 0890
						(– 0. 51)
ln*hcl*	0. 645 **	0. 669 ***	0. 614 **	0. 887 ***	0. 458 ***	0. 865 ***
	(3. 17)	(5. 33)	(2. 85)	(6. 88)	(5. 04)	(5. 21)
ln*tci*	0. 0220	– 0. 0257 *	0. 0220	0. 000482	– 0. 0255 **	– 0. 00748
	(1. 26)	(– 2. 26)	(1. 26)	(0. 04)	(– 3. 08)	(– 0. 53)
ln*gov*	0. 196 *	0. 168 *	0. 187 *	– 0. 137	– 0. 0790	– 0. 00561
	(2. 25)	(2. 39)	(2. 12)	(– 1. 75)	(– 1. 49)	(– 0. 07)
ln*ift*	0. 182	– 0. 130	0. 193	0. 0884	0. 108	0. 240
	(1. 28)	(– 0. 81)	(1. 31)	(0. 39)	(0. 80)	(1. 45)
cons	2. 400	6. 707 ***	1. 875	– 0. 0919	– 5. 131 ***	– 1. 930
	(1. 82)	(4. 42)	(1. 10)	(– 0. 04)	(– 3. 99)	(– 1. 02)
N	96	96	96	96	96	96
R²	0. 6952	0. 7515	0. 6980	0. 8955	0. 6962	0. 8909
Hausman Test	6. 03	– 1. 12	5. 72	39. 54 ***	4. 39	– 7. 91
Sargan – Hansen	0. 947	1. 328	0. 937	1. 809	1. 121	1. 803
P – value	0. 3305	0. 2491	0. 3332	0. 359	0. 2898	0. 3512

注：括号内为 t 值，*、**、*** 分别表示10%、5%、1%的显著性水平。

集聚经济系数东、中、西部地区分别为 0. 352、0. 466 和 0. 0625，其中东、中部地区通过了 1% 的显著性检验，西部地区不显著。这一结果较为符合实际，东、中部地区城市经济发展较好，伴随着改革开放，劳动力不断向东、中部地区流动，充分利用了人口红利。伴随着人口向东、中部地区的集聚，企业也不断向东、中部地区集聚，由此产生的集聚经济推动了劳动生产率水平的提高。相反西部地区由于长期的人口流失，使得西部地区城市人口集聚度较低，对企业的吸引力有限，经济集聚水平较低，对城市经济发展的贡献显得不足。农业规模化系数东、中、西部地区分别为 0.297、0.897、-0.089，同样是东、中部地区通过了 1% 的显著性检验，西部地区不显著。原因一方面是东、中部地区自然条件较好，水资源丰富且多为平原丘陵，农业规模化生产的成本较低，而西部地区高原密集，且气候条件较差，农业规模化成本较高；另一方面是东、中部地区农业机械化水平较高，且拥有先进的生产技术，可以为农业规模化生产提供较好的技术服务，而西部地区由于经济发展较差，且机械化水平较低，农业生产技术较差，无法形成有效的规模化和机械化农业生产，这也成为西部地区后续农业现代化发展的重点方向。中部地区农业规模化系数大于集聚经济系数，由此可以发现，中部地区通过有效发展农业规模化可以加速提升农村劳动生产率。

人力资本的东、中、西部地区系数分别为 0.68 和 0.191、-0.122 和 0.768、0.614 和 0.865，东部地区农村和中部地区城市未通过显著性检验，其余均通过了最小 5% 的显著性检验。东部地区人力资本水平较高，且多分布在城市地区，农村地区从事农业生产的人员较少，农业从业人员在现代化技术的影响下可以通过自学提高所掌握的先进生产技术和技能经验，而自学经验无法通过数据统计，从而可能使得人口集聚对农村劳动生产率的影响不明显。中部地区城市回归系数不显著，原因主要是中部地区容易受东部地区虹吸的影响，无论是经济发展还是人力资本均受到负面影响，因而使得中部地区城市系数不显著。对于西部地区来说，人力资本所产生的正向影响可能多为政府政策倾斜。技术创新仅有东部地区城市通过了 10% 的显著性检验，系数为 0.0546，其余系数均不显著，说明技术创新水平较低，对地区发展的作用力有限，这也是转向高质量发展的一大短板，通过补短板的方式加大技术创新投入力度，为城乡协调发展培植动力来源。政府干预系数总体不显著，说明政府行为对劳动生产率的影响较小，这也证明了中国市场经济体系发展不断完善，市场在经济发展中的作用越来越显著，政府通过弥补市场短板为市场经济的发展保驾护航，而不再是以政府为主导。基础设施系数总体也不显著，表明应通过不断完善以及发展新型基础设施，为城乡协调发展创造有利条件。

三、稳健性检验

稳健性检验的方法有多种类型，如更换解释变量，更换估计方法以及分类考察等，其目的是为了考察回归结果是否具有一般性和稳健性。本章采用更换估计方法的方式进行稳健性检验，所采用的估计方法为面板两步 GMM 估计。面板两步 GMM 估计的优点是对于存在多个工具变量的样本数据回归，其估计结果更为准确，结果如表 5 – 7 ~ 表 5 – 10 所示。表 5 – 7 ~ 表 5 – 10 分别为全国和东、中、西部地区样本数据的稳健性检验。由表 5 – 7 ~ 表 5 – 10 可知，回归模型除西部地区未通过中介效应模型检验之外，其余均通过。Sargan statistic 值和 P 值再次验证了工具变量的外生性和有效性。

表 5 –7　　　　　　　　　稳健性检验（全国）

解释变量	(1)	(2)	(3)	(4)	(5)	(6)
	lnclp	lname	lnclp	lnrlp	lnags	lnrlp
lnppa	1.622 ***	0.970 ***	1.391 ***	1.779 ***	0.695 ***	1.497 ***
	(14.02)	(10.66)	(9.29)	(17.83)	(5.40)	(16.86)
lname			0.238 **			
			(2.69)			
lnags						0.406 ***
						(9.30)
lnhcl	0.987 ***	0.870 ***	0.780 ***	0.779 ***	0.286	0.663 ***
	(6.35)	(7.12)	(4.68)	(5.81)	(1.66)	(6.05)
lntci	0.0253 *	– 0.00460	0.0264 *	0.0219 *	– 0.00885	0.0255 **
	(2.05)	(– 0.47)	(2.25)	(2.06)	(– 0.65)	(2.95)
lngov	0.150 *	0.210 ***	0.0998	– 0.0228	– 0.0944	0.0154
	(2.49)	(4.45)	(1.67)	(– 0.44)	(– 1.41)	(0.36)
lnift	0.243	0.00378	0.243	0.0764	0.193	– 0.00180
	(1.42)	(0.03)	(1.49)	(0.52)	(1.01)	(– 0.01)
N	248	248	248	248	248	248
R²	0.773	0.698	0.796	0.815	0.231	0.878
Sargan statistic	1.371	0.338	1.255	0.355	0.057	0.787
P – value	0.2416	0.5613	0.2626	0.5516	0.8105	0.3749

注：括号内为 t 值，* 、** 、*** 分别表示10% 、5% 、1%的显著性水平。

由表 5 – 7 可知，人口集聚与城市和农村劳动生产率回归系数分别为 1.391 和 1.497，均通过了 1% 的显著性检验，表明人口集聚能够显著提升城乡劳动生产率，同时发现农村劳动生产率系数大于城市，再次验证了本章的理论假设，即促使人口向城市集聚可以加速提升农村劳动生产率，加快收敛步伐。

由表 5 – 8 ~ 表 5 – 10 的分区结果可知，东、中、西三大区域人口集聚对城乡劳动生产率的回归系数分别为 1.743 和 2.367、1.389 和 1.214、1.547 和 1.825，均通过了 1% 的显著性检验，东部和西部地区农村系数均大于城市，再次验证了理论假设。中部地区城市系数大于农村，但农业规模化效应大于集聚效应，通过农业规模化依旧可以有效提高农村劳动生产率。

表 5 – 8　　　　　　　　　　稳健性检验（东部）

解释变量	(1) lnclp	(2) lname	(3) lnclp	(4) lnrlp	(5) lnags	(6) lnrlp
lnppa	1.926 *** (6.76)	0.650 * (2.27)	1.743 *** (6.35)	2.823 *** (8.65)	1.537 ** (2.95)	2.367 *** (8.03)
lname			0.282 ** (2.64)			
lnags						0.297 *** (4.84)
lnhcl	1.896 *** (5.56)	1.754 *** (5.12)	1.401 *** (3.82)	0.134 (0.34)	-0.191 (-0.31)	0.191 (0.58)
lntci	0.0157 (0.71)	0.0166 (0.75)	0.0111 (0.54)	0.00972 (0.38)	-0.0349 (-0.86)	0.0201 (0.93)
lngov	0.0755 (0.78)	0.0174 (0.18)	0.0706 (0.79)	-0.223 * (-2.01)	-0.346 (-1.96)	-0.120 (-1.26)
lnift	0.0653 (0.29)	-0.253 (-1.12)	0.137 (0.65)	-0.311 (-1.20)	0.0936 (0.23)	-0.338 (-1.56)
N	88	88	88	88	88	88
R²	0.818	0.633	0.843	0.685	0.135	0.780
Sargan statistic	0.426	0.645	0.212	0.000	0.001	0.000
P – value	0.5139	0.4218	0.6452	0.9854	0.9698	0.9996

注：括号内为 t 值，*、**、*** 分别表示 10%、5%、1% 的显著性水平。

　　东、中、西部地区集聚经济和农业规模化系数分别为 0.282 和 0.297、0.684 和 0.915、-0.112 和 -0.0224，其中东部和中部系数均通过了 1% 的显著性检验，西部地区和 G2SLS 估计结果相差无几。由集聚经济和农业规模化系数可知，东部和中部地区农业规模化效应均大于集聚经济效应，尤其对中部地区而言，通过有效发展农业规模化在一定程度上可以加速提高农村劳动生产率，加快中部地区城乡劳动生产率的收敛。

　　综上分析，通过对比 G2SLS 估计结果，发现两种估计方法所得的估计结果几乎一致，证明了估计结果的可靠性和一致性。

表 5-9　　　　　　　　　　　稳健性检验（中部）

解释变量	(1) lnclp	(2) lname	(3) lnclp	(4) lnrlp	(5) lnags	(6) lnrlp
ln*ppa*	2.101 ***	1.047 ***	1.389 ***	1.302 ***	0.0960	1.214 ***
	(12.41)	(6.82)	(7.06)	(6.19)	(0.49)	(11.20)
ln*ame*			0.684 ***			
			(5.62)			
ln*ags*						0.915 ***
						(12.33)
ln*hcl*	0.0660	0.820 **	-0.498	0.951 *	0.210	0.758 ***
	(0.19)	(2.61)	(-1.77)	(2.21)	(0.52)	(3.40)
ln*tci*	0.0144	0.0476 **	-0.0185	0.0662 **	0.0699 ***	0.00220
	(0.84)	(3.06)	(-1.32)	(3.10)	(3.52)	(0.18)
ln*gov*	0.103	0.0406	0.0760	0.137	0.0772	0.0662
	(1.30)	(0.56)	(1.22)	(1.38)	(0.84)	(1.29)
ln*ift*	0.403 *	-0.0977	0.470 **	0.213	0.0394	0.177
	(2.03)	(-0.54)	(3.05)	(0.87)	(0.17)	(1.40)
N	64	64	64	64	64	64
R^2	0.931	0.893	0.958	0.891	0.620	0.971
Sargan statistic	0.010	1.843	0.949	0.023	0.011	0.217
P-value	0.9190	0.1746	0.3301	0.8786	0.9181	0.6412

注：括号内为 t 值，*、**、***分别表示 10%、5%、1% 的显著性水平。

表 5 - 10   稳健性检验（西部）

解释变量	(1) ln*clp*	(2) ln*ame*	(3) ln*clp*	(4) ln*rlp*	(5) ln*ags*	(6) ln*rlp*
ln*ppa*	1. 445 ***	0. 996 ***	1. 547 ***	1. 815 ***	0. 744 ***	1. 825 ***
	(8. 42)	(10. 44)	(4. 75)	(18. 27)	(10. 40)	(9. 91)
ln*ame*			- 0. 112			
			(-0. 48)			
ln*ags*						- 0. 0224
						(-0. 12)
ln*hcl*	0. 787 ***	0. 711 ***	0. 865 **	0. 887 ***	0. 418 ***	0. 895 ***
	(3. 65)	(5. 92)	(3. 10)	(7. 10)	(4. 65)	(6. 04)
ln*tci*	0. 0193	- 0. 0354 **	0. 0160	0. 000482	- 0. 0215 **	0. 000510
	(0. 96)	(-3. 18)	(0. 69)	(0. 04)	(-2. 58)	(0. 04)
ln*gov*	0. 0926	0. 211 **	0. 119	- 0. 137	- 0. 0755	- 0. 137
	(0. 71)	(2. 90)	(0. 86)	(-1. 80)	(-1. 38)	(-1. 75)
ln*ift*	0. 365	0. 0476	0. 373	0. 0884	- 0. 0369	0. 0896
	(0. 95)	(0. 22)	(0. 96)	(0. 40)	(-0. 23)	(0. 40)
N	96	96	96	96	96	96
R^2	0. 693	0. 755	0. 685	0. 896	0. 699	0. 895
Sargan statistic	1. 498	1. 570	1. 698	1. 809	1. 025	1. 952
P - value	0. 2209	0. 2102	0. 1926	0. 1592	0. 3114	0. 1473

注：括号内为 t 值，*、**、*** 分别表示 10%、5%、1% 的显著性水平。

第六节 主要结论与政策启示

本章认为，在高质量发展背景下，中国城乡劳动生产率已由"城乡发展差距不断扩大"转向"城乡发展逐渐收敛"阶段，城乡劳动生产率出现收敛迹象，通过促使人口向城市有效集聚加速提升农村劳动生产率，可以加快城乡劳动生产率收敛步伐，推动城乡协调发展进程。通过理论和经验分析，本章基于 2006~2018 年中国省级面板数据，对所提出的理论假设及其内在机理进行了实证检验。研究结果表明：第一，人口集聚对城市劳动生产率和农村劳动生产率均具有显著的正向促进作用，且对农村劳动生产率的提升作用大于城市，从而验证了本章的理论假设，即通过人口集聚能够有效促使城乡劳动生产率收敛，有利于推进城乡协调发展。城市"加人"所产生的集聚经济和农村"减人"所产生的农业规模化效应对劳动生产率的提高均具有显著促进作用，验证了本章的理论机理，并且农业规模化效应可以加速提升农村劳动生产率，进一步推动城乡劳动生产率的收敛。第二，分区回归结果显示，东、中、西部地区人口集聚对城乡劳动生产率均存在显著促进作用，且可以加速提升农村劳动生产率，通过分区实证检验，再次证明了人口集聚能够促进城乡劳动生产率收敛进而推动城乡协调发展的理论假设。东、中部地区集聚经济和农业规模化对城乡劳动生产率均具有显著提升作用，其中中部地区集聚效应大于东部地区，利用好中部地区的集聚经济效应能有效推动中部地区经济发展，促使中部地区高质量发展。西部地区集聚经济和农业规模化对城乡劳动生产率的影响不显著，因此，西部地区应利用好人口集聚的优势，打造西部中心城市群和都市圈，创造本地经济增长极，推动城乡协调发展。第三，西部地区人力资本处于劣势，东、中部地区整体有利于城乡劳动生产率收敛，且发现人力资本水平的提高对农村劳动生产率的提升作用力大于城市，为此，应充分利用好人力资本对农村劳动生产率的促进作用，补齐农村地区短板。技术创新对劳动生产率的影响作用整体处于较低水平，无法有效推动城乡劳动生产率收敛，在推进城乡协调发展的过程中技术创新仍为最大的挑战。政府干预对城乡协调发展影响作用总体较小。已有的基础设施已无法满足高质量发展的需求，站在新的历史起点，需要不断完善和大力发展新型基础设施，为推动城乡协调发展保驾护航。第四，利用面板两步 GMM 估计方法对实证结果进行了再次检验，发现所得结果与 G2SLS 估计结果基本一致，从而验证了本章所得结论的一致性和可靠性。

基于上述结论，本章得到以下政策启示。

（1）提升城市综合发展水平，促使人口向城市有效集聚。尊重市场经济的发展规律，优化城市产业发展结构，加快产业结构转型升级，合理利用高低技能劳动力相辅相成的交互推动作用，充分发挥人口集聚的经济效应。淡化户籍约束，推进公共服务和设施均等化。降低城市户口落户门槛，淡化户籍约束，保障外来流动人口充分享受公共服务和设施。不断完善城市基础设施，提高城市绿化覆盖率，打造"三宜（宜居、宜业、宜游）"的现代化都市。西部地区在促使人口集聚方面应做更多的努力，通过因地制宜主动承接发达地区产业转移，学习先进产业或企业发展模式，优化当地产业结构，同时大力培植发展服务业，从而扩大就业范围，创造更多的就业岗位，充分发挥人口集聚的经济效应。在增强城市经济发展水平的同时应着力整治环境卫生水平，提升城市综合吸引力水平。

（2）以农业规模和智慧化为途径，推动农业现代化高质量发展推动农村土地"三权"分置，促使土地合理流转。在遵循"三权"分置原则的基础之上，地方政府应当鼓励土地合理流转，优化配置，探索农村土地有效种植的经营方式，放活土地经营。鼓励建设农村产权交易市场，为土地流转各方提供全方位土地经营相关服务，同时建立合理有序的土地流转和经营监管监督体系，确保农村土地产权交易市场规范有序运转。应当遵循异质性和差异化的原则，科学有序地推动农业规模化，实施小规模农场化和大规模农场化经营相结合的方式，同时强化信息科技和智能制造在农业生产中的应用，推动农业现代化高质量发展。

第六章　人力资本与新型城镇化高质量发展：以河南省为例

　　城镇化的核心是人的城镇化，高层次、高水平、高存量的人力资本是城镇化高质量发展的基石。单纯依靠要素驱动城镇化的初级阶段已然过去，人才驱动已经成为城镇化高质量发展的核心要义之一。河南省农业人口基数大，但劳动生产率较低、产业基础薄弱等制约其新型城镇化高质量发展。因此，从人力资本视角研究河南省城镇化高质量发展具有重要现实意义。本章通过构建中介效应模型，检验发现人力资本能够通过技术创新、提升劳动生产率、促进产业结构升级的路径影响河南省新型城镇化发展质量。通过构建调节效应模型，发现财政支持能够弱化人力资本对新型城镇化质量的影响，固定资产投资能够强化人力资本对新型城镇化质量的影响。基于研究结论，提出推动技术创新、提升劳动生产率、促进产业结构升级三条助力河南省新型城镇化高质量发展路径。

第一节　引言与文献综述

　　新型城镇化注重人的全面发展，产业基础、人居环境、社会功能、城镇规划等是城镇建设中必须考虑的因素，注重满足城乡居民对生产生活无差异、高质量的追求。注重提高人口质量、优化劳动力知识资本结构、注重技能人才培养是关系城镇化高质量发展的关键。在实现动能转换的进程中，土地和物质资本不会发生变化，发生本质性变化的是劳动力。高素质的劳动力有能力创新和从事高效率的工作，这也是新兴产业替换传统产业的关键之处，作为人口大省，2019 年河南省城镇化率达到 53. 21%，但仍然低于全国平均水平，同时囿于河南省农业人口基数大，城镇化建设仍任重而道远。因此，如何利用河南省丰富的人力资本促进其城镇化高质量发展成为地方政府和社会普遍关注的一个命题。

人力资本是经济增长的重要推动力，发展中国家人力资本水平明显低于发达国家，人力资本对经济增长具有明显的正向作用（Salai-Martin，2002），高等人力资本对经济增长率的增加具有促进作用，普通、中等人力资本对经济增长率影响作用不显著（Vandenbussche，2016）。人力资本对经济增长发挥作用必须紧紧联系现实市场需求，以市场为导向培育人力资本（Csintalan and Badulescu，2015）。世界样本研究也表明人力资本对经济增长具有积极影响（Kizilkaya，2016）。蔡昉、都阳（2000）通过将人力资本投资、市场开放度与市场机制改革纳入 Salai-Martin 增长理论，得出人力资本能够对中国经济增长产生积极影响。燕安、黄武俊（2010）通过扩展索洛模型，研究得出人力资本存量和改变人力资本不均衡状况能够缩小地区之间经济增长差距。罗芳、陆炜（2016）将 1995～2014 年东北地区作为研究样本，发现东北地区人力资本水平低下难以形成规模报酬递增效应，物质资本所产生的影响大于人力资本。张亚平、胡永健（2016）利用 MRW 模型对京津冀地区进行分析，发现教育人力资本对经济增长的促进效应要远大于健康人力资本。廖楚辉、杨超（2008）利用内生增长理论的 AK 模型，对全国划分不同区域进行研究，得出西部地区人力资本存量较低且抑制地区经济增长。

虽然人力资本具有自由流动性，但是由于城市之间经济发展水平存在差异，会形成人力资本集聚现象，导致人力资本分布不均衡。姚先国、张海峰（2008）以劳动力受教育程度的高低衡量人力资本。连玉君（2003）对本地区原始人力资本禀赋和地区间人力资本交流机制进行研究，发现西部地区人力资本积累呈现出两阶段模式。王金营（2005）运用人力资本外部性模型对东、中、西部地区展开研究，发现西部地区人力资本水平最低。孙敬水、董亚娟（2009）分析教育人力资本与健康人力资本对不同地区经济产生的影响，发现人力资本积累能够促进地区经济协调发展，缩小不同区域经济发展差距。雷鹏（2011）认为提升西部地区人力资本是促进区域协调发展的关键。王晓峰、张正云（2016）发现，东北地区经济发展缓慢是由于地区人口增长平缓以及适龄劳动力出现净流出现象，进而提出通过提高人力资本水平激活经济发展动力的对策建议。陈亮（2017）通过对京津冀地区经济发展动态进行研究，发现人力资本提升对京津冀经济发展具有明显的促进作用。贾冀南、王金营（2009）发现，北京、天津的经济、社会、基础设施、公共福利发展较好，产生强大的虹吸效应，使得河北地区人才流向北京、天津，从而对京津冀协同发展战略造成负向影响。钱雪亚、缪仁余（2014）认为，人力资本相对价格偏低而物质资本相对价格偏高。

卢卡斯（Lucas，1998）曾指出，一个国家的人力资本存量越大，该国劳动力从农业部门转向其他高级产业部门的速度就越快，转移出的劳动力数量也就越多。当一个经济社会的生产率很低时，其主导产业部门是农业部门，人力资本积累使得技术水平不断提高，生产效率逐渐增强，引导主导产业由农业逐步转变为工业（Laitner，2010），人力资本水平决定主导产业部门（Tamura，2002）。由于教育是人力资本投资的主要方式之一，因此，有一部分学者在教育层面考察人力资本对产业结构变动的影响。教育和培训等人力资本投资的成本降低，有利于农业部门劳动力向非农业部门转移，提升了区域趋同发展的速度（Caselli and Coleman，2001）。印度高学历人口的迅速增加，促使其非农产业产值占比大大提升（Rodrik and Subramanian，2004）。技能型人力资本对服务业产值具有显著正向影响，但并不能促进制造业发展（Mattoo，2008）。在长期发达国家，产业结构高级化和人力资本储备具有正相关关系，而在短期欠发达国家，由于人力资本水平低下难以通过产业结构升级路径促进城市化（Anabela，2014）。农业部门工资低于其他非农业部门工资的主要原因是人力资本的差异，经过经验数据分析，农业部门人力资本水平普遍低于其他非农业部门，人们为了提高工资会进行人力资本积累，当其人力资本积累到某一程度之后，劳动力会从农业部门转到其他农业部门，从而实现农业人口就业转向城市，进而促进城市化（Herrendorf and Schoellmen，2015）。在富裕和贫穷的地方，集聚经济和人力资本外部性都是推动城市化成功的重要相似力量（Raufabdur，2017）。沃纳·赫希（1990）认为，城市化是经济方式在城乡之间的转变，同时也是人口密度和空间上的转变，人口向城市转移同时带来了经济生产方式的改变。山田浩之（1991）认为，在经济发展方式变革和社会文化演变过程中，城镇化是一种自发的、市场性的农业人口转移城市的过程。

近20年来我国人口增长率持续下滑，劳动力成本不断上升，人口红利优势消失，中国应积极发挥人力资本优势。人力资本提升促进知识创造与溢出，王建康等（2015）通过实证研究得出人力资本水平对新型城镇化建设具有重要作用。人力资本积累对企业创新具有促进作用（Earl，2001）。刘善仕等（2017）构建人力资本社会网络，揭示了人力资本通过在企业之间流动，学习其他企业知识和获取企业信息资源来促进企业创新。姚旭兵（2016）通过研究得出，人力资本、技术创新在对新型城镇化产生重要影响的同时存在空间溢出效应。囿于户籍制度的限制，城乡之间存在的制度、福利、保障与教育鸿沟难以逾越，农村人力资本低下限制城镇化进程。钟兵（2016）认为，提高农民人力资本是解决农民在城镇就业和新型城镇化建设过程中的重点。黄乾（2009）指出，人力资本的提升会促进农业转移人口的非农业化，对新型城镇化建设有促进作用。王秀芝、孙妍（2015）发现，城乡间人力资本异质性会拉大城乡居民生产和生活差距，进而阻碍新型城镇化的进程。

综合国内外研究成果，发现现有文献更多关注人力资本与经济增长、人力资本与产业结构升级等方面的内容，人力资本与城镇化的文献以全国层面和分东、中、西部大类地区为主，针对某一特定省份的新型城镇化高质量发展研究却比较为少见。因此，本章从人力资本视角，研究人力资本通过何种路径对河南省城镇化高质量发展产生影响，分析河南省各市之间新型城镇化发展是否存在空间关联效应，探讨河南省如何挖掘、发挥人力资本潜力，探讨城镇化高发展的新动力和路径，为城镇化高质量发展提供经验证据。

第二节　河南省人力资本与城镇化发展现状考察

一、河南省人力资本现状分析

本书选取河南省18个地市作为研究对象，测度各市人力资本水平。教育投资是人力资本提升的主要途径，因此，劳动力平均受教育年限是影响人力资本存量的重要因素。根据劳动力受教育年限不同，可以将其分为未上过学、小学、初中、高中、大专及以上五个层次，在此参考王春晖（2019）计算人力资本的方法：地区人力资本＝文盲与半文盲人口占比×2＋小学人口占比×6＋中学人口占比×9＋高中人口占比×12＋专科及以上人口占比×16。由图6-1可以看出，2003~2017年河南省人力资本水平总体呈现波浪上升趋势，在2003~2006年，与全国平均人力资本水平相比，河南省人力资本水平略高，由于河南省人口密集，就业压力大，倒逼劳动力不断提升自身社会劳动价值、知识、技能。2010~2017年，河南省人力资本水平低于全国平均水平，这可能是由于人力资本流失或人资资本积累不足所导致。

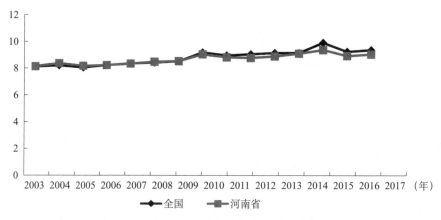

图6-1　2003~2017年河南省人力资本水平变化

资料来源：作者整理所得。

如表6-1所示，选取18个市间隔年份人力资本数据进行排序，郑州、济源、焦作排名前三。郑州是省会城市，济源市是河南下辖市，全国首个全域产城融合示范区，焦作市临近郑州市，矿产资源丰富，大量的资源开采型企业在此集聚，工业经济发展较强。周口市地处省域边界，高等教育、公共交通、政策扶持等资源分配相对较少，经济发展较为落后，难以提供人力资本发展提升的基础性条件，人力资本水平最低。

表6-1　　　　　　　　　河南省18地市人力资本水平排序

地区	2003年	2008年	2013年	2017年
郑州市	1	1	1	1
开封市	11	11	12	10

续表

地区	2003 年	2008 年	2013 年	2017 年
洛阳市	9	7	5	5
平顶山市	8	9	9	9
安阳市	12	12	11	12
鹤壁市	10	10	10	11
新乡市	5	5	6	7
焦作市	3	3	3	3
濮阳市	15	15	14	15
许昌市	7	8	8	6
漯河市	4	6	7	8
三门峡市	6	4	4	4
商丘市	18	17	16	13
周口市	16	18	17	18
驻马店市	14	14	15	16
南阳市	13	13	13	14
信阳市	17	16	18	17
济源市	2	2	2	2

资料来源：作者整理所得。

如表 6-2 所示，河南省人力资本存量水平在省域内呈现出中心—外围分布格局，以郑州、焦作、济源 3 地市作为中心，其余 15 地市人力资本随着与中心城市距离增加逐渐降低，形成包含洛阳、平顶山、新乡、开封、许昌、漯河、三门峡 7 地市的第二圈层，安阳、鹤壁、濮阳、商丘、周口、驻马店、南阳、信阳 8 地市形成第三圈层。分析发现，河南省不同地市人力资本存量分布与其高等教育、科技创新成果、优质企业、科研院所等资源分布有关。

纵向来看，河南省各地市人力资本存量逐年提升。在 2003～2017 年，人力资本增量最多的 3 地市为商丘、洛阳、三门峡，增量分别为 0.8219、0.7527、0.7415，周口市人力资本增量最少为 0.3154；就增速来看，河南省 18 地市中增速最快的仍旧是商丘、洛阳、三门峡，年均增速分别为 7.02%、5.93%、5.71%，但年均增速最慢的为郑州，仅为 2.60%，但人力资本水平仍然居于省内首位。

表6-2　　　　　河南省18市人力资本水平中心—外围分布

	中心城市	第一圈层	第二圈层
城市	郑州、焦作、济源	洛阳、平顶山、新乡、开封、许昌、漯河、三门峡	安阳、鹤壁、濮阳、商丘、周口、驻马店、南阳、信阳

二、河南省新型城镇化高质量发展指标体系构建

目前还没有统一的新型城镇化高质量发展水平评价标准，不同学者根据对新型城镇化研究的侧重点不同构建不同的评价指标体系，大多从人口、经济、社会、生态、基础设施5个方面选取相应指标，但城镇化高质量发展的核心是人的城镇化，目的是改善民生福祉，实现城乡协调发展。因此，本章借鉴前期研究成果，丰富与完善新型城镇化质量衡量指标体系，从人口发展质量、经济发展质量、基础设施质量、公共服务质量、城乡融合质量、生态环境质量6个方面构建新型城镇化质量评价指标体系，具体如表6-3所示。采用熵值法测度的结果如表6-4所示。

表6-3　　　　　新型城镇化高质量发展综合评价指标体系

系统层	指标层	单位	指标类型
人口发展质量	城镇人口比重	%	正向
	城镇人口登记失业率	%	逆向
	每万人具有大学文化程度的人数	人/万人	正向
	科学与教育支出占城市财政支出比重	%	正向
	城镇家庭居民恩格尔系数	%	逆向
经济发展质量	人均GDP	元/人	正向
	第三产业产值比重	%	正向
	万元GDP能耗	吨标准煤/万元	逆向
	研发经费占GDP比重	%	正向
	第三产业从业人员比重	%	正向
	高技术产业增加值占GDP比重	%	正向

续表

系统层	指标层	单位	指标类型
基础设施质量	每万人拥有公共交通车辆	辆/万人	正向
	人均城市道路面积	m²/人	正向
	城市每千人医疗机构床位数	张/千人	正向
	人均公共图书馆藏书	册/人	正向
	城市公共供水普及率	%	正向
	互联网普及率	%	正向
	燃气普及率	%	正向
公共服务质量	城镇常住人口基本养老保险覆盖率	%	正向
	城镇常住人口基本医疗保险覆盖率	%	正向
	教育事业费占 GDP 比重	%	正向
	每万人的卫生技术人员	人/万人	正向
	城镇居民最低生活保障人数占比	%	逆向
城乡融合质量	城乡居民收入比	/	逆向
	城乡居民人均消费比	/	逆向
	财政支农资金	万元	正向
	城乡居民家庭恩格尔系数比	/	逆向
	城乡居民养老保险参保率之比	/	逆向
生态环境质量	城市生活垃圾无害化处理率	%	正向
	建成区绿化覆盖率	%	正向
	人均公园绿地面积	m²/人	正向
	废水排放达标量与废水排放量之比	%	正向
	工业污染治理费用占 GDP 比重	%	逆向
	工业固体废物综合利用率	%	正向

三、河南省新型城镇化高质量发展水平分析

选取 2003 年、2008 年、2013 年、2017 年四个典型年份，利用 arcgis 自然断点法将河南新型城镇化发展质量水平从低到高分为 Ⅰ 类、Ⅱ 类、Ⅲ 类、Ⅳ 类，典型年份新型城镇化质量等级分布如表 6 - 5 所示。可以看出，河南省新型城镇化质量总体不断提升但仍处于较低水平，大多数城市处于新型城镇化质

表 6-4　2003~2017 年河南省新型城镇化高质量发展水平

地区	2003 年	2004 年	2005 年	2006 年	2007 年	2009 年	2010 年	2011 年	2012 年	2013 年	2014 年	2015 年	2016 年	2017 年
郑州	0.5784	0.6139	0.5814	0.5481	0.5712	0.6219	0.6090	0.6412	0.6544	0.6894	0.7174	0.7112	0.7523	0.7230
开封	0.2933	0.2822	0.3036	0.2597	0.2784	0.3082	0.3167	0.3487	0.3610	0.4136	0.4672	0.4617	0.4572	0.4179
洛阳	0.3769	0.3712	0.3814	0.3707	0.3867	0.4149	0.4276	0.4450	0.4418	0.4741	0.4942	0.5141	0.5238	0.5600
平顶山	0.4167	0.4022	0.4255	0.3712	0.3760	0.4004	0.3727	0.3769	0.4082	0.4031	0.4267	0.4262	0.4404	0.4277
安阳	0.3815	0.3623	0.4292	0.4112	0.4230	0.4080	0.4293	0.4276	0.3975	0.4248	0.4576	0.4590	0.4729	0.4352
鹤壁	0.3860	0.4685	0.4222	0.4113	0.4619	0.4128	0.3991	0.3873	0.4179	0.4322	0.4548	0.4746	0.4801	0.4469
新乡	0.4758	0.4664	0.4572	0.4690	0.4794	0.4988	0.4754	0.4693	0.4676	0.4976	0.5119	0.5198	0.5109	0.5294
焦作	0.4733	0.5200	0.5376	0.4566	0.4411	0.3990	0.3794	0.3997	0.4065	0.4488	0.4849	0.5021	0.4949	0.4791
濮阳	0.4463	0.5069	0.5392	0.4190	0.4557	0.4721	0.4305	0.4708	0.3886	0.4156	0.4133	0.4627	0.4662	0.4734
许昌	0.3921	0.5007	0.5123	0.4291	0.4335	0.4249	0.4460	0.4279	0.4822	0.4713	0.4985	0.4921	0.4884	0.5017
漯河	0.4715	0.5328	0.5373	0.4998	0.4593	0.4165	0.3793	0.4028	0.3963	0.4254	0.4498	0.4316	0.4322	0.4863
三门峡	0.4592	0.4566	0.4674	0.4645	0.4685	0.3827	0.4406	0.4542	0.4793	0.4782	0.5122	0.4338	0.4706	0.4862
南阳	0.3704	0.3756	0.4077	0.3631	0.3600	0.3406	0.3377	0.3277	0.3469	0.3770	0.3613	0.3799	0.3762	0.3796
商丘	0.2700	0.2644	0.3209	0.3482	0.3742	0.3611	0.3551	0.3606	0.3672	0.3673	0.3508	0.3490	0.3342	0.3751
信阳	0.3790	0.4147	0.3891	0.4106	0.4468	0.4905	0.4954	0.4753	0.4619	0.4517	0.4343	0.4432	0.4363	0.4103
周口	0.2985	0.3094	0.3424	0.4000	0.4466	0.3630	0.3833	0.3267	0.3600	0.3437	0.3380	0.3783	0.3518	0.3042
驻马店	0.3441	0.3650	0.3797	0.4219	0.4371	0.4184	0.4315	0.3715	0.3689	0.3856	0.3712	0.3948	0.3998	0.4122
济源	0.5713	0.5924	0.5751	0.5165	0.5686	0.5421	0.5281	0.5286	0.4907	0.5819	0.6021	0.5708	0.5792	0.5892

量Ⅱ类阶段。河南省新型城镇化质量分布以省会城市郑州为中心向周围逐渐降低，其中，河南省域东部地区新型城镇化质量最低，以郑州为中心，洛阳、许昌、焦作、新乡、开封等节点城市发挥以点带面的辐射带动作用逐渐减弱。商丘、周口市与安徽省接壤，南阳市与湖北省接壤，这些城市以农业生产为主且农业人口较多，与郑州相隔较远且公共交通设施发展较为滞后，受省域内中心城市辐射带动作用影响较弱。处于新型城镇化质量Ⅰ类、Ⅲ类、Ⅳ类的地市逐渐减少，新型城镇化质量Ⅱ类的城市不断增多，新型城镇化质量差距呈现出不断拉大的态势。

表6-5　　　　　　河南省18市个别年份新型城镇化质量等级分布表

年份	Ⅰ类	Ⅱ类	Ⅲ类	Ⅳ类
2003	开封、商丘、周口	安阳、鹤壁、洛阳、许昌、平顶山、南阳、驻马店、信阳	濮阳、焦作、新乡、三门峡、漯河	郑州、济源
2008	洛阳、开封、商丘、南阳、驻马店	鹤壁、安阳、濮阳、焦作、许昌、平顶山、周口	新乡、三门峡、信阳、漯河	郑州、济源
2013	商丘、周口、驻马店、南阳	濮阳、安阳、鹤壁、开封、平顶山、漯河	新乡、焦作、三门峡、洛阳、许昌、信阳	郑州、济源
2017	商丘、周口、南阳	濮阳、安阳、鹤壁、新乡、焦作、开封、三门峡、平顶山、漯河、驻马店、信阳	济源、洛阳、许昌	郑州

第三节　模型设计与实证结果分析

人力资本已经成为经济发展的重要投入要素，具有边际报酬递增的特点，随着人力资本的不断积累，劳动者掌握的劳动技能和知识逐渐丰富，工作效率不断提升。人力资本是创新的源泉，对推动技术创新、促进产业结构升级以及提高劳动生产率具有积极作用，是提高新型城镇化发展质量的重要保障。因此，本章主要从人力资本促进技术创新、提升劳动生产率、促进产业结构优化升级三个方面实证考察人力资本对新型城镇化高质量发展的影响效应。

一、变量选择

（一）解释变量

人力资本（*hum*）：采用本章第二部分测算的人力资本数据。

技术创新（*tec*）：选取各市科学技术专利授予量来表征技术创新。

产业结构升级（*ind*）：参照史恩义、王娜（2018）对产业结构升级的评价方法，采用 $R = \sum_{i=1}^{3}(y_i \times i) = y_1 \times 1 + y_2 \times 2 + y_3 \times 3$，其中 y_i 为第 i 产业增加值所占比重，R 为产业升级系数取值范围为 $1 \sim 3$。

劳动生产率（*lab*）：采用地区 *GDP*/地区就业人数来衡量。

（二）控制变量

财政支持（*finsup*）：采用地区财政支出/地区 *GDP* 来衡量。

固定资产投资（*fix*）：由于地区存在异质性，社会固定资产投资也不尽相同，故采用社会固定资产投资/地区 *GDP* 来衡量。

本章选取 2003～2017 年河南省 18 地市作为研究对象，数据来源于历年《河南统计年鉴》《中国国家统计年鉴》和各地市年度公报。

二、数据检验

（一）多重共线性检验

为使实证数据更加敏感、降低波动性、消除异方差，对数据采取对数化处理。为防止变量之间出现多重共线性影响实证结果，因而进行多重共线性检验，检验结果如表 6-6 所示，可以看出，VIF 均小于 10，不存在多重共线性问题。

表 6-6　　　　　　　　　　　多重共线性检验结果

变量	Lnhum	Lntec	Lnlab	Lnind	Lnfinsup	Lnfix
VIF	6.08	2.44	6.84	3.81	2.80	3.99
1/VIF	0.164362	0.409060	0.14619	0.262441	0.356934	0.250807

（二）平稳性检验

为避免虚假回归，确保回归结果有效性，对数据进行平稳性检验，莱文、林、楚（Levin，Lin & Chu，2002）提出 Levin – Lin – chu（LLC）检验法对面板数据进行检验，布雷顿（Breitung，2000）检验与 LLC 检验法类似，原假设是面板数据中各截面数据序列均有一个单位根。

由表 6 – 7 可以看出，LLC 检验和 Breitung 检验 t 检验中原数据不能拒绝原假设，序列非平稳，而对于各变量的一阶差分在 1% 的显著水平拒绝原假设，故一阶差分序列平稳。

表 6 – 7　　　　　　　　　　　　面板数据单位根检验结果

变量	LLC 检验 t 统计量	Breitung 检验 t 统计量
Lnurbqual	– 5. 3624	5. 1698
ΔLnurbqual	– 11. 9587 ***	– 1. 3205 ***
Lnhum	– 6. 8495	2. 6594
ΔLnhum	– 14. 9586 ***	– 2. 6142 ***
Lntec	– 7. 6298	5. 6815
ΔLntec	– 13. 9584 ***	– 0. 9528 ***
Lnind	– 4. 6891	4. 6284
ΔLnind	– 12. 6981 ***	– 1. 4326 ***
Lnlab	– 5. 6981	7. 6518
ΔLnlab	– 15. 6489 ***	– 1. 2561 ***
Lnfix	– 4. 8695	6. 5198
ΔLnfix	– 13. 6984 ***	– 1. 6588 ***
Lnfinsup	– 6. 9518	5. 6584
ΔLnfinsup	– 14. 9581 ***	– 1. 2495 ***

（三）协整检验

平稳性检验结果显示各变量同阶单整，存在协整的可能，故进行协整检验。Fisher/Johansen 检验是基于回归系数的检验，主要有两步：第一步，对各截面个体分别进行 Johansen 协整检验；第二步，利用 Fisher 的结论建立相对面板数据协整检验的统计量。在面板的原假设下，渐进卡方统计量为：$-2\sum_{i=1}^{N}\ln$ $(\pi_i)\rightarrow\chi^2\ (2N)$。

由表 6 – 8 可看出，进行 Fisher/Johansen 检验时，P 值小于 0.05，故拒绝无协整关系的原假设，选择备选假设，故各变量之间存在协整关系。

表 6 – 8 协整结果检验

协整关系	Fisher 联合迹统计量	P 值	Fisher 联合 λ – max 统计量	P 值
无协整关系	562.4	0.0000	462.3	0.0000

三、模型构建

(一) 基础模型构建

为了分别检验人力资本、技术创新、产业升级、劳动生产率对新型城镇化质量的影响效应，构建如下模型：

$$\ln urbqual_{it} = \alpha + \beta_1\ln hum_{it} + \sum\theta_j\ln x_{jit} \tag{6-1}$$
$$+\mu_{it}, \ i=1, \cdots, N, \ t=1, \cdots,$$

$$\ln urbqual_{it} = \alpha + \beta_2\ln tec_{it} + \sum\theta_j\ln x_{jit} +\mu_{it}, \tag{6-2}$$
$$i=1, \cdots, N, \ t=1, \cdots, T$$

$$\ln urbqual_{it} = \alpha + \beta_3\ln lab_{it} + \sum\theta_j\ln x_{jit} +\mu_{it}, \tag{6-3}$$
$$i=1, \cdots, N, \ t=1, \cdots, T$$

$$\ln urbqual_{it} = \alpha + \beta_4\ln ind_{it} + \sum\theta_j\ln x_{jit} +\mu_{it}, \tag{6-4}$$
$$i=1, \cdots, N, \ t=1, \cdots, T$$

其中，$\ln qual$、$\ln hum$、$\ln tec$、$\ln lab$、$\ln ind$、$\ln x_{jit}$ 分别为：指标新型城镇化质量、人力资本、技术创新、劳动生产率、产业结构升级、各控制变量数据对数化，i 表示城市，t 表示年份，j 表示控制标量的序号，μ_{it} 为随机误差项。

(二) 中介效应模型构建

本章认为，人力资本通过促进技术创新、劳动生产率提升、产业结构升级来提高新型城镇化质量，因而将技术创新、产业结构升级系数、劳动生产率作为中介变量重新构建模型如下：

$$\ln urbqual_{it} = \alpha + \beta_5 \ln hum_{it} + \rho_1 \ln tec_{it} + \sum \theta_j \ln x_{jit} \tag{6-5}$$
$$+ \mu_{it}, \ i = 1, \ \cdots, \ N, \ t = 1, \ \cdots, \ T$$

$$\ln urbqual_{it} = \alpha + \beta_6 \ln hum_{it} + \rho_2 \ln lab_{it} + \sum \theta_j \ln x_{jit} \tag{6-6}$$
$$+ \mu_{it}, \ i = 1, \ \cdots, \ N, \ t = 1, \ \cdots,$$

$$\ln urbqual_{it} = \alpha + \beta_7 \ln hum_{it} + \rho_3 \ln ind_{it} + \sum \theta_j \ln x_{jit} \tag{6-7}$$
$$+ \mu_{it}, \ i = 1, \ \cdots, \ N, \ t = 1, \ \cdots, \ T$$

（三）调节效应模型构建

为检验核心解释变量人力资本、技术创新、劳动生产率、产业结构升级对被解释变量新型城镇化质量影响是否受到控制变量的影响，设置核心解释变量与控制变量的交叉项作为调节变量，依次构建调节效应模型如下：

$$\ln urbqual_{it} = \alpha + \gamma_{1,it} \ln hum_{it} \ln finsup_{it} + \gamma_{2,it} \ln hum_{it} \ln fix_{it}$$
$$+ (\varphi_{1,it} \ln fix_{it} + \varphi_{2,it} \ln finsup_{it}) + \mu_{it} \tag{6-8}$$
$$i = 1, \ \cdots, \ N, \ t = 1, \ \cdots, \ T$$

识别中介效应和调节效应存在需要的条件不尽相同，温忠麟等（2012）判断中介效应存在需要满足以下4个条件：第一，核心解释变量对被解释变量影响显著；第二，核心解释变量对中介变量影响显著；第三，把中介变量纳入模型之后，中介变量影响效应对被解释变量显著；第四，把中介变量纳入模型之后，核心解释变量对被解释变量的影响力度降低。鉴别调节效应存在只需满足下面条件即可：纳入调节变量之后，调节变量对被解释变量的影响效应应该显著。

四、实证结果分析

由于面板 OLS 回归未考虑不同地区的个体异质性，未能真实反映估计结果，因此，通过霍斯曼检验认为应采用固定效应模型进行估计。

表 6 - 9   基础模型回归结果

变量	模型 (6-1)	模型 (6-2)	模型 (6-3)	模型 (6-4)
Lnhum	1.8110 *** (13.71)			
Lntec		0.0335 *** (4.35)		
Lnlab			0.1695 *** (9.37)	
Lnind				1.7927 *** (10.25)
Lnsupfin	-0.0977 ** (-2.46)	-0.3417 *** (-7.76)	-0.2276 *** (-5.44)	-0.2531 *** (-6.36)
Lnfix	0.0884 *** (3.10)	0.2128 *** (6.02)	0.0421 (1.11)	0.1342 *** (4.33)
常数项	-4.9380 *** (-18.97)	-1.6594 *** (-17.83)	-1.5192 *** (-20)	-2.6884 *** (4.33)
R^2	0.8556	0.8762	0.8299	0.8587

注：***、**、* 分别表示为在 1%、5%、10% 水平显著，括号内数值为 t 统计量。

表 6 - 9 报告了基准回归结果，模型 (6-1)、模型 (6-2)、模型 (6-3)、模型 (6-4) 在纳入控制变量的同时分别加入人力资本、技术创新、劳动生产率、产业结构升级 4 个解释变量。由回归结果可以看出，人力资本、技术创新、劳动生产率、产业结构升级均在 1% 的显著性水平对新型城镇化质量具有促进作用；人力资本提升 1 单位，新型城镇化质量就提高 1.8110 个单位；技术创新提升 1 单位，新型城镇化质量提升 0.0335 个单位；劳动生产率提升 1 单位，新型城镇化质量提升 0.1695 个单位；产业结构升级提升 1 单位，新型城镇化质量就提升 1.7927 个单位。河南省具有中国粮仓之美誉，但工业化水平、人力资本积累长期处于全国平均水平以下，近年来河南省对人才的重视程度越来越高，河南省政府连续两年举办招才引智大会，出台丰厚的人才引进政策，为河南省经济、科技、社会、文化等事业高质量发展服务，实证结果说明，人力资本对河南省新型城镇化质量提升的促进作用明显。

表 6 – 10 中介效应模型回归分析

变量	模型 （6 – 5）	模型 （6 – 6）	模型 （6 – 7）
Ln*hum*	1. 7609 *** （12. 74）	1. 6984 *** （9. 54）	1. 6003 *** （7. 83）
Ln*tec*	0. 0426 * （1. 79）		
Ln*lab*		0. 1895 *** （9. 84）	
Ln*ind*			0. 3302 *** （4. 68）
Ln*supfin*	– 0. 0858 *** （ – 2. 14）	– 0. 0899 *** （ – 2. 24）	– 0. 1082 *** （ – 2. 68）
Ln*fix*	0. 1005 *** （3. 44）	0. 1150 *** （3. 32）	0. 0835 *** （2. 91）
常数项	– 5. 1407 *** （ – 18. 17）	– 5. 4366 *** （ – 12. 07）	– 4. 7576 *** （ – 16. 28）
R^2	0. 8609	0. 8587	0. 8587

注：***、** 、* 分别表示为在 1%、5%、10% 水平显著，括号内数值为 t 统计量。

中介效应存在的第一个条件在表 6 – 9 的结果中已经得到验证，为验证中介效应第二个条件，分别将技术创新、劳动生产率、产业结构升级作为被解释变量，人力资本作为解释变量构建模型回归，结果显示，人力资本对技术创新、劳动生产率、产业结构升级均为 1% 显著正向促进作用。因此，中介效应存在第二条件满足。

在控制变量不变的同时分别将技术创新、劳动生产率、产业结构升级作为中介变量纳入，构建中介效应模型，如模型 （6 – 5）、模型 （6 – 6）、模型 （6 – 7），表 6 – 10 报告了中介效应模型实证结果。模型 （6 – 5） 实证结果显示，人力资本对新型城镇化质量拟合系数在 1% 的显著水平由 1. 8110 下降到 1. 7603，同时技术创新对新型城镇化质量的拟合系数在 1% 显著水平为正，说明人力资本通过促进技术创新进而推动新型城镇化高质量发展的中介效应存在，表明河南省人力资本储备不断提升，不拘一格引人才促进知识与技术的聚集与溢出，加快河南省工业化、农业现代化、信息化、制造业智能化进程，进而提升河南省新型城镇化质量。模型 （6 – 6） 实证结果显示，人力资本对新型城镇化质量拟合系数在 1% 显著水平由 1.8110 降为 1.6984，同时劳动生产率对新型城镇化质量拟合系数为 1% 显著水平为正，说明人力资本通过提高劳动生产率进而推动新型城镇化高质量发展的中介效应存在，表明随着河南省人力资本存量的提升，越来越多劳动力掌握先进知识、先进科技，工作能力、工作效率、业务水平、实操技能得到不断提高，全社会劳动生产率不断提高。模型（6-7）实证结果显示，人力资本对新型城镇化质量拟合系数在 1% 显著水平由 1.8110 下降到 1.6003，同时产业结构升级对新型城镇化质量拟合系数为 1% 显著水平为正，说明人力资本通过促进产业结构优化升级进而推动新型城镇化高质量发展的中介效应存在，表明随着河南省居民人力资本的提升，城乡居民能够掌握更多工作技能，有助于农业人口从事第二、第三产业附加值较高的生产活动，有助于提升薪资收入和生活水平，增进社会福祉，同时农业人口逐步市民化，也为全省产业结构升级注入新动力，从而提升河南省新型城镇化发展质量。

表 6-11　　　　　　　　　　　调节效应模型回归结果

变量	模型（6-8）			
	调节效应（1）		调节效应（2）	
调节变量	-0.0731 *** (-4.77)	-0.1826 *** (-11.08)	0.0426 *** (3.59)	0.1275 *** (8.27)
Ln*finsup*				-0.3563 *** (-7.68)
Ln*fix*		0.2855 *** (10.66)		
常数项	-1.1788 *** (-16.36)	-1.5561 *** (-22.21)	-0.7975 *** (-50.40)	-1.4764 *** (-16.49)
R^2	0.8495	0.8621	0.8698	0.8189

注：***、**、* 分别表示为在 1%、5%、10% 水平显著，括号内数值为 t 统计量。

表 6-11 报告了控制变量财政支持、固定资产投资对人力资本影响新型城镇化质量的调节效应，可以看出，人力资本与财政支持的交互项作为调节变量在 1% 显著性水平为负，说明财政支持会弱化人力资本对新型城镇化质量的促进效应，表明人力资本是在市场经济条件下发挥其最大效用，民营企业、国有企业中人力资本提升会激活市场潜力，提升社会产出与财富，财政支出的增加可能会产生挤出效应，削减了在市场经济体制下企业对社会的服务效能，降低

社会运行效率，从而弱化人力资本对新型城镇化质量的促进影响。人力资本与全社会固定资产投资的交互项作为调节变量在1%显著水平为正，说明全社会固定资产投资会强化人力资本对新型城镇化质量的促进效应，即随着人力资本的提升，全社会固定资产投资的增加为省内人才发挥才能、促进经济发展提供有力平台，同时有助于提高社会公共基础设施服务能力，促进城镇化发展提质升级。

第四节　主要结论与政策启示

本章以河南省18市为研究对象，利用2003～2017年的面板数据，基于人力资本的视角对河南省新型城镇化高质量发展路径进行实证研究，得出以下结论：第一，河南省18地市人力资本水平在逐年提升，排名前三位城市分别为郑州、济源、焦作。第二，河南省新型城镇化质量稳步提升，新型城镇化质量分布以省会城市郑州为中心向周围依次降低，其中河南省域东部地区新型城镇化质量最低。第三，人力资本提升对河南新型城镇化质量具有明显的促进作用，人力资本能够通过提高劳动生产率、促进技术创新、产业结构升级三种传导路径提升新型城镇化质量。第四，财政支持能够弱化人力资本对新型城镇化质量的影响，固定资产投资能够强化人力资本对新型城镇化质量的促进作用。

基于上述结论，本章得到以下政策启示。

（1）积极推进技术创新。加强创新性人才培养和注重培养队伍的科学化，加大对省内高校的支持和建设力度，引进国内外优秀人才，公开招聘海内外顶尖技术创新型人才，提供优越薪资福利待遇，吸引其投身河南省技术创新事业。构建河南省产学研一体化创新体系，加强高等院校、科研院所与创新型企业多层次、多领域的交流与合作，尽量缩短从科研院所、各类高校的知识创造、技术创新到企业应用的空窗期，加快技术创新成果服务社会的进程。举办更多专利展览会、研讨会、高科技成果交易会等知识信息交流平台，加快科技创新成果推广、转化及应用。

（2）全面提升劳动生产率。重视社会主要劳动力在技术、经营、管理、科技等方面的职业教育，加大对农业转移人口的职业和技术培训力度，提供企业间人才交流平台，营造良好的知识创造环境，制定企业人才创新激励政策，重视知识密集型企业人才培养，扩大行业企业规模，提升全社会劳动生产率。

（3）推动产业结构升级。政府需要制定并出台相关政策，改善本地人力资本培育、外地人才吸引和创新性人才聚集的环境，在政策、税收、资源层面优先支持新能源、数字经济、新材料等新兴产业发展，淘汰低效率、低效益、高污染落后产能，鼓励市场经济主体及时更换落后机械设备，采取先进生产技术，提升原材料利用效率，改造传统产业，在产品生产的同时注重环境保护，延伸农业产业链，提高产品附加值，不断推动产业布局优化和结构升级。

第七章　新型城镇化高质量发展动力因素及空间效应：以长三角地区为例

本章以长三角地区 26 个主要城市为研究对象，基于新型城镇化的内涵构建综合评价指标体系，测度新型城镇化发展质量，分析长三角新型城镇化的时空变化趋势，把握长三角地区新型城镇化的发展现状，探析造成时空变化和差异的深层次原因。高质量发展是长三角地区新型城镇化建设的总体目标，在考虑长三角发展实际的基础上，本章将推动长三角地区新型城镇化高质量发展的动力因素划分为由劳动力、土地、资本和技术表征的基础动力，政府调控表征的关键动力，产业发展表征的持久动力，对外开放表征的加速动力。研究发现，4 种动力均产生显著空间溢出效应，劳动、土地、技术的推动作用明显，政府调控、产业发展、对外开放的动力效果需进一步优化。

第一节　引言与文献综述

为实现城镇化的健康可持续发展，2012 年，党的十八大提出新型城镇化战略，2013 年，中央城镇化工作会议强调推进新型城镇化的关键是解决好人的问题，大力推进农业转移人口市民化，以增进人民福利和社会保障为终极目标。2014 年，国务院印发《国家新型城镇化规划（2014—2020 年）》，进一步指出当前我国的新型城镇化发展要坚持"以人为本"。长三角是我国经济实力最强、城镇规模体系最大、城镇密度最高的地区之一，也是我国新型城镇化发展的领先区域。2016 年，国务院批复《长江三角洲城市群发展规划》，表明以城市群为空间载体探索新型城镇化建设道路受到党和国家的高度重视。2017

年，党的十九大报告指出，继续以城市群为空间形态进行高质量新型城镇化建设，深入优化城市空间格局，实现农业转移人口市民化、义务教育一体化、公共服务均等化、统筹城乡、保护生态环境、加强社会治理（陈明星，2019）。2019年《长江三角洲区域一体化发展规划纲要》的出台，标志着长江三角洲区域一体化发展上升为国家战略，表明长三角发展的示范和带动作用必须紧扣"一体化"和"高质量"，进一步为我国的新型城镇化发展指明方向。目前，长三角城镇化发展依然存在质量和速度不同步、城市资源环境承载力减弱、区域不协调等问题。在国际各大城市群平稳均衡发展的时代背景下，长三角地区如何实现高质量发展？实现高质量发展的动力到底是什么？各动力是如何发挥作用的？城市间的空间作用是否存在？回答这一系列问题成为本章的主要任务。

国外学者对城市化的研究主要体现在城市化的可持续发展及其影响效应等方面，对城市化动力及空间效应方面的研究较少。第一，城市化可持续发展研究。突破城市发展形态、城市规划以及居民生活质量的空间差异问题是实现城市快速可持续发展的关键（Tselis，2019；Lafortezza，2019）。城市的可持续发展与经济社会质量、环境状况、城市资源分配以及居民的贫富差距高度相关，合理的住房政策、友好的社会环境是实现可持续发展的有效途径（Oluwole，2018），增加社区参与度、提升社区建设能力有助于实现可持续城市化（Timothy，2014；Jorge，2018），文化创新作为一种城市政策对城市的可持续发展起重要作用（Sacha，2018）。干旱的气候条件会严重影响城市化进程（Vernon，2017），人力资本水平随地理位置的不同而变化，并对城市化产生影响（Matthias，2018）。过快的城市化速度加剧了城市的不平等现象（Iddisah，2019）。城市发展对城市空间治理结构有重要影响，城市化速度过快会加剧城市空间结构和城市治理规划的不协调（Felix，2017）。城市化和政策差异是影响城市不平衡性发展的主要原因（Samarjit，2015）。第二，城市化的影响效应研究。国外多数学者认为，城市化对生态环境产生破坏作用，且发达国家比新兴国家影响更大（Robi，2019；Genovaitė，2019；Rafaqet，2019；Ruhul，2014；Sajal，2014；Zouhair，2019）。城市土地建设面积的扩张会使地下水位下降，降低水资源质量（Thanh，2018），城市化是生态系统变迁的主要驱动力（Delphin，2016），城市化速度过快会加剧气候变化（Pumo，2017），但人们在进行城市规划建设时往往会忽略气候条件（Dogan，2016）。城市化进程中的自然气候变化会加大洪水风险（Shereif，2018），如瑞士的城市化导致水分蒸发量减少，增加了城市地下水量（Morgane，2018）。迭戈（Diego，2016）研究发现，城市化过程中的区域经济增长会改变地表能量平衡，增加城市降水量；同时，气候条件也会反过来影响城市化质量。

国外学者对城市化动力及空间方面的研究相对较少。西蒙（Simon，2017）通过研究世界各地的大城市和超大城市发现，推动城市发展的动力分为内外两个方面，内部动力主要体现在大城市的极化效应，IT、金融和商业部门是推动城市和特大城市增长的关键"外部"因素，改善运输条件和电信网络也有利于推动超大城市增长。城市化进程受到自然环境的影响（Siewwuttanagul，2016；Kamalesh，2017）。由于统计数据的滞后，城市数据更新速度跟不上城市发展速度，加上评价指标的缺陷，贫困等很多城市问题被低估，基于优质的数据和指标制定出与城市发展相符合的政策，将使城市人口收益增加（Lucci，2018）。

我国的城镇化相对于国外的城市化而言，范围面更加广泛，涵盖了城市区域和城镇区域（城镇和郊区）；且我国的城镇化是基于中国国情而提出的，发展到目前阶段已经具备中国特色。国内学者对新型城镇化的研究主要体现在新型城镇化的内涵与外延、水平测度、影响因素、空间相关性与空间分异等方面。

（1）新型城镇化的内涵与外延研究。大量的农村转移人口未能有序市民化、未能享有平等的基础设施与公共服务（史育龙，2017）、城镇体系布局不合理（吴艳艳，2018）都是城镇化亟待解决的问题。陆大道（2019）认为，新型城镇化是针对传统城镇化发展带来的城市空间布局、城乡发展协调、乡村空心化及"三留"等现实问题而提出的，对中国未来城镇化的路径方向和模式转型具有重要意义。对新型城镇化评价应当以人为核心，突出人本理念，关注人的需求，集健康生活方式、人口素质、全面的公共服务体系、充足稳定的就业岗位于一体（张许颖，2014）。汪丽（2014）从人口、资源、经济、社会、环境、城乡统筹发展六个方面研究新型城镇化，对新型城镇化的效率、质量进行进一步区分，认为城镇化建设效率并不能反映新型城镇化质量，新型城镇化质量应当涵盖城镇化自身发展质量、城镇化发展效率以及城镇化的自身协调程度三个方面（蓝庆新，2017）。

（2）新型城镇化的水平测度。新型城镇化是综合性概念，必须进行多维度考量，具备空间形态、产业发展、要素市场、公共服务以及管理体制等方面的城乡一体化特征（刘嘉汉，2011）。熊湘辉（2018）从人口、经济、基础设施、公共服务、生活质量、资源环境出发，用主成分分析法研究新型城镇化水平。王洋（2012）从人口、经济、社会方面构建指标体系研究县域城镇化水平，得出县域整体城镇化水平呈等级划分，且人口和经济是影响县域城镇化水平的主要因素。王富喜（2009）用均方差权值法从经济、社会、基础设施、生活方式、人居环境方面评价山东省新型城镇化水平，得出不同维度对新型城镇化的作用存在空间分异。郭进等（2016）用非参数估计法测度城镇化水平和工业化发展的相关关系，得出 2005～2012 年城镇化与工业化的正向促进作用显著加大。雷娜等（2017）用因子分析法测度县域城市的城镇化发展水平，总结各个城市的城镇化发展规律，分别对不同县域城市的城镇化发展提供可行性路径。

（3）新型城镇化的影响因素研究。城镇化发展到今天，多数学者一致认为，新型城镇化的影响因素呈多元化演进态势，影响因素随研究区域的不同有所差异。不同于传统城镇化的唯"城镇规模体系论"，城市发展应由单一的经济利益过渡到追求综合效用（樊杰，2019）。从全国层面来看，胡杰（2014）认为，城镇化的驱动因素应当由传统的一元论转变为多元论，其中产业发展、生产生活差距、制度创新占据主导地位。熊湘辉（2015）的研究结果表明，增加基础设施、产业融合及城镇服务水平等方面的资金支持会实现城镇化的高水平和可持续发展。经济发展和社会进步是城镇化发展的内驱力，而自然资源的承载力以及生态系统的完整性则是基础动力（陆大道，2015）。李萍（2012）认为，工业化对助推新型城镇化发展、实现城乡统筹起主导作用，产业空间布局对新型城镇化产生重要影响（张引，2016）。金融支持作为新型城镇化的关键要素应充当源动力，带动劳动力、资本等相关生产要素的空间集聚，使金融服务紧跟新型城镇化建设步伐（陈雨露，2013）。钟阳（2016）指出，本地区新型城镇化发展的动力主要来源于第三产业产值比重、经济发展水平和人均受教育程度，人口的集聚效应及由此带来的消费需求扩张（于斌斌，2019）。产业结构转换、市场资源配置及政府城镇政策（杨新华，2015）都是新型城镇化的影响因素。服务业的发展和城镇功能的有效匹配有助于实现产城融合（谢呈阳，2016）。信息技术的创新进一步改变生产生活方式、实现资源信息共享、打破城乡梯度结构，促进城乡发展一体化（董晓峰，2017）。加强基础设施建设和地方政府管理能力（肖鸿燚，2018）都会助推新型城镇化发展。熊湘辉（2018）从市场、政府、内部、外部角度出发，强调市场对资源配置起决定作用，会有效推动新型城镇化发展，政府动力为居民生活质量提供有效保证，内外部动力有效结合会创造区位优势、优化新型城镇化空间发展格局。孙斌栋（2019）研究得出，人均 GDP、政策干预使城镇规模的分散化趋势日益凸显，现今对外开放是促使中国的城市规模从分散化走向集中化的主要因素。从区域层面来看，汪丽（2014）研究西北五省的新型城镇化，得出城镇化的驱动因素由单一工业化转变为行政力、要素力、经济力的综合。而对城市群的影响因素研究表明，对外开放度、工业化水平、高新技术产业、信息化以及交通是城镇化的主要影响因素（王婧，2011）。其他欠发达山区新型城镇化驱动力分为宏观政策力、中观经济力、微观要素力，但宏观经济力占据主导地位（黄亚平，2012）。政府、社区及个人需加大投入力度和建设成本，提高城市外来流动人口在户籍、公共服务方面的社会融合程度（宁越敏，2019），以城乡融合、产城融合、公共服务均等化作为实现路径，打造出一批生态化、智慧化城市群，用乡村振兴助推新型城镇化高质量发展（方创琳，2018、2019）。

（4）新型城镇化的空间问题研究。叶超（2019）认为，快速扩张的城镇化发展模式引发了太多土地资源错配等空间不公平问题，应当从社会空间、多尺度综合分析等角度进行空间思维的梳理与探索，转型城镇化发展模式、合理进行城市规划与布局。李长亮（2015）用莫兰指数分析各省域新型城镇化水平均存在较强的空间自相关性，且通过固定效应的空间杜宾模型解释经济发展、产业结构、社会保障等影响因素对周边地区的新型城镇化影响大小不同。本地区第三产业发展水平会对周边地区的新型城镇化水平产生负向空间溢出，而经济发展水平会对周边地区的新型城镇化产生正向空间溢出（钟阳，2016）。蓝庆新（2013）、孙叶飞（2016）用空间计量模型得出新型城镇化和产业结构均存在较强的空间正相关，新型城镇化会通过优胜劣汰优化产业结构、提高生产效率，进而促进经济增长，新型城镇化对经济增长的空间效应存在区域分异，消费、投资对中西部地区的新型城镇化起主导作用（赵永平，2014）。此外，新型城镇化和生态环境质量也存在空间相关性，且新型城镇化对生态环境的质量提升起主导作用，会显著改善本地区城市的生态环境，并对周边地区城市的生态环境质量产生正向空间溢出。但受限于行政壁垒及空间距离等因素，周边地区生态环境质量提升并不助推本地区生态环境质量的进步（谢锐，2018）。

综合国内外研究可以发现：第一，现有文献对新型城镇化的研究集中于新型城镇化的水平和效率方面，从质量角度研究新型城镇化的文献较少，高质量发展已成为当今城镇化发展的主题，必须给予新型城镇化质量更多的关注。第二，现有研究更加集中于城镇（市）化对经济增长、生态环境等方面的影响，忽略了新型城镇化的空间效应。第三，现有对新型城镇化影响因素的研究，多集中于传统的以要素投入为主的影响因素，结合动力机制分析的较少。第四，现有研究多集中于省级层面，以城市群为研究对象的更少，结合长三角地区的发展目标探索长三角新型城镇化动力因素的研究几乎没有。

因此，本章的贡献在于：第一，基于新型城镇化的内涵与外延，多维度构建指标体系测算新型城镇化质量，与高质量发展的时代要求结合起来，为如何量化"高质量"进行探索。第二，以长三角地区主要城市为研究对象，结合经典城镇化理论、国外先进经验及长三角发展目标，将推动长三角地区新型城镇化的动力因素归纳为基础动力、关键动力、持久动力、加速动力。第三，将空间效应纳入分析框架，充分考虑了新型城镇化的空间影响及推动新型城镇化发展的动力因素的空间影响，并剖析了空间效应背后的经济学逻辑。

第二节　长三角地区新型城镇化发展现状考察

长三角地区作为我国城镇化建设成果十分显著的地区，其城镇化建设经验对自身今后的发展和全国其他地区的城镇化建设都具有十分重要的指导意义，必须推动长三角地区新型城镇化向高质量方向发展。优化新型城镇化的前提是充分了解各地区新型城镇化的发展现状，分析发展问题，挖掘发展动力。

一、长三角地区概况

长三角地区地处长江下游，江海交汇，涉及上海、江苏、浙江、安徽4个省级行政区。长三角城市群包含了长三角地区的主要城市，其城市数量一直在不断变化①，根据2016年国务院常务会议通过的《长江三角洲城市群发展规划》，长三角城市群由以上海为核心的城市群组成，包含上海、南京、无锡、常州、苏州、南通、盐城、扬州、镇江、泰州、杭州、宁波、嘉兴、湖州、绍兴、金华、舟山、台州、合肥、芜湖、马鞍山、铜陵、安庆、滁州、池州、宣城26个城市。区域内部有上海都市圈、苏锡常都市圈、南京都市圈、合肥都市圈、杭州都市圈、宁波都市圈，城镇体系完善，都市圈相互嵌套对区域内部的经济社会发展产生带动作用。长三角地区包含沿海发展带、沿江发展带、沪杭金发展带、沪宁合杭甬发展带等多条经济发展轴带，也是"一带一路"与长三角经济带的交汇处，经济实力雄厚。长三角地区铁路公路密集、机场众多、港口发达，交通体系完备，大城市间的通达度高，与外界联系便利。绝大多数世界500强企业在长三角地区设立分支机构，二、三产业发达。特殊的地理位置和经济基础促使长三角地区汇集了大量的人才、资本、技术、企业家等发展要素，加上国家的政策支持，长三角地区的新型城镇化建设处于全国领先水平。

二、长三角地区新型城镇化质量测度

（一）新型城镇化质量评价指标体系构建

新型城镇化以人为核心，突出人本理念，关注人的需求，集健康生活方式、人口素质、全面的公共服务体系、充足稳定的就业岗位于一体（张许颖，

---

① 2019年通过的《长江三角洲区域一体化发展规划纲要》规定长三角地区包括上海、江苏、浙江、安徽全域，以上海、南京、无锡、常州、苏州、南通、扬州、镇江、盐城、泰州、杭州、宁波、温州、湖州、嘉兴、绍兴、金华、舟山、台州、合肥、芜湖、马鞍山、铜陵、安庆、滁州、池州、宣城27个城市为中心区，比本章的研究区域多一个温州市。

2014）。为了科学客观地对长三角地区的新型城镇化质量进行评价，首先需要构建全面的评价指标体系。衡量传统城镇化时，往往采用人口城镇化率作为代理指标，人口城镇化率仅能反映城镇人口比重的大小，无法对城镇人口的生活水平、生活环境、城镇的可持续发展进行全面反映。有别于传统城镇化的新型城镇化以人为核心，体现"人"的城镇化，凸显"人"的全面发展和可持续发展要求。本章从新型城镇化的内涵与外延出发，从人口城镇化、经济城镇化、社会城镇化、生态城镇化四个维度构建综合评价指标体系，共 19 个代理指标，如表 7-1 所示。人口城镇化质量提高主要表现为城镇人口比重不断提高，城镇居民的物质生活水平不断改善，人口素质全面提升。城镇人口比重不断提高是城镇人口规模扩大、农村人口向城镇转移的结果，采用人口城镇化率表征城镇人口比重。城镇汇集大量的人口，并不能说明人口具有更好的发展空间，还需要物质收入作为发展基础。采用城镇登记失业率衡量城镇居民的就业状况，就业是保持收入稳定的前提。采用在岗职工平均工资衡量城镇居民的主要收入状况。并非所有的收入都可用于消费和投资，采用城镇居民人均可支配收入，反映城镇居民的实际收入水平。充分就业、工资不断提升、可支配收入持续增加是城镇人口改善生活水平的物质保障。采用每万人高等学校在校生人数表征人口素质，人口素质提升是人口全面发展的重要体现。经济城镇化质量的提升首先表现为经济产出数量的增长，采用人均 GDP 进行"量"的表征。经济高质量发展是当代经济发展的必然趋势，高质量的经济发展方式伴随能源消耗的不断减少，同时受市一级的统计数据限制，采用单位 GDP 电耗表征经济产出与能源消耗的关系。采用二、三产业产值比重衡量城镇产业结构，刻画城镇产业发展水平，采用社会消费品零售总额占 GDP 的比重衡量市场规模，反映社会的消费能力。社会城镇化表现为基础设施、教育、医疗、文化等公共服务的全面优化，分别采用每万人公共汽车数量、人均城市道路面积、人均科教支出、每万人医疗床位数、每万人图书馆藏书册数进行衡量。生态城镇化表现为城市生态环境的改善，包括充足的植被覆盖率、污染物排放的控制和治理。采用建成区绿化覆盖率和人均绿地面积衡量城市绿化水平，采用垃圾无害处理率和固体废弃物综合利用率衡量固体污染物的治理状况，采用污水处理率衡量液态污染物的治理状况。

表 7 - 1 　　　　　　　　　长三角新型城镇化质量综合评价指标体系

维度	一级指标	代理变量	单位	类型
人口城镇化质量	就业状况	城镇登记失业率	%	负向
	收入水平	城镇居民人均可支配收入	元	正向
	人口素质	每万人高等学校在校生人数	人	正向
	城镇人口比重	人口城镇化率	%	正向
	工资水平	在岗职工平均工资	元	正向
经济城镇化质量	经济发展水平	人均 GDP	元	正向
	产业结构	二、三产业产值比重	%	正向
	市场规模	社会消费品零售总额占 GDP 比重	%	正向
	能源消耗	单位 GDP 电耗	千瓦时	负向
社会城镇化质量	交通基础设施水平	每万人公共汽车数量	辆	正向
		人均城市道路面积	平方米	正向
	教育发展水平	人均科教支出	元	正向
	文化发展水平	每万人图书馆藏书量	册	正向
	医疗发展水平	每万人医疗床位数	张	正向
生态城镇化质量	绿化水平	建成区绿化覆盖率	%	正向
		人均绿地面积	平方米	正向
	固体污染物治理	垃圾无害化处理率	%	正向
		固体废弃物综合利用率	%	正向
	液态污染物治理	污水处理率	%	正向

(二) 长三角地区新型城镇化质量测度结果分析

采用熵值法测度得出的长三角地区 2008 ~ 2017 年的新型城镇化发展质量，结果如表 7 - 2 所示。从时间维度看，2008 ~ 2017 年，除南通市、泰州市、绍兴市的新型城镇化质量有所下降外，其他地区的新型城镇化质量均在波动中提高。长三角地区的新型城镇化质量不断提升，均值由 2008 年的 0.2865 提升到 2017 年的 0.3397，增长了 5.32 个百分点，10 年间的增长率约为 18.57%。长三角地区新型城镇化建设成效显著，各地区通过不断调整产业结构、优化基础设施、增强创新能力，在充分发挥自身经济优势、政策优势的基础上，吸引人才、资本集聚，丰裕的要素资源为长三角地区进行新型城镇化建设提供保障。同时，各地区通过便利的交通基础设施联系起来，区域内部通达度高，在国家的倡导下各地区在经济发展、公共服务供给、生态建设等多个领域相互合作，产生显著的正向外部性，取得规模效益。

表 7 – 2 　　　　　　2008 ～ 2017 年长三角地区新型城镇化发展质量

地区	2008 年	2009 年	2010 年	2011 年	2012 年	2013 年	2014 年	2015 年	2016 年	2017 年
上海市	0.6565	0.6464	0.7317	0.7374	0.7236	0.6874	0.6380	0.6710	0.6909	0.7133
南京市	0.5592	0.5117	0.5773	0.5705	0.5911	0.5756	0.5211	0.5331	0.5646	0.5773
无锡市	0.3935	0.3822	0.4865	0.4797	0.4801	0.4565	0.4186	0.4291	0.4352	0.4509
常州市	0.2921	0.2842	0.3575	0.3446	0.3484	0.3456	0.3199	0.3508	0.3424	0.3545
苏州市	0.4263	0.4116	0.5252	0.5203	0.5264	0.5035	0.4686	0.5011	0.5162	0.5140
南通市	0.3558	0.4361	0.2753	0.3167	0.3091	0.3104	0.2941	0.3122	0.3285	0.3237
盐城市	0.1507	0.1510	0.2016	0.1830	0.2151	0.1855	0.1919	0.2372	0.2294	0.2301
扬州市	0.2204	0.2307	0.2963	0.2983	0.2778	0.2668	0.2471	0.2522	0.2764	0.2789
镇江市	0.2552	0.2642	0.3297	0.3228	0.3416	0.3328	0.3100	0.3367	0.3311	0.3203
泰州市	0.2356	0.2039	0.2592	0.2518	0.2769	0.2566	0.1971	0.2017	0.2176	0.2301
江苏省	0.3210	0.3195	0.3676	0.3653	0.3741	0.3593	0.3298	0.3505	0.3602	0.3644
杭州市	0.5113	0.4227	0.4988	0.5037	0.5112	0.5025	0.4849	0.5200	0.5181	0.5240
宁波市	0.3841	0.3514	0.4042	0.4187	0.4253	0.4023	0.3816	0.4197	0.4156	0.4366
嘉兴市	0.3031	0.2869	0.3645	0.3738	0.3883	0.3774	0.3646	0.3848	0.3841	0.4025
湖州市	0.2531	0.2498	0.3041	0.2953	0.3167	0.3192	0.2853	0.3092	0.3269	0.3132
绍兴市	0.3213	0.3045	0.3949	0.3805	0.3936	0.3706	0.2595	0.2959	0.3101	0.3185
金华市	0.2815	0.2724	0.3430	0.3311	0.3451	0.3300	0.3058	0.3173	0.3156	0.3354
舟山市	0.2512	0.2299	0.2758	0.2681	0.2858	0.2753	0.3406	0.3707	0.3720	0.3718
台州市	0.2405	0.2412	0.2937	0.2931	0.3065	0.2976	0.2820	0.3016	0.3180	0.3236
浙江省	0.3183	0.2948	0.3599	0.3580	0.3716	0.3594	0.3380	0.3649	0.3700	0.3782
合肥市	0.3493	0.2897	0.3456	0.3536	0.4201	0.4145	0.3809	0.4298	0.4316	0.3988
芜湖市	0.1978	0.1986	0.2585	0.2686	0.2708	0.2925	0.2605	0.2910	0.2354	0.2727
马鞍山市	0.2343	0.2189	0.2523	0.2623	0.2712	0.2662	0.2234	0.2325	0.2386	0.2540
铜陵市	0.1895	0.1926	0.2619	0.2379	0.2484	0.3041	0.2360	0.2645	0.2574	0.2357
安庆市	0.1092	0.1149	0.1386	0.1534	0.1709	0.1853	0.1796	0.1881	0.1812	0.1862
滁州市	0.0974	0.1058	0.1381	0.1562	0.2174	0.2149	0.2068	0.2168	0.2028	0.1753
池州市	0.0816	0.0890	0.0860	0.0939	0.1160	0.1069	0.1018	0.1437	0.1539	0.1454
宣城市	0.0973	0.1064	0.1057	0.1267	0.1480	0.1211	0.2485	0.1673	0.1604	0.1457
安徽省	0.1696	0.1645	0.1983	0.2066	0.2329	0.2382	0.2297	0.2417	0.2327	0.2267
均值	0.2865	0.2768	0.3271	0.3285	0.3433	0.3347	0.3134	0.3338	0.3367	0.3397

从空间维度看，长三角地区内部发展差距巨大，新型城镇化质量最高的地区为上海市，其新型城镇化质量一直维持在 0.6 以上，而池州市的新型城镇化质量一直较低，维持在 0.1 左右。质量最高的地区是质量最低的地区的 6 倍左右，长三角地区新型城镇化建设的内部协调性有待加强。考虑到上海市与其他地级市存在体量上的巨大差异，从省际和市级两个角度分析长三角地区新型城镇化的空间差异。

首先，分析省际层面的空间差异，将南京市、无锡市、常州市、苏州市、南通市、盐城市、扬州市、镇江市、泰州市平均的新型城镇化质量记为江苏省，将杭州市、宁波市、嘉兴市、湖州市、绍兴市、金华市、舟山市、台州市平均的新型城镇化质量记为浙江省，将合肥市、芜湖市、马鞍山市、铜陵市、安庆市、滁州市、池州市、宣城市平均的新型城镇化质量记为安徽省，如图 7－1 所示。上海市的新型城镇化质量最高，在 0.6 以上；安徽省最低，在 0.2 左右；江苏省和浙江省新型城镇化质量相近，居于中等水平，在 0.3 ~ 0.4；长三角地区新型城镇化质量平均水平在 0.3 左右，低于江苏、浙江，高于安徽。

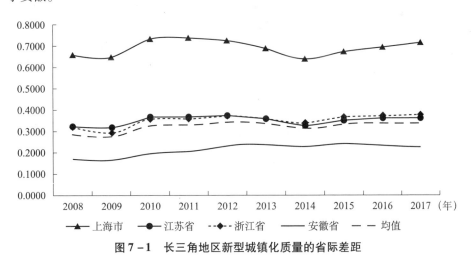

图 7－1　长三角地区新型城镇化质量的省际差距

其次，分析市级层面的空间差异，根据 arcgis 自然断点法将新型城镇化质量分为四个等级，新型城镇化质量在 0.2 以下为低质量，在 0.2 ~ 0.4 为较低质量，在 0.4 ~ 0.6 为较高质量，在 0.6 以上为高质量。新型城镇化质量较低的地区包括合肥市、马鞍山市、扬州市、泰州市、南通市、镇江市、常州市、无锡市、湖州市、嘉兴市、金华市、绍兴市、宁波市、舟山市、台州市 15 个市，主要为江苏省、浙江省的非省会地市。新型城镇化质量较高的地区包括南京市、杭州市、苏州市。市级层面没有新型城镇化质量高的地区。2017 年，新型城镇化质量较高地区明显增加，包括南京市、无锡市、苏州市、嘉兴市、杭州市、宁波市，与 2008 年相比，增加了 1 倍，说明长三角一体化建设取得显著成效，高质量发展特征日益显现。长三角地区新型城镇化质量在空间上形成东高西低、中间高南北低的格局，省会城市发挥重要的带动作用。

第三节　长三角地区新型城镇化高质量发展动力分析

一、高质量发展是长三角地区新型城镇化建设的必然选择

2014 年 4 月，中共中央、国务院印发《国家新型城镇化规划（2014—2020 年）》，对我国新型城镇化建设的发展目标提出明确要求。2016 年 5 月，国务院颁布《长江三角洲城市群发展规划》，将长三角地区的发展目标分为中期目标和远期目标。中期目标在空间格局上强调集约紧凑、疏密有致，在产业体系上追求现代化和高附加值，在创新体系上强调区域协调，在生态格局上强调支撑和保障，在体制机制上强调适应一体化发展。远期目标是将长三角地区打造成具有显著国际竞争力的世界一流城市群。不管是中期目标，还是远期目标，都离不开新型城镇化高质量发展。2018 年 6 月，为推动长三角地区更高质量的发展，印发《长三角地区一体化发展三年行动计划（2018—2020 年）》。2019 年，印发《长江三角洲区域一体化发展规划纲要》，高质量发展是长三角地区新型城镇化建设的必然选择。

二、长三角地区新型城镇化高质量发展动力作用机理分析

高质量发展是长三角地区新型城镇化建设的总体目标，长三角地区的新型

城镇化建设与西方发达国家不尽相同，发展动力也需参考我国国情，本章在充分考虑长三角地区经济社会发展的实际后，将长三角地区新型城镇化高质量发展的动力因素概况为四个方面，即基础动力（要素支撑力）、关键动力（政府调控力）、持久动力（产业发展力）、加速动力（对外开放力）。

（一）长三角地区新型城镇化高质量发展的基础动力——要素支撑力

基础动力即城镇化建设过程中的各种直接要素投入，包括劳动力、土地、资本和技术。城镇基础设施建设、产业发展、商品和服务供给等各个环节都需要消耗大量的劳动力资源，充足的劳动力供给为提升城镇化建设提供劳动力保障。同时，劳动力在区域内部流动，带动其他要素流动，加强区域联系。土地是城镇建设最重要的自然资源，适度的土地投入有利于缓解城镇内部拥挤程度，扩大城镇居民的生活空间，完善城镇内部空间结构，提升城镇化质量。充足的资本是投资、生产的前提，通过乘数效应对城镇产出起着倍数作用。先进的生产技术，提升生产效率，减轻企业生产成本，推动产业升级与结构优化，同时，减少资源消耗，降低环境污染，改善城镇生态环境，更重要的是通过提高社会生产力推动经济社会全面发展。劳动力、土地、资本和技术作为城镇建设的基本要素投入，其对新型城镇化的基础推动作用不言而喻。

（二）长三角地区新型城镇化高质量发展的关键动力——政府调控力

政府可以主导和调控土地资源配置，是长三角地区新型城镇化高质量发展的关键动力。政府对城镇化的动力主要体现在城镇规划、城镇建设、城镇管理三个方面。在城镇规划方面，单个城镇的空间结构和整体的城镇体系都离不开政府的合理规划。政府部门在城镇规划时因地制宜布局商业区、工业区、居住区、文化区等城镇功能区，优化城镇内部空间结构，能够有效缓解城市拥挤、交通堵塞的问题，提高城镇运营效率，改善城镇居民生活环境。在城镇建设方面，政府的推力主要表现为完善城镇基础设施和优化城镇公共服务。我国基础设施最主要的供给主体就是政府，政府完善长三角的基础设施，产生正外部性，缩减企业生产成本，促进产业发展，直接增加地区经济产出。优化公共服务，解决城镇居民的养老、教育、社会保障等问题，促进城镇居民的全面发展。在城镇管理上，构建服务型政府，提升企业办事效率，提升企业经济效益。制定条例、规章等法律约束规范企业行为，保障市场经济健康运行，同时，控制污染物的排放、督促污染物的回收和治理，降低城镇发展的环境成本，改善城镇生态环境。

（三）长三角地区新型城镇化高质量发展的持久动力——产业发展力

产业发展与城镇化相互促进，产业发展力是推动长三角地区新型城镇化高质量发展的持久动力。产业发展表现为产值增加、规模扩大、结构优化，三种细化动力对新型城镇化产生诸多影响。首先，产值增加，收入提高，消费能力增强，进一步拉动生产和投资。企业利润增加，市场竞争力增强，为企业开拓市场、研发技术、创新工艺提供可能。促进政府财政收入增加，用于基础设施建设和公共服务的资金更加充足，加速城镇化建设进程。其次，产业规模扩大，增加就业岗位，吸引劳动力就业，促进城乡要素流动。加强产业联系，产生规模经济，通过信息、技术、知识的正向溢出，增强相关企业的协作水平和合作能力。最后，产业结构优化，推动一、二、三产业融合发展，缩小城乡发展差距，推动制造业向高端发展，提高第三产业比重，推动金融服务业、信息产业、高技术产业的发展，为长三角地区新型城镇化建设提供金融、技术支持。

（四）长三角地区新型城镇化高质量发展的加速动力——对外开放力

对外开放促进地区和国家间的经济交流与合作，为利用区域外部资源创造条件，长三角地区对外贸易发达，对外开放力成为其新型城镇化高质量发展的加速动力。对外开放优化新型城镇化的路径分为"引进来"和"走出去"两类。通过"引进来"，带来大量的国际资本、先进的生产技术、高端研发人才，为城镇化建设补充高端生产要素，为本土公司的经济交流，为学习、模仿、吸收先进技术提供可能。通过"引进来"提升地区创新能力，增加市场资本流动量，通过投资乘数对地区经济产出产生影响，实现帕累托改进，倒逼体制机制改革，减少城镇化建设中的体制机制障碍。通过"走出去"，提高本土企业在世界经济活动中的参与度，融入正在形成的新型国际分工体系，提升企业应对全球化和世界分工的能力，进而提升企业的创新能力和国际竞争力。推动长三角地区的本土企业融入全球价值链，通过自我创新、学习创新、模仿创新更新产品技术和工艺，增强自我研发能力，提升产品附加值，改善我国制造业位于全球价值链中低端的现状，带动产业发展。

第四节　动力因素的空间计量分析

　　长三角地区新型城镇化高质量发展的各种动力在理论层面均可能对新型城镇化起到促进作用。在现实中每种动力是否显著？动力作用有多大？均需要进行实证验证。长三角各地区间经济联系密切，地区间的城镇化建设可能存在空间上的相互影响，在实证分析时必须将空间因素纳入分析框架。而变量具有空间相关性是采用空间模型的前提，在进行空间实证分析前，必须对空间相关性进行分析。

一、动力因素指标选取

　　基础动力（A）即要素支撑力，由劳动力、土地、资本和技术四种要素组成。劳动力（labo）有城乡劳动力之分，并非所有劳动力都对新型城镇化具有促进作用，在城镇工作的劳动力对城镇化的优化作用更为直接、显著，而二、三产业吸纳的劳动力几乎囊括了所有在城镇工作的劳动力，选取二、三产业从业人员比重表征劳动力投入。土地（land）即城镇化建设中的土地投入，采用城市建设用地占比表示。资本（capi），城镇化建设中资本来源多、供给主体复杂，难以直接衡量，固定资本投资在城镇建设资本中所占比重较大，且数据易于获取，选取人均固定资本投资代理资本投入。技术（tech），先进的技术对新型城镇化的优化作用明显，专利发明是技术投入的表现形式，采用国内三项专利授权量表征技术投入。关键动力（B）即政府调控力（gove），政府调控新型城镇化主要通过财政收支配置资源，采用政府财政支出占 GDP 的比重表征政府调控力。持久动力（C）即产业发展力（indu），长三角地区以二、三产业为主，第三产业日益成为产业结构的主导力量，采用三产与二产的产值比表征产业发展。加速动力（D）即对外开放力（open），外商投资带来大量的资本、技术、人才，采用实际利用外资额表征对外开放力更加综合。此外，为方便模型构建，将新型城镇化（urba）的代理指标一并列出，新型城镇化采用前述测度出的综合质量表示，如表 7-3 所示。

表 7 – 3　　　　　　　　　新型城镇化动力因素指标

目标层	解释	一级指标	英文缩写	代理指标
基础动力（A）	要素支撑力	劳动	*labo*	二、三产业从业人员比重
		土地	*land*	城市建设用地占比
		资本	*capi*	人均固定资本投资
		技术	*tech*	国内三项专利授权量
关键动力（B）	政府调控力	政府调控	*gove*	财政支出占 GDP 的比重
持久动力（C）	产业发展力	产业发展	*indu*	三与二产的产值比
加速动力（D）	对外开放力	对外开放	*open*	实际利用外资额
因变量（Y）	新型城镇化	新型城镇化	*urba*	新型城镇化质量

二、动力因素的空间自相关分析

为了符合空间模型的要求，先对被解释变量和解释变量进行空间相关性分析，验证空间自相关的存在性。莫兰指数（Moran's I）法是常用的测算空间相关性的方法，本章采用全局莫兰指数测算长三角地区各变量平均的空间相关性，采用局域莫兰指数计算局部的空间自相关性。

（一）全局空间自相关分析

全局莫兰指数用以反映某个变量在研究区域内整体的空间关联模式，空间相关性存在正向、负向、随机 3 种情况。出现正向空间相关性时，Moran's I 值位于 0 ~ 1，说明该变量在地区之间存在正向的空间影响，地区之间相互促进，体现空间依赖性；出现负向空间相关性时，Moran's I 值位于 -1 ~ 0，说明该变量在地区之间存在负向的空间影响，极化效应明显，体现空间异质性；当 Moran's I 值为 0 时，空间相关性不存在，变量在空间上体现随机分布的特征。全局莫兰指数的计算公式如下：

$$I = \frac{n \sum_{i=1}^{n} \sum_{j=1}^{n} W_{ij}(x_i - \bar{x})(x_j - \bar{x})}{\sum_{i=1}^{n} \sum_{j=1}^{n} W_{ij} \sum_{i=1}^{n} (x_i - \bar{x})^2} = \frac{\sum_{i=1}^{n} \sum_{j=1}^{n} W_{ij}(x_i - \bar{x})(x_j - \bar{x})}{S^2 \sum_{i=1}^{n} \sum_{j=1}^{n} W_{ij}} \quad (7-1)$$

其中，I 值为全局莫兰指数值，x 表示变量，$\bar{x}$ 表示变量均值，i、j 表示地区，n 表示地区个数，$S^2 = \frac{1}{n} \sum_{i=1}^{n} (x_i - \bar{x})^2$，$W_{ij}$ 为空间权重矩阵。常见的空间权重矩

阵有 4 种形式：（1）地理邻近权重矩阵，其构造规则是两个地区有共同的边或顶点，则其空间权重系数为 1，否则为 0。（2）地理距离权重矩阵，其构造规则是两个地区的空间权重系数为两地距离的倒数，本章将市政府所在地视为代表该地区的点。（3）经济距离权重矩阵，其构造规则是两个地区的空间权重系数为两地人均 GDP 差值的绝对值的倒数，本章采用的人均 GDP 是每个地区 2008～2017 年的年均人均 GDP。（4）地理经济权重矩阵，用地理距离权重矩阵乘以经济距离权重矩阵得到。

　　考虑到变量较多，若将每个变量都用不同的空间权重矩阵测算空间相关性，需占用大量篇幅，且空间相关性只是对空间效应的粗略探索，因此，我们选取一个结果最显著的权重矩阵进行空间相关性分析。对比四个空间权重矩阵的结果，选取经济距离空间权重矩阵的结果进行展示。由于土地、固定资本的流动性较差，仅对新型城镇化、劳动、技术、政府调控、产业发展、对外开放 6 个变量进行空间自相关分析。为了检测 Moran's I 结果的随机性，根据 Z 值判断显著性，Z 值的计算公式如下：

$$Z = \frac{Moran's\ I - E\ (I)}{\sqrt{VAR\ (I)}} \tag{7-2}$$

其中，$VAR\ (I)$ 为方差，$E(I) = -\dfrac{1}{(n-1)}$，n 为研究区域个数。基于经济距离空间权重矩阵测算的 6 个变量在 2008～2017 年的全局莫兰指数，如表 7-4 所示。

　　由表 7-4 可得，新型城镇化存在显著的正向空间相关性，2008～2017 年新型城镇化全局莫兰指数在 0.25～0.34 之间，且均通过 1% 的显著性水平检验，说明长三角地区的新型城镇化在空间上存在正向溢出作用，地区间的经济联系越密切，空间溢出作用力越强。原因在于地区之间通过经济交流，推动分工合作、要素流动、信息交流，促使长三角一体化程度不断提高，长三角地区日益形成一个联系紧密的有机整体。各动力因素中，劳动、技术、政府调控、对外开放均存在显著的正向空间相关性，且均通过 5% 以上的显著性水平检验，说明这些动力因素同样存在空间上的相互影响。产业发展在 2008～2015 年并未出现显著的空间相关性，2016 年以后其空间相关性显著增强，达到 0.23 以上，且通过 1% 的显著水平检验，说明长三角地区的产业融合度不断提升，产业发展在不同地区间的极化效应在逐渐减弱，日益呈现出空间溢出的格局。

表 7 - 4　　　　　　　　　　2008 ～ 2017 年各变量的全局莫兰指数

变量	年份	I	Z	P 值	变量	年份	I	Z	P 值
urba	2008	0.327***	3.529	0.000	indu	2008	0.122	1.544	0.123
	2009	0.327***	3.524	0.000		2009	0.110	1.433	0.152
	2010	0.310***	3.420	0.001		2010	0.076	1.112	0.266
	2011	0.328***	3.566	0.000		2011	0.054	0.902	0.367
	2012	0.340***	3.683	0.000		2012	0.095	1.294	0.196
	2013	0.279***	3.114	0.002		2013	0.103	1.375	0.169
	2014	0.250***	2.846	0.004		2014	0.107	1.412	0.158
	2015	0.277***	3.031	0.002		2015	0.102	1.372	0.170
	2016	0.290***	3.152	0.002		2016	0.236***	2.694	0.007
	2017	0.309***	3.345	0.001		2017	0.233***	2.663	0.008
labo	2008	0.215**	2.502	0.012	gove	2008	0.231***	2.572	0.010
	2009	0.176**	2.128	0.033		2009	0.275***	3.005	0.003
	2010	0.184**	2.202	0.028		2010	0.351***	3.716	0.000
	2011	0.188**	2.233	0.026		2011	0.280***	3.062	0.002
	2012	0.252***	2.829	0.005		2012	0.286***	3.095	0.002
	2013	0.230***	2.614	0.009		2013	0.363***	3.824	0.000
	2014	0.240***	2.729	0.006		2014	0.342***	3.629	0.000
	2015	0.245***	2.786	0.005		2015	0.333***	3.547	0.000
	2016	0.357***	3.767	0.000		2016	0.259***	2.830	0.005
	2017	0.335***	3.573	0.000		2017	0.301***	3.234	0.001
tech	2008	0.278***	3.028	0.002	open	2008	0.439***	4.538	0.000
	2009	0.360***	3.807	0.000		2009	0.408***	4.248	0.000
	2010	0.390***	4.091	0.000		2010	0.353***	3.730	0.000
	2011	0.432***	4.470	0.000		2011	0.331***	3.526	0.000
	2012	0.420***	4.379	0.000		2012	0.296***	3.189	0.001
	2013	0.437***	4.527	0.000		2013	0.306***	3.296	0.001
	2014	0.440***	4.560	0.000		2014	0.228**	2.555	0.011
	2015	0.469***	4.831	0.000		2015	0.225**	2.531	0.011
	2016	0.499***	5.100	0.000		2016	0.180**	2.111	0.035
	2017	0.508***	5.219	0.000		2017	0.213**	2.416	0.016

注：*、**、***分别代表10%、5%、1%的显著性水平。

　　各动力因素的莫兰指数变化趋势有所差别，如图 7 - 2 所示。劳动、技术的空间相关性不断提高，显著性不断增强，说明长三角地区阻碍要素流动的壁垒日益减少，要素在各地区间的流动性不断增强。政府调控的空间相关性相对稳定，原因在于政府总是采取审慎的政策调控经济活动，且都受中央政府统一领导，地方政府间的异质行为较少。对外开放的空间相关性不断下降，原因在于长三角地区的对外开放结构、水平在不断调整，地区间调整速度的差异产生异质性。

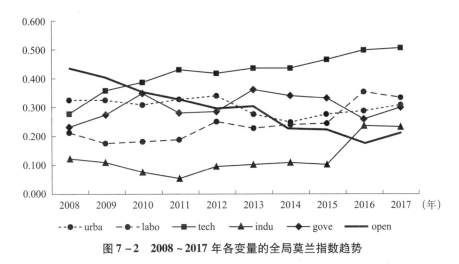

图 7 - 2　2008～2017 年各变量的全局莫兰指数趋势

（二）局域空间自相关分析

局部的异质性可能被整体的共性所掩盖，采用局部莫兰指数测算空间异质性。在研究区域多、时间长、变量复杂的前提下，直接展示局部莫兰指数并不直观，因此，采用莫兰散点图进行反映，并结合空间地图进行展示。局域莫兰指数的计算公式如下：

$$I_i = \frac{(x_i - \bar{x})}{S^2} \sum_{j=1}^{n} W_{ij} (x_j - \bar{x}) \qquad (7-3)$$

其中，I_i 表示变量 x 在第 i 个地区的局部 Moran's I 指数，S^2，$\bar{x}$，W_{ij} 的含义同式（7 - 1），仍然采用经济距离空间权重矩阵计算局域莫兰指数。莫兰散点图根据局域莫兰指数制作，分为 4 个象限，其中，一、三象限体现正向空间相关性，分别代表高高集聚、低低集聚；二、四象限体现负向空间相关性，分别代表低高集聚、高低集聚。同样基于篇幅考虑，仅展示新型城镇化 2008 年、2017 年的局域莫兰散点图，如图 7 - 3 所示。

2008 年，新型城镇化质量位于第一象限的地区包括无锡、南京、常州、

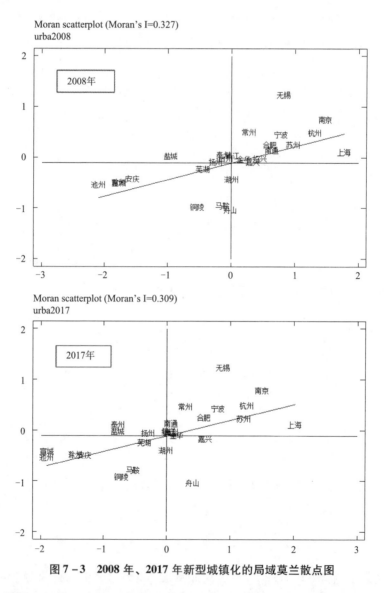

图7-3 2008年、2017年新型城镇化的局域莫兰散点图

宁波、杭州、上海、合肥、苏州、南通、台州、泰州，基本与上海都市圈、苏锡常都市圈、南京都市圈、合肥都市圈、杭州都市圈、宁波都市圈相吻合，大都市圈建设显著提升新型城镇化质量。安徽省仅有省会合肥市进入高高集聚行列，说明安徽省的各地市与长三角其他地市存在较大发展差距，地市间的经济联系不够密切，合肥市汇集全省资源进行新型城镇化建设，却未实现较强的辐射带动作用。位于第二象限的地区包括镇江、盐城，镇江邻近南京，与南京、

常州等发达地区区域互动较多，虽出现负的莫兰指数，但几乎接近于 0，低高集聚格局并不显著。盐城市属于苏北地市，其经济发展水平与扬州市、南通市有一定差距，与扬州、南通形成低高集聚。位于第三象限的地区包括池州、滁州、宣城、安庆、芜湖、铜陵、马鞍山、扬州、舟山，除扬州、舟山外其他地市均属于安徽省，池州等地市形成低低集聚的原因主要在于经济发展水平差异，扬州、舟山的莫兰指数接近于 0，说明其低值现象并不显著。位于第四象限的地区包括嘉兴、湖州、金华、绍兴，全部属于浙江省，由于这些地市之间的发展差距较小，负向空间相关性并不显著。2017 年，高高集聚区缩小，绍兴、台州、泰州并入第二象限，说明台州、泰州、绍兴的新型城镇化质量相对较低，其发展速度低于周边地区。湖州进入低低集聚区，与宣城构成低低集聚，原因在于湖州受杭州的虹吸作用较强，但湖州的发展水平高于宣城，正向空间相关性并不显著。高低集聚区缩小，2008～2017 年，舟山市新型城镇化质量显著提升，这与舟山港综合保税区建设密切相关。

劳动、技术、政府调控、产业发展、对外开放的局域空间相关性采用 GIS 地图进行展示，仅展示 2017 年的情况，如图 7-4 所示。劳动、技术、产业发展、对外开放的局域空间相关性有较高的相似度，高高集聚区主要集中在上海和江苏、浙江的地市，安徽省只有合肥市进入高高集聚行列，进一步说明安徽省的地市与其他地市存在发展差距。合肥市、芜湖市、马鞍山市在产业发展、对外开放方面比安徽省其他地市发展较好，合肥市水平最高，芜湖市、马鞍山市与周边地市形成高低集聚。湖州的劳动投入、技术投入高于宣城市，与宣城市形成高低集聚，其对外开放程度低于绍兴市，与绍兴形成低高集聚。湖州市的发展水平高于宣城而低于其他浙江地市的原因在于，湖州市更加靠近内陆，受地形影响，交通通达度相对较低，在与浙江发达地区经济互动的同时，受到自身发展条件的限制。盐城、南通、泰州在产业发展上与苏南地市存在差距，第二、第三产业对劳动力的吸纳能力较低，导致劳动力对新型城镇化的优化作用较差。政府调控的空间相关性与其他动力差别较大，高高集聚区主要出现在安徽省，原因在于安徽省的经济产出相对较低，而政府供给公共物品必须消耗大量财政收入，政府财政支出占 GDP 比重较高，说明地方政府对经济干预力度较大，可能存在财政资源配置效率低下的问题。高低集聚区包括盐城、上海、宁波、金华，这些地区政府调控力度较强、效果显著，新型城镇化质量较

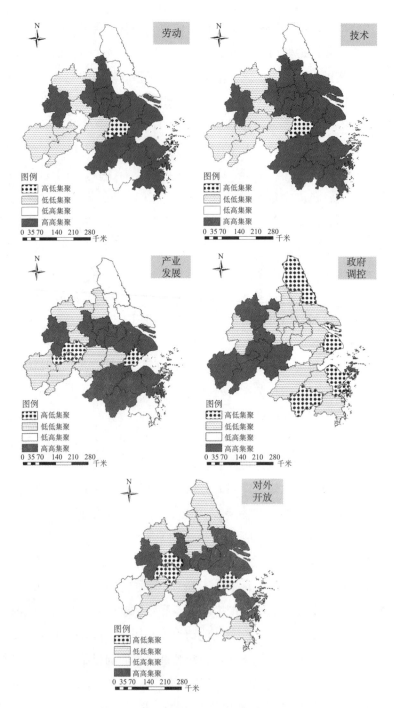

图 7 – 4　主要动力因素的局域空间相关性

高。湖州与宣城形成低高集聚，原因在于湖州的民营企业更多，市场经济发展更完善，政府干预度低于宣城。剩下区域为低低集聚区，也是新城镇化质量高的地区，政府调控相对较少，说明政府在新型城镇化建设中必须合理调控，坚持市场在资源配置中的主导作用，减少财政资源的浪费。在科学把握政府调控的"量"的基础上，提升政府调控的"质"也十分重要。

三、模型构建

各动力因素对新型城镇化作用的显著性、大小都必须通过构建模型进行实证检验，经典多元回归模型是常用的描述变量因果关系的模型，但未考虑空间因素。因此，在模型构建时从基准模型向空间模型过渡。为了消除异方差，对所有变量进行对数化处理。为了检验各动力因素与新型城镇化的关系，绘制各动力因素与新型城镇化的散点图，如图 7 - 5 所示，发现各变量与新型城镇化大致呈线性关系。新型城镇化的基准模型如下：

$$
\begin{aligned}
\ln urba_{it} = &\alpha_0 + \alpha_1 \ln labo_{it} + \alpha_2 \ln capi_{it} + \alpha_3 \ln land_{it} \\
&+ \alpha_4 \ln tech_{it} + \alpha_5 \ln gove_{it} + \alpha_6 \ln indu_{it} \\
&+ \alpha_7 \ln open_{it} + \varepsilon_{it}
\end{aligned} \tag{7-4}
$$

其中，i 表示地区下标，t 表示时间下标，$urba$ 表示新型城镇化，$labo$ 表示劳动，$capi$ 表示资本，$land$ 表示土地，$tech$ 表示技术，$gove$ 表示政府调控，$indu$ 表示产业发展，$open$ 表示对外开放，ε 表示误差项。基于前述的空间相关性分析，发现新型城镇化及其主要动力因素均存在显著的空间相关性，必须将空间效应纳入分析框架。常见的空间模型包括空间滞后模型（SLM）、空间误差模型（SEM）、空间杜宾模型（SDM），其基本形式分别如下：

$$
Y = \lambda WY + \varepsilon \tag{7-5}
$$

$$
Y = \beta X + u, \ u = \rho M u + \varepsilon \tag{7-6}
$$

$$
Y = \lambda WY + \beta X + WX + \varepsilon \tag{7-7}
$$

其中，W、M 分别代表空间权重矩阵。三个常见的空间模型中，只有空间杜宾模型（SDM）同时考虑了自变量和因变量的空间效应，因此，选用 SDM 模型进行空间分析。纳入空间权重矩阵的新型城镇化动力因素模型如下：

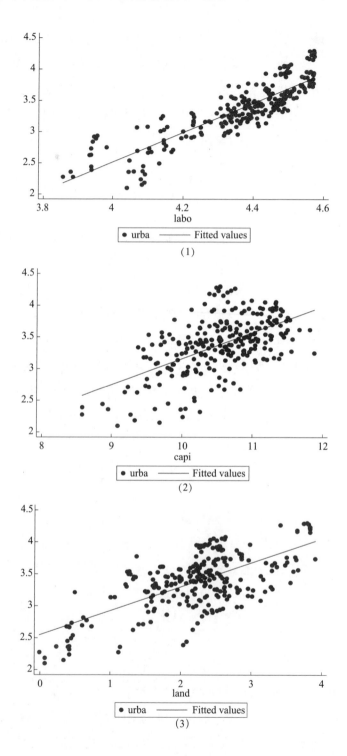

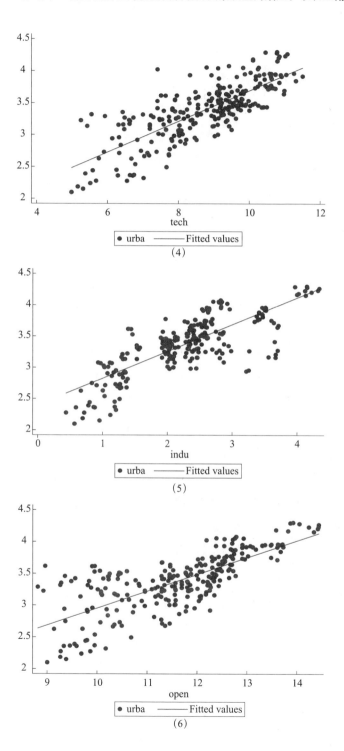

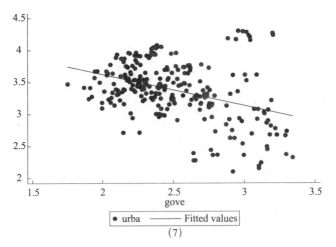

(7)

图7-5　各动力因素与新型城镇化的散点图

$$\ln urba_{it} = \rho W \ln urba_{it} + \beta_1 \ln labo_{it} + \beta_2 \ln capi_{it} + \beta_3 \ln land_{it} + \beta_4 \ln tech_{it}$$
$$+ \beta_5 \ln gove_{it} + \beta_6 \ln indu_{it} + \beta_7 \ln open_{it} + \delta_1 W \ln labo_{it} + \delta_2 W \ln capi_{it}$$
$$+ \delta_3 W \ln land_{it} + \delta_4 W \ln tech_{it} + \delta_5 W \ln gove_{it} + \delta_6 W \ln indu_{it}$$
$$+ \delta_7 W \ln open_{it} + \varepsilon_{it}$$

$$(7-8)$$

其中，W 为空间权重矩阵，$W \ln urba_{it}$、$W \ln labo_{it}$、$W \ln capi_{it}$、$W \ln land_{it}$、$W \ln tech_{it}$、$W \ln gove_{it}$、$W \ln indu_{it}$、$W \ln open_{it}$ 分别表示相应指标的空间滞后项。空间权重的构造方法如前所述，为了结果的准确性，将4种空间权重都代入模型进行回归。SDM 模型中各变量的系数同时包含了本地效应和空间反馈效应，若直接进行本地效应和溢出效应分析，结果不准确，借鉴乐圣和佩斯（LeSage & Pace，2009）的偏微分法进行效应分解：

$$y_{it} = (I_n - \rho W)^{-1} \alpha l_n + (I_n - \rho W)^{-1} \lambda + (I_n - \rho W)^{-1} \cdot$$
$$(X_{it}\beta + WX_{it}\delta) + (I_n - \rho W)^{-1} \varepsilon_{it}$$

$$(7-9)$$

整理可得：

$$y_{it} = \sum_{i=1}^{n} S_i (W) X_{it} + V (W) l_n \alpha + V (W) \varepsilon_{it}$$

$$(7-10)$$

其中，$S_i (W) = V (W) (I_n \beta + W \delta_{it})$，$V (W) = (I_n - \rho W)^{-1}$，$I_n$ 是单位阵，改为矩阵形式：

$$\begin{bmatrix} y_1 \\ \vdots \\ y_n \end{bmatrix} = \sum_{i=1}^{n} \begin{bmatrix} S_i(W)_{11} & \cdots & S_i(W)_{1n} \\ \vdots & \ddots & \vdots \\ S_i(W)_{n1} & \cdots & S_i(W)_{nn} \end{bmatrix} \begin{bmatrix} X_{1i} \\ \vdots \\ X_{ni} \end{bmatrix} + V(W)\varepsilon_{it} \qquad (7-11)$$

总效应表示各因变量对研究区域的平均效应，等于 $\dfrac{\sum_{i=1}^{n} S_i(W)}{n}$，直接效应即解释变量对自身的平均影响，为 $S_i(W)$ 对角元素 $S_i(W)_{nn}$ 的均值，间接效应即解释变量的平均空间溢出效应，为 $S_i(W)$ 中非对角元素的均值。

四、数据来源及检验

（一）数据来源

遵循数据可获得性、科学性、及时性的原则，以及面板数据的时间跨度要求，本章选取 2008~2017 年长三角 26 个地区的面板数据，数据来源包括《中国城市统计年鉴》（2009~2018）、《上海统计年鉴》（2009~2018）、《浙江统计年鉴》（2009~2018）、《江苏统计年鉴》（2009~2018），以及各地市统计年鉴。此外，2008 年国务院印发《国务院关于进一步推进长江三角洲地区改革开放和经济社会发展的指导意见》，对长三角的改革开放和经济社会发展提出进一步的指导意见，这是选取 2008 年为时间节点的重要原因。

（二）数据检验

1. 单位根检验

为了避免"伪回归"，分别采用 LLC、Fisher – ADF 方法进行同质、异质单位根检验，结果如表 7 – 5 所示。检验结果显示，取对数后的各变量是平稳的。

表 7 – 5　　　　　　　　　　原始数据单位根检验

变量	LLC 检验		Fisher—ADF 检验	
	t 统计量	P 值	P 统计量	P 值
ln*urba*	– 7.1678	0.000	242.6751	0.000
ln*labo*	– 13.4542	0.000	119.1037	0.000
ln*capi*	– 5.1231	0.000	124.5898	0.000

续表

变量	LLC 检验		Fisher—ADF 检验	
	t 统计量	P 值	P 统计量	P 值
ln*land*	− 6. 8065	0. 000	136. 6583	0. 000
ln*tech*	− 11. 7583	0. 000	170. 0242	0. 000
ln*gove*	− 7. 5431	0. 000	120. 8376	0. 000
ln*indu*	− 4. 8911	0. 000	159. 1002	0. 000
ln*open*	− 4. 7518	0. 000	144. 3807	0. 000

2. 多重共线性检验

通过计算各动力因素的相关系数和方差膨胀因子（VIF），发现相关系数小于 0.8，VIF 小于 5，说明各动力因素不存在多重共线性，如表 7 - 6、表 7 - 7 所示。

表 7 - 6   变量相关系数

变量	ln*labo*	ln*capi*	ln*land*	ln*tech*	ln*gove*	ln*indu*	ln*open*
ln*labo*	1	0. 6104	0. 5115	0. 7296	− 0. 5239	0. 7803	0. 6648
ln*capi*	0. 6104	1	0. 3675	0. 5464	− 0. 052	0. 5368	0. 4773
ln*land*	0. 5115	0. 3675	1	0. 449	− 0. 2758	0. 6849	0. 5417
ln*tech*	0. 7296	0. 5464	0. 449	1	− 0. 324	0. 6123	0. 7699
ln*gove*	− 0. 5239	− 0. 052	− 0. 2758	− 0. 324	1	− 0. 3703	− 0. 2941
ln*indu*	0. 7803	0. 5368	0. 6849	0. 6123	− 0. 3703	1	0. 6721
ln*open*	0. 6648	0. 4773	0. 5417	0. 7699	− 0. 2941	0. 6721	1

表 7 - 7   方差膨胀因子

变量	VIF	1/VIF
ln*labo*	4. 85	0. 206301
ln*capi*	3. 78	0. 264386
ln*land*	3. 22	0. 310938
ln*tech*	2. 99	0. 334492
ln*gove*	1. 96	0. 509893
ln*indu*	1. 96	0. 510246
ln*open*	1. 65	0. 606183
Mean VIF	2. 92	

五、实证结果分析

　　基于 2008～2017 年长三角 26 个地区的面板数据，对普通模型（7-4）和空间模型（7-8）进行回归。为了进一步验证空间模型更加适用，在普通模型回归的基础上，采用拉格朗日乘数检验（LM 检验和 R-LM 检验）对模型的空间依赖性进行诊断。由于空间权重矩阵较多，仅选取邻近权重矩阵进行空间依赖性检验，结果如表 7-8 所示。LM 空间误差检验、稳健的 LM 空间误差检验均在 1% 的显著水平拒绝不存在空间依赖性的原假设，LM 空间滞后检验在 5% 的显著水平拒绝不存在空间依赖性的原假设，进一步说明了采用空间模型进行回归的必要性。

表 7-8　　　　　　　　　　　　　　空间效应的进一步诊断

项目	统计量	P 值
LM 空间误差检验	67.481 ***	0.000
LM 空间滞后检验	3.998 **	0.046
R-LM 空间误差检验	65.045 ***	0.000
R-LM 空间滞后检验	1.561	0.211

注：*、**、*** 分别代表 10%、5%、1% 的显著性水平。

　　普通 OLS 模型和 SDM 模型的回归结果如表 7-9 所示。OLS 模型（模型 1）的回归结果显示，劳动（labo）、土地（land）、技术（tech）3 种要素均在 1% 的显著水平对新型城镇化产生正向促进作用，实证验证要素支撑力是新型城镇化不可或缺的基础动力。资本（capi）投入在 10% 的显著水平对新型城镇化产生负向的阻碍作用，这与理论分析相悖，资本作为城镇化建设的重要投入要素，却产生阻碍作用的原因在于，经典回归模型忽略了资本的流动性，资本只有在流动中才能创造更多的价值，资本在一个地区沉积可能造成资源浪费。政府调控（gove）、对外开放（open）显著推动新型城镇化。产业发展（indu）的推动作用不显著，可能的原因是长三角地区二产占比仍然较高，而工业对城镇化质量的促进作用已经十分有限。为了更好地反映地区间的空间影响，分别将邻近权重矩阵（模型 2）、地理距离权重矩阵（模型 3）、经济距离权重矩阵（模型 4）、经济地理权重矩阵（模型 5）代入空间杜宾模型（SDM）进行回归。表 7 - 9 展示的是随机效应的结果，发现基于 4 个权重矩阵的 SDM 模型具有相近的拟合优度（R^2）、AIC、BIC，且在本地效应上各动力因素具有相近的显著性，但基于经济地理权重矩阵的 SDM 模型（模型 5）对溢出效应有更好的刻画。同时，经济地理空间权重矩阵同时考虑了地区间的经济联系和地理距离的影响，更能反映城镇化建设过程中的空间交互影响。因此，本章选取模型 5 进行实证分析。

表 7 - 9　　　　　　　　　　　　　模型回归结果

解释变量	OLS 模型		SDM 模型			
	模型 1		邻近权重矩阵		地理距离权重矩阵	
			模型 2		模型 3	
	系数	t 值	系数	z 值	系数	z 值
ln*labo*	1.593 ***	11.72	0.854 ***	4.67	0.720 ***	4.22
ln*capi*	- 0.042 *	- 1.82	0.106 **	2.37	0.103 **	2.35
ln*land*	0.135 ***	7.48	0.095 ***	3.84	0.085 ***	3.42
ln*tech*	0.069 ***	5.51	0.051 ***	2.74	0.071 ***	3.84
ln*gove*	0.128 ***	3.43	0.093	1.42	0.074	1.15
ln*indu*	0.021	0.87	0.048	1.14	0.056	1.40
ln*open*	0.029 **	2.08	0.074 ***	4.08	0.079 ***	4.61
常数项	- 4.739 ***	- 8.93	- 3.198 **	- 2.29	- 4.882	- 1.55
*W*ln*labo*			0.188	0.61	0.735	0.89
*W*ln*capi*			- 0.130 **	- 2.19	- 0.109	- 1.13
*W*ln*land*			0.139 **	2.57	0.260 *	1.92
*W*ln*tech*			- 0.005	- 0.19	- 0.046	- 0.67
*W*ln*gove*			- 0.040	- 0.34	- 0.011	- 0.04
*W*ln*indu*			0.092	1.06	0.084	0.38
*W*ln*open*			- 0.042	- 1.27	- 0.128	- 1.58
ρ			0.161 **	2.10	0.321 **	2.35
σ^2			0.009 ***	10.71	0.009 ***	10.69
obs	260		260		260	
R^2	0.865		0.863		0.853	
AIC	- 194.26		- 357.11		- 368.26	
BIC	- 165.78		- 293.02		- 304.16	

续表

解释变量	SDM 模型			
	经济距离权重矩阵		经济地理权重矩阵	
	模型 4		模型 5	
	系数	z 值	系数	z 值
ln*labo*	0. 853 ***	4. 96	0. 764 ***	4. 57
ln*capi*	0. 053	1. 20	0. 108 ***	2. 59
ln*land*	0. 093 ***	3. 68	0. 082 ***	3. 29
ln*tech*	0. 053 ***	2. 71	0. 077 ***	4. 32
ln*gove*	0. 070	0. 96	0. 025	0. 39
ln*indu*	0. 054	1. 37	0. 030	0. 73
ln*open*	0. 047 ***	2. 74	0. 070 ***	4. 21
常数项	− 2. 428	− 1. 22	− 7. 892 *	− 1. 80
W ln*labo*	− 0. 209	− 0. 43	2. 379 *	1. 85
W ln*capi*	− 0. 047	− 0. 73	− 0. 027	− 0. 22
W ln*land*	0. 085	1. 17	0. 265	1. 43
W ln*tech*	− 0. 057	− 1. 74	0. 159	1. 35
W ln*gove*	0. 024	0. 18	− 1. 202 **	− 2. 28
W ln*indu*	0. 094	0. 88	− 0. 739 **	− 2. 10
W ln*open*	0. 035	0. 95	− 0. 275 **	− 2. 35
ρ	0. 318 ***	3. 58	0. 248 ***	3. 45
σ^2	0. 009 ***	10. 49	0. 009 ***	10. 71
obs	260		260	
R^2	0. 865		0. 853	
AIC	− 362. 07		− 370. 90	
BIC	− 297. 97		− 306. 81	

注：*、**、*** 分别代表 10%、5%、1% 的显著性水平。

　　由于空间滞后模型（SLM）、空间误差模型（SEM）是 SDM 模型的特殊形式，为了进一步确定 SDM 模型的最优性，采用 Wald、LR 空间滞后检验检验 SDM 模型能否简化为 SLM 模型，采用 Wald、LR 空间误差检验检验 SDM 模型能否简化为 SEM 模型，检验结果均表明 SDM 不能简化为 SLM 和 SEM，如

表 7 -10所示。此外，SDM 模型同样存在随机效应和固定效应之分，依据霍斯曼检验的结果，接受使用随机效应的原假设。因此，SDM 随机效应模型是最适合分析长三角地区新型城镇化动力因素及其空间效应的实证模型。

表 7 -10   选择最优模型的几种检验

检验类型	统计量	P 值
Wald 空间滞后检验	27.19 ***	0.0003
Wald 空间误差检验	13.09 *	0.0700
LR 空间滞后检验	28.54 ***	0.0002
LR 空间误差检验	16.40 **	0.0217
霍斯曼检验	8.62	0.2812

注：*、**、***分别代表10%、5%、1%的显著性水平。

模型 2 ~模型 5 的回归结果中，新型城镇化的空间滞后项系数 ρ 依次为 0.161、0.321、0.318、0.248，且前两者通过 5% 的显著性水平检验，后两者通过 1% 的显著性水平检验，说明新型城镇化具有显著的正向空间溢出效应，进一步说明各地区的新型城镇化存在空间上的相互影响。长三角地区新型城镇化存在显著的正向空间溢出效应的原因在于：首先，长三角地区交通发达。高速铁路、高速公路、航空运输、长江水道将绝大多数城市串联起来，形成立体化的交通网络，城市间的交通通达度高，尤其是上海与浙江、江苏的大多数城市基本形成 1 小时经济圈。便捷的交通运输条件缩短了地区之间的距离，为地区间的经济联系、要素流动提供条件。其次，长三角地区经济联系密切。城市间并不谋求孤立的发展，而是追求分工与协作。例如，上海市不断提高对外开放度，大力发展外贸业，江苏、浙江的城市则负责外贸产品制造，苏北地区提供城市生活所需的农产品，安徽供给大量的劳动力资源。城市间的分工合作加强地区间的经济联系，不断提高长三角一体化程度。再次，长三角地区政府合作频繁。新型城镇化建设以政府为主导，地方政府间的交流合作有效减少地区间要素流动的体制机制障碍，提升市场配置资源的效率，加强区域内部的要素流动，同时，传播成功的新型城镇化建设经验，提升政府对新型城镇化的调控能力。政府在基础设施建设、生态环境治理等领域的合作，对整个区域的新型城镇化产生有利影响。最后，长三角正在形成的一体化发展格局产生显著的规模经济。大量经济要素在长三角汇集，吸引相似的企业集中布局，规模化生产，一方面降低生产成本；另一方面推动信息、技术在区域内部快速传播，提升整个地区的经济产出，从而产生 1 + 3 > 4 的效果。

经济地理空间权重矩阵同时考虑了地区间的经济联系和地理距离的影响，更能反映新型城镇化在空间上的交互影响，其他变量的解释只参照模型 5 的回归结果。纳入空间因素后劳动、资本、土地、技术构成的基础动力和对外开放表征的加速动力均对新型城镇化产生显著的促进作用，政府调控、产业发展的促进作用为正，但不显著。劳动投入产生较为显著的正向空间溢出作用，政府调控、产业发展、对外开放形成较为显著的负向空间溢出作用。为将本地效应、空间溢出效应科学地区分开来，对基于经济地理权重矩阵的 SDM 随机效应模型（模型 5）进行效应分解，得到表 7 – 11。

表 7 – 11　　　　基于经济地理权重矩阵的 SDM 随机效应模型效应分解

变量	直接效应		间接效应		总效应	
	系数	z 值	系数	z 值	系数	z 值
ln$labo$	0. 811 ***	4. 44	3. 639 *	1. 83	4. 450 **	2. 15
ln$capi$	0. 106 ***	2. 63	− 0. 004	− 0. 02	0. 103	0. 59
ln$land$	0. 088 ***	3. 66	0. 360 *	1. 69	0. 448 **	2. 03
ln$tech$	0. 080 ***	4. 49	0. 263	1. 44	0. 343 *	1. 83
ln$gove$	0. 006	0. 09	− 1. 718 **	− 2. 09	− 1. 712 **	− 2. 01
ln$indu$	0. 019	0. 48	− 1. 006 **	− 2. 03	− 0. 987 *	− 1. 93
ln$open$	0. 065 ***	3. 70	− 0. 360 **	− 2. 14	− 0. 295 *	− 1. 70

注：*、**、*** 分别代表 10%、5%、1% 的显著性水平。

（一）基础动力——要素投入

劳动投入的直接效应、间接效应、总效应分别为 0. 811、3. 639、4. 450，且在 1%、10%、5% 的水平显著。劳动供给增加 1 单位，本地区的新型城镇化质量提高 0. 811 单位，说明长三角地区的新型城镇化建设过程中劳动的需求量仍然巨大。一方面，满足城镇建设、产业发展、生态保护等各个领域的劳动需求；另一方面，转移农业过剩人口，带动农村地区的城镇化，增加城镇人口规模。劳动投入产生显著正向空间溢出效应，由于长三角地区要素流动性大，部分劳动力为追求更高的工资和更好的发展机会向其他地区流动，为流入地区新型城镇化建设带来劳动力资源，促进知识、技能、信息的传播。劳动投入的本地效应和空间溢出效应同时为正，使得劳动投入的总效应显著为正，说明增加劳动投入，可以对长三角整体的新型城镇化起到积极推动作用。

资本投入的本地效应为 0.106，在 1% 的水平显著。增加资本投入，提升金融市场资本的可获得性，为解决企业的投融资问题准备条件，为产业发展提供金融支持，推动城镇产业发展。资本作为经济增长必需的要素投入，通过投资乘数对经济产出产生数倍的扩大作用。资本投入产生不显著的负向空间溢出效应，由于资本的集聚特征，其对周边地区的城镇化发展影响力有限。资本投入产生显著的正向本地效应和不显著的负向空间溢出效应，导致其总效应为正，但不显著，增加资本投入有利于长三角地区的新型城镇化。

土地投入的直接效应为 0.088、间接效应为 0.36、总效应为 0.448，分别通过 1%、10%、5% 的显著性水平检验。土地是城镇各项建筑物的物质载体，是城镇建设最重要的自然资源。长三角地区人口密度高，大城市出现交通拥挤、住房紧张等问题，适度增加土地投入有利于缓解城镇内部拥挤程度，扩大城镇居民的生活空间，完善城镇内部空间结构，提升城镇化质量，这也验证了本章的作用机理。土地投入产生显著的正向空间溢出作用，原因在于长三角地区经济联系密切，交通通达度高，一个地区增加土地投入，从而增加住房、商厦、基础设施供给，扩大和优化城市内部空间结构，对疏散其他地区的人口、缓解长三角整体的拥挤程度产生有利影响。增加土地投入对本地区的新型城镇化和其他地区的新型城镇化都产生显著的促进作用，导致土地投入的总效应显著为正。

技术投入的直接效应为 0.080，在 1% 的水平显著。本地区技术投入增加 1 单位，新型城镇化质量提升 0.08 单位。先进的生产技术，提升生产效率，减轻企业生产成本，推动产业升级与结构优化，同时，减少资源消耗，降低环境污染，改善城镇生态环境，更重要的是通过提高社会生产力推动经济社会全面发展。技术投入存在正向的空间溢出效应，即通过经济交流合作在长三角其他地区传播，增强长三角整体的创新能力，降低整体的研发成本，提升整体的生产力。技术的空间溢出作用不显著的原因在于：受专利保护影响，一个地区或企业的新技术不能立即被其他地区或企业应用，新技术的传播具有一定时滞。技术投入的本地效应、空间溢出效应同时为正，导致其总效应在 10% 的水平显著为正，增加技术投入对整体的新型城镇化起促进作用。

（二）关键动力——政府调控

政府调控的直接效应为正，如本章的理论分析，政府在城镇规划、城镇建设、城镇管理3个方面对新型城镇化产生促进作用。单个城镇和整个城镇体系的发展都离不开政府的规划引导，政府通过合理的规划优化城镇内部空间结构，有效缓解城市拥挤、交通堵塞的问题，提高城镇运营效率，改善城镇居民生活环境，优化长三角城镇体系，加强城镇经济联系，促进城镇间的产业协作，避免同等城市的恶性竞争，推动区域联动发展。在城镇建设方面，政府通过完善基础设施、优化公共服务，为城镇经济社会发展准备条件。在城镇管理方面，通过条例、规章等法律约束规范企业行为，保障市场经济健康运行，同时，控制污染物的排放、督促污染物的回收和治理，降低城镇发展的环境成本，改善城镇生态环境。政府调控的直接效应不显著的原因在于：新型城镇化建设是一个复杂的经济社会过程，包含人口、经济、社会、生态的诸多方面，政府调控依靠有限财力不可能对城镇化的方方面面做出调整，只能在宏观层面加以引导。政府调控的"度"很难把握，城镇化建设还需坚持市场的资源配置作用。政府调控的空间溢出作用为 −1.718，且通过5%的显著性水平检验，政府通过提高政府服务能力、制定优惠政策、合理的政府干预，吸引企业、人才等要素向本地区流动，推动本地区的新型城镇化建设。政府调控的总效应为 −1.712，且通过5%的显著水平检验，原因在于政府调控的本地效应小，空间溢出效应大且为负，说明长三角地区的地方政府需要进一步加强合作，优化政府调控能力。

（三）持久动力——产业发展

产业发展的本地效应为正，但不显著。产业发展通过增加产业产值、扩大产业规模、优化产业结构形成3种推力，推动新型城镇化建设。首先，各产业产值增加，导致地区产出增加，促进企业扩大生产，政府完善基础设施，提升地区经济活力。其次，产业规模扩大，一方面，增加就业岗位，吸引劳动力就业，缓解就业压力；另一方面，增加产品供给量和生产多样化的产品，提升城镇居民多样化的效用需求。最后，产业结构优化，提高长三角地区第三产业比重，将劳动力由第二业产向第三产业过渡，尤其是推动金融服务业、信息产业、高技术产业的发展，为长三角地区新型城镇化提供金融、技术支持。产业发展的本地效应不显著，这与理论分析有一定偏差，原因在于：长三角地区第二产业占比仍然较高，而工业对城镇化的促进作用已经十分有限。产业发展的空间溢出效应为 -1.006，在 5% 的水平显著，表明产业发展虹吸效应较为明显。产业发展的总效应为在 10% 的显著水平为负，同样归因于产业发展的极化效应。加强产业联系、带动长三角地区整体的产业结构优化与转型发展是长三角未来产业发展的必由之路。

（四）加速动力——对外开放

对外开放的直接效应为 0.065、间接效应为 -0.36、总效应为 -0.295，分别通过 1%、5%、10% 的显著水平检验。对外开放程度提高 1 单位，本地的新型城镇化质量提高 0.065 单位，这验证了本章的理论分析。对外开放优化新型城镇化的路径分为"引进来"和"走出去"两类。就"引进来"而言，跨国企业落户带来大量的国际资本、先进的生产技术、高端研发人才，为城镇化建设补充高端生产要素；政府与政府、政府与跨国企业在公共安全、生态治理、基础设施建设等领域的交流合作，增加和完善长三角地区的公共物品供给；对外开放倒逼体制机制改革，减少城镇化建设中的体制机制障碍。就"走出去"而言，提高本土企业在世界经济活动中的参与度，融入正在形成的新型国际分工体系；推动长三角地区的本土企业融入全球价值链接，改善我国制造业位于全球价值链中低端的现状，带动产业发展；积极到新兴国家和地区进行投资、合作，有利于利用国内国际两个市场发展经济，利用外部资源优化新型城镇化。对外开放的间接效应显著为负，原因在于：对外开放加速社会经济发展，拉大与其他地区的发展差距，吸引人才、资本、技术等要素集聚，发展本地新型城镇化的同时，阻碍其他地区的新型城镇化建设。例如，上海市对外开放程度高，吸引大量的国外资源流入，推动上海的经济社会发展，加速增加上海的建设，对安徽省形成强大的虹吸作用，减缓安徽省的新型城镇化速度。对外开放的总效应显著为负的原因在于：对外开放对本地区的促进作用小于对其他地区的负向空间溢出作用，长三角地区必须协调对外开放格局。

第五节　主要结论与政策启示

本章研究得出如下主要结论：（1）通过测算全局莫兰指数，2008～2017年长三角地区新型城镇化的全局莫兰指数在0.25～0.34，表明新型城镇化存在显著的正向空间相关性，长三角地区的新型城镇化存在空间交互影响。（2）各动力因素中，劳动、技术、政府调控、对外开放的全局莫兰指数均表明正向空间相关性显著存在。（3）新型城镇化及其动力因素的局域空间相关性分析中，绝大多数地区位于代表空间正相关的一、三象限内，进一步说明新型城镇化及其动力因素具有空间依赖性的特征。除政府调控外，高高集聚区主要位于江浙沪地区，低低集聚区主要位于安徽省。（4）基础动力（劳动、土地、技术）、关键动力（政府调控）、持久动力（产业发展）、加速动力（对外开放）4种动力均是影响长三角地区新型城镇化的主要动力，但目前部分动力因素的推动作用还不明显，劳动、土地、技术呈现积极推动作用，政府调控、产业发展、对外开放对长三角地区整体的新型城镇化作用需进一步优化。

基于上述结论，本章得到以下政策启示。（1）长三角地区新型城镇化存在显著的空间溢出效应，以上海、南京、杭州、合肥为代表的核心地区的新型城镇化建设对其他地市的新型城镇化具有显著的空间带动作用，必须充分发挥核心城市的空间带动作用，而提高核心城市与其他地市的交通通达度、减少不同行政区划的行政壁垒是发挥空间互动作用的关键。（2）在增强周边地区新型城镇化的动力方面，各地市应提高要素生产率，增强新型城镇化的要素支撑力。优化政府宏观调控，发挥好新型城镇化的政府牵引力。完善城镇产业体系，加大新型城镇化的产业带动力；提升对外开放水平，充分发挥外部资源的推动力。

第八章　新型城镇化高质量发展模式与路径：以甘肃省为例

　　本章在系统考察甘肃城镇化发展现实的基础上，发现甘肃城镇化存在整体发展水平相对落后、各地区城镇化发展不均衡、城镇基础设施滞后以及城市与农村发展失衡等问题。研究结果表明，政府行为对甘肃省的城镇化发展起到主导作用，而外源经济影响因素的影响力则最小。此外，省内各市州间的城镇化影响因素空间溢出效应也相对较弱。因此，本章对适合甘肃省城镇化高质量发展的模式进行了探索，提出了主导模式与局域差异化模式相结合的城镇化发展模式，主导模式能够充分发挥政府集中指挥协调、市场合理配置资源的作用，局域差异化模式则充分考虑了省内各地区的地理位置、人口特点、经济基础和人文环境等现实条件，使得各市州根据自身发展特色进行差异化的城镇功能定位，确保高质量发展模式切实可行。最后，提出了提升甘肃省城镇化发展质量的对策建议，以期对甘肃省城镇化高质量发展提供理论与经验支撑。

第一节　引言与文献综述

　　自改革开放以来，我国城镇化率已突破60%，城镇化建设取得了巨大成就，但我国的城镇化发展质量有待提升，甘肃也不例外。甘肃省地处我国西北内陆地区，经济发展的区位劣势较为明显，随着"一带一路"倡议的实施，甘肃省又成为"丝绸之路经济带"的重要节点，从经济腹地转变为开放前沿，为甘肃城镇化发展带来前所未有的机遇。"十三五"时期，甘肃省城镇化坚持走因地制宜的特色之路，合理规划城市建设规模和整体布局，发挥产业集聚效应，积极发展中小城镇，做大做强县城规模，提高综合承载能力，但存在城镇化整体发展水平相对落后、各地区城镇化发展不均衡、城镇基础设施滞后、城市与农村发展失衡等亟待解决的问题，作为西部欠发达省份，甘肃省如何结合自身实际，选择适宜的城镇化模式，走高质量的城镇化发展路径，成为甘肃经济社会发展中亟待解决的重要课题。

城镇化发展质量这一概念是由我国学者结合中国城镇化发展的实际而提出的，国外学者对于这一概念的直接研究较少，而是倾向于围绕城镇化建设相关的领域进行细分研究，这些研究方向与我国对城镇化发展质量的研究具有相似的内涵，具有一定的参考价值。城市生活环境与生态方面的研究最早体现了学者对城镇化质量的关注。工业革命的推进加快了西方国家城镇化发展的进程，但也导致了一些问题，最突出的便是城市环境的恶化。生态健康型城市发展的关键是保持城市生态系统的合理和完善，在人与自然和谐相处的基础上进行城镇化建设（Campbell，1976；Regist，1987）。生态化发展进程与城市建设不应当割裂（Holden，2004；Elkington，2010）。对于可持续发展问题，国外学者从总体上认为，城市的建设者应当高瞻远瞩进行长远谋划，而不是为了短期的利益而牺牲未来的发展空间，必须要把可持续发展理念落实在城镇化建设的整个周期。我国较早关注该领域研究的学者叶裕民（2001）认为，制度创新是提高城镇化质量的重要路径，最直接的制度是户籍制度，城市现代化和城乡一体化都是城镇化质量的重要内涵。孔凡文（2005）将城镇化的本质内涵概括为城镇化质量和城镇化速度，城镇化质量主要体现在居民生活条件改善和城镇经济发展，而城镇化速度主要体现在人口城镇化率的提升。郭叶波（2013）认为，城镇化发展质量内涵更应该考虑为建设城镇化所付出的相应代价，如牺牲环境、浪费土地资源等。朱鹏华（2017）认为，应该从城镇化的结果和城镇化的过程两个方面界定城镇化质量，城镇化的结果主要关注城镇化发展质量和城乡协同程度，城镇化的过程主要关注城镇化发展效率。王滨（2019）将城镇化质量内涵分为三个维度，分别是城镇发展质量、城镇化效率和城镇化协调程度，并从城镇化质量的空间特征角度分析。张爱华（2019）认为，城镇化质量不仅是经济发展水平，更体现在提高居民生活质量，提升科技水平以及市场化开放程度。目前，对于城镇化质量还未有统一的定义，学者们的探索丰富了相关内涵，为今后的研究提供了理论基础。

由于研究视角和历史发展阶段的不同，学术界对城镇化影响因素进行了广泛研究。政治、经济、文化、社会、环境和地理等多方面的因素共同影响了一个国家的城镇化进程（Knox，1954）。国家经济的持续增长和充分就业在城镇化发展中具有举足轻重的作用，并且会影响城市建设的规模和居民对住房及基础设施的需求（Todes，2010）。还有人将城镇化水平提升的动力归结于产业发展，认为产业是促进城镇化的根本原因。在工业化发展的初级阶段，伴随着产业发展所形成的集聚效应为城镇化提供了初始动力（Scott，2001；Rice，2014）。外商直接投资和跨国公司的设立在很大程度上加快了发展中国家城镇化的进程（Douglass，2012）。人力资本的提升和经济增长两方面的因素对于城镇化发展具有一定的推动力（Zinkina，2015）。随着城镇化发展不断推进，城镇化质量的影响因素也在逐渐发生变化。周一星（1999）认为，我国城镇化发展所需要的动力从一元向二元甚至是三元的方向在逐渐转变。陈柳钦（2005）则主要从产业结构转型展开研究，认为一二三产业在城镇化发展过程中都是主要动力。杨贞（2006）以河南省城镇化发展质量为研究对象，通过构建指标体系衡量其影响因素，主要包括源动力、根本动力、持续动力三个方面。王发曾（2010）则分析了城市群的城镇化影响因素，研究得出城市群的城镇化发展需要经济质量、政府决策、市场开放、生态保障等多个方面相互配合。陈晖涛（2014）最终研究得出农民人均纯收入是最重要的影响因素。李辉（2015）研究得出经济基础、产业结构、基础设施建设、社会保障是促进城镇化质量发展的重要影响因素。张振龙（2016）研究发现，资本流动、产业发展、外部经济对城镇化发展具有促进作用。智荣（2017）主要以内蒙古小城镇为具体研究对象，认为人口质量、产业结构、基础设施建设、经济基础都是影响城镇化发展质量的重要因素。

国外学者主要将城镇化模式划分为静态模式和动态模式。城镇化模式的静态理论侧重于从单个城市或城市群间的地理位置结构分析总结城镇化发展模式，结合区位理论、演变理论和人口理论来进行研究。大部分城市的发展源于一个特定区位的圆心，并且以一定的经济距离为半径进行扩张，由此得出了"同心圆"模式可应用于北美地区的城镇化发展（Burgess，1923），交通基础设施对城市建设具有积极意义，将"同心圆"模式发展为"轴向－同心圆"模式（Babcock，1945）。土地价格呈现出由中心地带向外围区域逐渐下降的特征，可称之为城市发展的"扇形模式"（Hoyt，1963）。随着社会分工的演变，城市中需要划分出特定的区域和空间来保证各项生产活动的顺利开展，且城市规模的扩大和产业分工的进一步细化会对核心区域的设立提出更高的要求，由此认为，应当推行"多核心"城市化发展模式（Harris，1998）。相较于静态模式理论，城镇化模式的动态理论主要从两个方面进行研究：一方面是单一城市或城市群的发展演化规律；另一方面是城镇化的驱动力作用原理研究。其中既包含了城市的发展趋势，也涵盖了城镇化建设的动态发展机制。城市功能区域的扩张会经历外向溢出——专门化、分层扩散——多元化、局部填充——多中心化三个发展阶段，可将其总结为城镇化发展的要素流动模式（Eriksen，1996）。还有部分学者对比分析了不同国家城镇化发展的特点，指出英国的城镇化发展遵循工业化模式，美国的城镇化发展模式为自由市场模式，日本通过"村镇综合建设示范工程"的推进来加快城镇化建设进而缩小城乡差距，这是一种依托行政力量的模式，此外，还有韩国的新乡村建设模式和拉丁美洲国家的外源动力模式（Elizabeth，2001），这些模式的实行都有效推进了城镇化建设的进程。目前，我国学者们对于城镇化模式的研究呈现多元化。最早关注该领域的学者李梦白（1984）通过梳理中华人民共和国成立以来我国城镇化的发展历程，提出大、中、小城市发展模式，并认为一味将人口从农村引入城市从而盲目扩张大城市规模的发展模式是错误的。顾朝林（2000）从城镇空间模式展开研究，根据城镇特色、规模以及区位差异将我国城镇模式划分为块状集中模式、放射片状模式、带状结构模式、多城结构模式、轴向填充模式。金兆怀（2001）通过研究提出三种适合东北地区发展的模式，即城乡协调发展模式、城乡边缘区发展模式、城乡协作辐射发展模式。郑德高（2013）认为，传统的城镇化发展模式已不再适应我国的发展需要，因而必须探索新模式，新模式主要是针对小城镇因地制宜发展具有人文特色城镇化模式，并且应该分层级、分区发展城镇化。龙奋杰（2016）通过对贵州省各地市区的特点和发展现状详细研究后提出了五种适合贵州省发展的模式，分别为宜居旅游模式、大都市模式、物流园区模式、农业现代化模式、工业产业模式。近几年学者们对于我国城镇化发展模式又提出了新的理论思想，夏柱智（2017）主要针对城乡二元结构的转型，提出了"以代际分工为基础的半工半耕"发展模式，该模式对于农村发展有着重要的影响，并为我国脱贫问题提出了相应的理论基础。李向前（2019）在研究我国城镇化模式时运用了复杂网络分析模型，并对城镇化模式的演进路径进行了相关研究，将城镇化模式分为协调持续、外部经济、内在动力、外力驱动、曲折路径、禀赋支持、滞后发展、简单推进 8 种模式。高春亮（2019）研究得出大国大城是我国城镇化发展的必要途径。

通过对国内外研究现状梳理并分析后发现，已有研究成果丰富，但是针对甘肃省城镇化模式识别与路径选择研究的文献相对较少。在城镇化影响因素的分析中，学者们多选用单一指标如人口城镇化率来代表城镇化发展水平。目前来看，基于综合性指标体系测算的城镇化水平在城镇化影响因素分析中运用较少，因此，为了更好地衡量甘肃新型城镇化高质量发展，本章在构建指标体系时综合考虑了体现城镇化发展质量的多方面因素，并且在回归分析时考虑了各市州城镇化发展的空间相关性，从而提出更加符合甘肃省情的城镇化高质量发展模式与路径。

第二节 甘肃省城镇化发展事实考察

一、甘肃省以及各市州城镇化率比较分析

自中华人民共和国成立以来，甘肃省的城镇化发展受到国家战略、人口流动、自然资源禀赋等诸多因素的影响，先后经历了起步、停滞、恢复以及快速推进等发展阶段，取得了一定的成就。从衡量城镇化水平的基本指标城镇人口数量和比重来看，城镇化发展符合基本的历史规律。甘肃省共有 14 个地市州，86 个县市区。2018 年全省常住人口中，城市人口为 1257.71 万人，城镇化率为 47.69%。中华人民共和国成立 70 年以来，特别是改革开放 40 年以来，甘肃省的城镇化发展状况早已今非昔比，但与全国平均水平相比仍然还有很大的提升空间。

2010 ~ 2018 年，甘肃省的城镇化率呈现不断上升的趋势（如图 8 - 1 所示），国际上将 30% 以下的城镇化率称为城镇化的初级阶段，30% ~ 70% 称为快速发展阶段，70% 以上则是成熟阶段。甘肃省的城镇化此时正处于快速发展

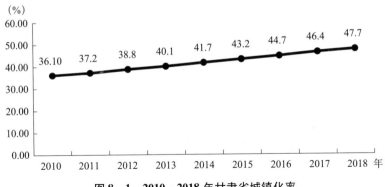

图 8 - 1　2010～2018 年甘肃省城镇化率

资料来源：《甘肃发展年鉴（2019）》。

阶段。但是从全国范围来看，2018 年我国城镇化率平均水平为 59.58%，全国只有云南、贵州、甘肃和西藏的城镇化率在 50% 以下，2018 年甘肃省的城镇化率为 47.71%，在西北五省中，甘肃省的城镇化率排在最后一位。与全国其他省区相比，处于全国倒数第三的位置，而处在最后两名的是贵州省和西藏自治区（如表 8 - 1 所示）。

表 8 - 1　　　　　　　　2018 年全国及各地区城镇化率　　　　　　　　单位：%

地区	城镇化率	地区	城镇化率
全国	59.58	河南	51.71
北京	86.49	湖北	60.30
天津	83.14	湖南	56.02
河北	56.43	广东	70.70
山西	58.42	广西	50.22
内蒙古	62.71	海南	59.10
辽宁	68.09	重庆	65.51
吉林	57.54	四川	52.30
黑龙江	60.11	贵州	47.53
上海	88.12	云南	47.81
江苏	69.61	西藏	31.10
浙江	68.90	陕西	58.13
安徽	54.70	甘肃	47.71
福建	65.82	青海	54.39
江西	56.02	宁夏	58.87
山东	61.18	新疆	50.90

资料来源：《中国统计年鉴（2019）》。

　　从城镇规模的分布情况分析，甘肃省的大城市只有兰州市，中等规模城市的数量也偏少，且小城镇发展速度严重偏慢，导致全省的城镇结构不够合理，大型城市和中等规模城市之间缺乏过渡，各区域城镇化带来的集聚效应无法得到充分利用，造成了公共设施和资源的浪费，没有形成合理的城镇化发展体系。此外，各市州的人口城镇化发展水平也呈现出较大的差异，河西地区以及陇中地区相对较高，其中嘉峪关市的人口城镇化水平为全省最高；而甘南藏族自治州和临夏回族自治州等民族地区受风俗习惯和自然条件等因素的制约，人口城镇化水平相对较低（如图 8 - 2、表 8 - 2 所示）。

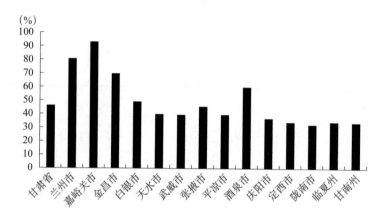

图 8 - 2　2018 年甘肃省各市州城镇化率

资料来源：《甘肃发展年鉴（2019）》。

表 8 - 2　　　　　　　　2018 年甘肃省各市州城乡人口及构成

地区	年末常住人口	城镇人口		乡村人口	
		人口数（万）	比重（%）	人口数（万）	比重（%）
甘肃省	2 637.26	1 257.71	47.69	1 379.55	52.31
兰州市	375.36	304.15	81.03	71.21	18.97
嘉峪关市	25.2	23.6	93.65	1.60	6.35
金昌市	46.86	33.02	70.47	13.84	29.53
白银市	173.42	87.79	50.62	85.63	49.38
天水市	335.49	139.73	41.65	195.76	58.35
武威市	182.78	77.33	42.31	105.45	57.69
张掖市	123.38	58.67	47.55	64.71	52.45
平凉市	211.91	87.16	41.13	124.75	58.87

续表

地区	年末常住人口	城镇人口		乡村人口	
		人口数（万）	比重（%）	人口数（万）	比重（%）
酒泉市	112.7	69.33	61.52	43.37	38.48
庆阳市	226.66	87.03	38.4	139.63	61.60
定西市	282.17	100.24	35.52	181.93	64.48
陇南市	263.43	89.57	34.00	173.86	66.00
临夏州	205.88	74.16	36.02	131.72	63.98
甘南州	72.02	25.93	36.00	46.09	64.00

资料来源：《甘肃发展年鉴（2019）》。

二、甘肃新型城镇化高质量发展指标体系构建

城镇化是一个复合概念，其内涵体现在人口、经济、社会和环境等多个层次，十分丰富。部分研究采用人口城镇化率或非农人口比重等单一指标作为城镇化水平的代理变量，无法全面地对城镇化水平做出衡量。因此，本章在测度甘肃省城镇化发展水平时使用复合型指标，主要基于高质量的城镇化发展的内涵构建新型城镇化高质量发展综合指标体系，主要体现在以下六个方面。

第一，人口发展质量的提升。"以人为本"是城镇化高质量发展的核心，提升人口发展质量从形式上来看是人口城镇化率的增长，可用城镇人口比重来表征；实质上则涵盖了就业、教育以及家庭富裕程度等多方面的因素，可分别通过城镇人口登记失业率、每万人在校大学生数和城镇家庭居民恩格尔系数等指标来反映。

第二，经济发展质量的提升。经济增长是城镇化高质量发展的必要条件，城镇化状况和经济发展水平互为因果，经济发展质量的提升有助于为城镇化建设夯实基础。这里的经济增长不仅指总量的增加，更要求人均水平不断提升，可通过人均 GDP 和城镇居民人均可支配收入等指标来表征；此外，经济发展质量的提升还表现在固定资产再生产和经济结构转型等方面，可通过固定资产投资额、研发经费占 GDP 比重和第三产业增加值等指标来反映该含义。

第三，基础设施质量的提升。提高城镇化发展质量还需着眼于建设功能完善的居民生活空间，基础设施的完善与否直接关系到人民的福祉，在城镇化建设程中应当持续对公共设施进行投资，以提高居民的满意度和获得感。可用

城市用水普及率、公路里程数、建成区面积和公共图书馆藏书等指标反映城市的基础设施质量。

第四，生活质量的改善。生活质量的改善在更高的层次上体现了城镇化发展质量的提升，城市不仅要满足居民居住的基本条件，更要宜居，使居民安居乐业。选择采用燃气普及率、城市人口密度和私人汽车拥有量等指标来反映居民生活质量的改善。

第五，公共服务质量的提升。高质量的城镇化不仅具有城市功能，更为关键的是具有社会功能，公共服务均等化是社会功能完善的必然要求，应当建立并不断完善城镇基本公共服务体系。可用基本养老保险参保人数、基本医疗保险参保人数、教育事业费占 GDP 比重和城镇居民最低生活保障人数等指标来表征社会公共服务质量。

第六，生态环境质量的改善。生态环境质量的改善是城镇化高质量发展对环境因素的基本要求。我国正处于城镇化和工业化的快速发展阶段，面临着不断收缩的生态环境约束，这就要求我们走可持续发展道路。可持续发展体现在社会、经济和生态的协调发展，因此，生态文明建设是提升城镇化发展质量不可或缺的方向。选取工业废水排放量、建成区绿化覆盖率、人均公园绿地面积、二氧化硫排放量和工业固体废物综合利用率等指标来反映生态环境质量的改善。

根据新型城镇化核心内涵涉及的六个方面，本章选取以下 25 个二级指标建立甘肃省城镇化发展质量综合测度指标体系，如表 8 - 3 所示。

表 8 - 3　　　　　　　　甘肃省城镇化发展质量综合测度指标体系

目标层	代理变量	单位	指标类型
人口发展质量	城镇人口比重	%	正向
	城镇人口登记失业率	%	逆向
	每万人在校大学生数	人	正向
	城镇家庭居民恩格尔系数	%	逆向
经济发展质量	人均 GDP	元	正向
	第三产业增加值	亿元	正向
	研发经费占 GDP 比重	%	正向
	固定资产投资额	亿元	正向
	城镇居民人均可支配收入	元	正向

续表

目标层	代理变量	单位	指标类型
基础设施质量	城市用水普及率	%	正向
	公路里程数	千米	正向
	建成区面积	平方千米	正向
	公共图书馆藏书	万册	正向
居民生活质量	燃气普及率	%	正向
	城市人口密度	人/平方千米	正向
	私人汽车拥有量	辆	正向
公共服务质量	基本养老保险参保人数	万人	正向
	基本医疗保险参保人数	万人	正向
	教育事业费占 GDP 比重	%	正向
	城镇居民最低生活保障人数	人	逆向
生态环境质量	工业废水排放量	万吨	正向
	建成区绿化覆盖率	%	正向
	人均公园绿地面积	m^2/人	正向
	二氧化硫排放量	万吨	逆向
	工业固体废物综合利用率	%	正向

三、新型城镇化高质量发展水平测度与分析

本章采用改进的熵值法测度甘肃省新型城镇化高质量发展水平，以 2009 ~ 2018 年共 10 年甘肃省 14 个市州的指标数据作为观察样本分析（如表 8 - 4 所示），所用数据主要来源于《甘肃发展年鉴》（2010 ~2019）、历年甘肃省国民经济和社会发展统计公报和国家统计局网站。

表 8 - 4　2009 ~2018 年部分年份甘肃省各市州新型城镇化高质量发展水平

地区	2009 年	2011 年	2013 年	2015 年	2016 年	2018 年
兰州	0.581	0.683	0.697	0.698	0.710	0.724
嘉峪关	0.433	0.455	0.465	0.490	0.493	0.566
金昌	0.252	0.311	0.330	0.338	0.338	0.349
白银	0.244	0.292	0.311	0.319	0.321	0.339

续表

地区	2009 年	2011 年	2013 年	2015 年	2016 年	2018 年
天水	0.237	0.264	0.271	0.279	0.284	0.293
武威	0.211	0.220	0.236	0.249	0.249	0.267
张掖	0.252	0.277	0.287	0.321	0.333	0.353
平凉	0.188	0.224	0.229	0.261	0.264	0.265
酒泉	0.270	0.291	0.306	0.326	0.334	0.371
庆阳	0.230	0.260	0.272	0.290	0.298	0.305
定西	0.164	0.188	0.205	0.211	0.220	0.229
陇南	0.130	0.152	0.167	0.176	0.187	0.191
临夏	0.120	0.135	0.140	0.145	0.145	0.149
甘南	0.073	0.087	0.108	0.128	0.132	0.134

资料来源：《甘肃发展年鉴（2010~2019）》。

甘肃省的城镇化高质量发展水平在空间上呈现出"西北高，东南低"的特点。第一梯队的兰州市与嘉峪关市的城镇化高质量发展水平始终位于高水平区；第二梯队为河西地区的酒泉市、张掖市、金昌市以及与兰州市相邻的白银市，这些地区的城镇化高质量发展水平自 2015 年后开始由中水平迈向中高水平；第三梯队为武威市、天水市、平凉市和庆阳市，基本保持在中水平，但近年来也有向中高水平发展的趋势；第四梯队为定西市、陇南市、临夏州和甘南州，其中临夏州和甘南州长期处于低水平区，其新型城镇化发展质量亟待提升。

第三节　新型城镇化高质量发展影响因素分析

一、新型城镇化高质量发展的关键影响因素

新型城镇化发展质量提升的关键是多种影响因素的共同作用，既要发挥政府对城镇化重大项目的主导作用，又要发挥市场对资源配置的决定作用。参考相关文献并考虑指标数据的可得性，本章最终选定以下指标构建了城镇化发展影响因素指标体系，如表 8-5 所示。

表 8 – 5　　　　　　　　新型城镇化高质量发展影响因素指标体系

一级指标	二级指标
政府行为因素	财政支出占比
	人均基础设施支出
	固定资产投资占 GDP 的比重
产业发展因素	工业化率
	农业劳动生产率
	国有及国有控股企业工业总产值
	非农业产值比重
外源经济因素	出口总额
	进口总额
	FDI
市场要素因素	非公有劳动比重
	非国有投资比重
	直接融资占总融资额比例
	市场化指数

二、空间计量模型构建

（1）被解释变量。本章以甘肃省各市州 2009～2018 年测算得到的新型城镇化高质量发展水平作为被解释变量。

（2）解释变量。采用指标体系中的四大影响因素即政府行为因素、产业发展因素、外源经济因素和市场要素因素作为解释变量。其中，每个影响因素下都包括多个指标，所以需要综合各影响因素下的所有指标以求得每个影响因素的综合得分，从而使回归模型中能够包含尽可能多的信息。

运用空间计量方法进行实证分析，则应当先对空间权重矩阵的具体形式进行设定。各区域的空间权重如何确定是空间计量方法的关键，空间权重矩阵设定得准确程度对空间计量方法的准确性有直接影响。

将甘肃省 14 个市州的样本数据表示为 $\{x_i\}_{i=1}^n$，下标 i 表示 i 市州，将 i 市州与 j 市州之间的权重距离表示为 w_{ij}，则空间权重矩阵的基本形式如下：

$$W = \begin{pmatrix} w_{11} & \cdots & w_{1n} \\ \vdots & \ddots & \vdots \\ w_{n1} & \cdots & w_{nn} \end{pmatrix} \tag{8-1}$$

分析易得同一市州间的距离为 0，则上述空间权重矩阵 W 的主对角线各元素均为 0，且 W 一定为对称矩阵。使用空间权重矩阵进行回归分析之前，还需对其进行标准化处理如下：

$$w_{ij} \equiv \frac{w_{ij}}{\sum_j w_{ij}} \tag{8-2}$$

空间计量分析中最常用的空间权重矩阵形式为邻接权重矩阵，矩阵中的元素表示各区域之间的相邻性。如果 i 市州与 j 市州不相邻，则该元素为 0；如果 i 市州与 j 市州相邻，则该元素为 1。即：

$$w_{ij} = \begin{cases} 0 & i \, 市(州)与 \, j \, 市(州)不相邻或 \, i = j \\ 1 & i \, 市(州)与 \, j \, 市(州)相邻 \end{cases} \tag{8-3}$$

甘肃省地形狭长，如果选择使用相邻空间权重矩阵可能会导致遗漏部分市州间的空间相关关系，因此，可以考虑选择采用距离权重矩阵。距离权重矩阵中的元素取值由各区域间的距离决定，本章选择地理距离来构造距离权重矩阵。令两市州 i 与 j 之间的地理距离为 d_{ij}，直接以距离的倒数作为空间权重，可以定义空间权重为：

$$w_{ij} = \frac{1}{d_{ij}} \tag{8-4}$$

根据前述的理论分析，甘肃省各市州的新型城镇化发展水平以及影响因素等变量之间可能存在一定的空间相关性，因此，在考虑借助空间计量方法进行回归分析前，应当首先对样本数据进行空间自相关检验。本章主要使用 Moran's I 即莫兰指数 I 对样本期内甘肃省各市州的城镇化发展水平进行全局空间自相关检验。具体检验结果如表 8-6 所示。

表 8-6   Moran's I 指数及检验

变量	年份	I	z	p 值
ln$u$	2009	0.1526	2.62	0.0088
ln$u$	2010	0.1761	2.84	0.0045
ln$u$	2011	0.1667	2.13	0.0332

变量	年份	I	z	p 值
ln$u$	2012	0.1483	1.83	0.0672
ln$u$	2013	0.1652	2.46	0.0139
ln$u$	2014	0.1648	2.57	0.0102
ln$u$	2015	0.1729	2.71	0.0067
ln$u$	2016	0.1758	2.61	0.0091
ln$u$	2017	0.1693	1.89	0.0588
ln$u$	2018	0.1824	2.54	0.0111

从表 8 - 6 中可以看出，甘肃省各市州城镇化高质量发展水平在 2009 ~ 2018 年各年份的莫兰指数 I 均为正，且呈现出一定的上升趋势，除 2012 年和 2017 年在 10% 的显著性水平显著外，其他年份均在 1% 或 5% 的显著性水平显著，强烈拒绝"无空间自相关"的原假设，则被解释变量甘肃省各市州城镇化发展水平在样本期内存在空间自相关。

建立城镇化高质量发展影响因素基准模型如下：

$$ln\, U_{it} = \alpha + \beta_1 ln\, Gov_{it} + \beta_2 ln\, Ind_{it} + \beta_3 ln\, Ext_{it} + \beta_4 ln\, Mar_{it} + \varepsilon_{it} \qquad (8-5)$$

考虑到空间自相关检验中结果，甘肃省各市州间的城镇化发展和经济活动存在一定的空间依赖性，因此，还需设定空间面板计量模型如下：

$$lnU_{it} = \rho W lnU_{it} + \alpha + \beta_1 ln\, Gov_{it} + \beta_2 ln\, Ind_{it} + \beta_3 ln\, Ext_{it} \qquad (8-6)$$
$$+ \beta_4 ln\, Mar_{it} + \mu_i + \tau_t + \varepsilon_{it}$$

$$lnU_{it} = \alpha + \beta_1 ln\, Gov_{it} + \beta_2 ln\, Ind_{it} + \beta_3 ln\, Ext_{it} + \beta_4 ln\, Mar_{it} \qquad (8-7)$$
$$+ \mu_i + \tau_t + \varepsilon, \quad \varepsilon = \lambda W \varepsilon_{it} + \xi_{it}$$

$$lnU_{it} = \rho W lnU_{it} + \alpha + \beta_1 ln\, Gov_{it} + \beta_2 ln\, Ind_{it} + \beta_3 ln\, Ext_{it} + \beta_4 ln\, Mar_{it}$$
$$+ \beta_5 W ln\, Gov_{it} + \beta_6 W ln\, Ind_{it} + \beta_7 W ln\, Ext_{it} + \beta_8 W ln\, Mar_{it}$$
$$+ \mu_i + \tau_t + \varepsilon_{it}$$

$$(8-8)$$

其中，U_{it} 表示城镇化高质量发展水平，Gov_{it} 表示政府行为影响因素，Ind_{it} 表示产业发展影响因素，Ext_{it} 表示外源经济影响因素，Mar_{it} 表示市场要素影响因素，α 为截距项，W 为空间权重，τ_t 和 μ_i 分别为时间效应和个体效应，ε_{it} 是不可观测的随机扰动项。式（8-6）、式（8-7）和式（8-8）分别为空间面板回归模型的空间滞后（Spatial – Lag）、空间误差（Spatial – Error）和空间杜宾（Spatial – Durbin）形式，具体采用何种形式的模型进行回归还需后续经过空间面板计量模型检验决定。

为了更加清晰地显示出上述各模型中的变量形式和后续实证分析结果中显示变量的对应关系，表 8 – 7 所示为主要变量的对照表。

表 8 – 7　　　　　　　　　　　变量对照表

变量	含义	回归结果中显示形式
U	城镇化高质量发展水平	ln$u$
Gov	政府行为影响因素	lngov
Ind	产业发展影响因素	lnind
Ext	外源经济影响因素	lnext
Mar	市场要素影响因素	lnmar

（3）多重共线性检验。由于前述所设定模型的被解释变量城镇化高质量发展水平和解释变量各影响因素均为通过构建指标体系得到，因此，首先需进行多重共线性检验以防回归数据存在严重的多重共线性。此处通过方差膨胀因子 VIF 来进行判断，具体检验结果如表 8 – 8 所示。

表 8 – 8　　　　　　　　　　　方差膨胀因子

变量	VIF	1/VIF
lngov	1.19	0.8403
lnind	1.13	0.8850
lnmar	1.08	0.9259
lnext	1.04	0.9615
Mean VIF	1.11	

从表 8 – 8 中可以看出，各解释变量的方差膨胀因子均小于 5，均值为 1.11，故回归数据不存在多重共线性，可以进行后续的实证分析。

（4）面板计量模型检验。本章选取了甘肃省 14 个市州 2009 ~ 2018 年城镇化高质量发展水平和各项影响因素的面板数据进行实证分析，因此，在回归之前应当先进行面板计量模型检验，以确定模型中是否存在个体效应以及个体效应存在的形式。

（5）F 检验。先借助 F 检验来确定是否存在个体效应，F 统计量的具体形式如下：

$$F = \frac{(R_u^2 - R_r^2) / N - 1}{1 - R_u^2 / NT - N - K} \sim F\ (N-1,\ NT-N-K) \qquad (8-9)$$

F 检验的原假设 H_0 为不存在个体效应，应当选择混合回归模型来进行估计。

表 8 – 9　　　　　　　　　　　　F 检验结果

F – test	
$F – value$	17. 67
$P – value$	0. 0000

由表 8 – 9 可知，F 检验结果的 P 值为 0. 0000，即检验结果强烈拒绝不存在个体效应的原假设，固定效应模型的结果应当优于混合回归模型。

（6）LM 检验。F 检验结果表明，模型中存在个体效应，然而个体效应存在的具体形式还不确定，需要通过 LM 检验来对比随机效应模型和混合回归模型结果的优劣。LM 统计量的具体形式如下：

$$LM = \frac{nT}{2(T-1)} \left[\frac{\sum_{i=1}^{n} \left[\sum_{t=1}^{T} e_{it} \right]^2}{\sum_{i=1}^{n} \sum_{t=1}^{T} e_{it}} - 1 \right]^2 \qquad (8-10)$$

表 8 – 10　　　　　　　　　　　LM 检验结果

参数	Var	SD
ln$u$	1. 2707	1. 1273
e	0. 0092	0. 0963
u	0. 0063	0. 0797
P – value		0. 0000

LM 检验的原假设 H_0 为不存在个体效应，应当选择混合回归模型。由表 8 – 10可知，LM 检验结果的 P 值为 0. 0000，即检验结果强烈拒绝不存在个体效应的原假设，随机效应模型的结果应当优于混合回归模型。

（7）豪斯曼检验。F 检验和 LM 检验的结果均表明模型中存在个体效应，但个体效应存在的具体形式还需通过进行豪斯曼检验来确定。豪斯曼检验的 Wald 统计量具体形式如下：

$$W = \left[b - \hat{\beta} \right]' \hat{\Psi}^{-1} \left[b - \hat{\beta} \right] \sim \chi^2 \ (K-1) \qquad (8-11)$$

豪斯曼检验的原假设 H_0 为个体效应以随机效应形式存在，应当选择随机效应模型来进行估计。

表 8-11   豪斯曼检验结果

Hausman – test	
$\chi2 - value$	28.36
$P - value$	0.0000

由表 8-11 可知，豪斯曼检验结果的 P 值为 0.0000，即检验结果强烈拒绝个体效应以随机效应形式存在的原假设，固定效应模型的结果应当优于随机效应模型。

考虑到各市州城镇化发展水平的空间相关性，本章在上一小节设定了空间面板回归模型，因此，在对面板数据的个体效应进行检验之后，还需进行空间效应检验以确定空间面板回归模型的具体形式。

（8）空间效应检验。先对样本数据进行空间效应的 LM - Err 和 LM - Lag 检验，以确定空间面板计量模型中空间相关性的具体存在形式，LM - Lag 检验可以确定模型中是否存在空间滞后项（Spatial - Lag），而 LM - Err 检验可以确定模型中是否存在空间误差项（Spatial - Error）。具体结果如表 8-12 所示。

表 8-12   LM 检验结果

LM	Value	P – Value
LM Error （Burridge）	6.8204 **	0.0406
LM Error （Robust）	14.6225 **	0.0386
LM Lag （Anselin）	8.5328 **	0.0157
LM Lag （Robust）	23.4973 **	0.0153

由表 8-12 可知，空间误差的拉格朗日统计值为 6.8204，对应的 P 值为 0.0406，空间滞后的拉格朗日统计值为 8.5328，对应的 P 值为 0.0157；稳健空间误差的拉格朗日统计值为 14.6225，对应的 P 值为 0.0386，稳健空间滞后的拉格朗日统计值为 23.4973，对应的 P 值为 0.0153；空间效应的 LM-Err 和 LM-Lag 检验均在 5% 的显著性水平拒绝原假设，模型中同时存在空间滞后项（Spatial-Lag）和空间误差项（Spatial-Error）。

（9）Wald 检验、LR 检验。通过 LM 检验确定存在空间自相关后，还需进行 Wald 检验和 LR 检验，以判断空间杜宾模型能否退化为空间滞后模型或空间误差模型。检验结果如表 8 – 13 所示。

表 8 – 13　　　　　　　　　　　　Wald 及 LR 检验结果

Test	Wald – SL	Wald – SE	LR – SL	LR – SE
$\chi2 – value$	32. 94	25. 34	10. 27	9. 35
$P – value$	0. 0000	0. 0000	0. 0168	0. 0059

如表 8 – 13 所示，Wald 检验和 LR 检验结果分别显著拒绝了 H_0^1：$\theta = 0$ 和 H_0^1：$\theta + \delta\beta = 0$ 的原假设，即空间杜宾模型不能退化为空间滞后模型或空间误差模型，因而选择空间杜宾（Spatial – Durbin）模型。

（10）豪斯曼检验。在对空间面板计量模型进行了 LM 检验、Wald 检验和 LR 检验后，还需通过豪斯曼检验确定空间面板计量模型中市州 i 的个体效应 μ_i 是以随机效应还是固定效应形式存在，检验结果如表 8 – 14 所示。表 8 – 14 显示豪斯曼统计量值为 35. 07，P 值为 0. 0000，强烈拒绝个体效应应当以随机效应形式存在的原假设，因此，本章最终选择采用空间杜宾固定效应模型进行实证分析。

表 8 – 14　　　　　　　　　　　　豪斯曼检验结果

Hausman – test	
$\chi2 – value$	35. 07
$P – value$	0. 0000

三、回归结果及分析

（一）固定效应模型回归结果

采用固定效应模型对式（8 – 5）所设定的计量模型采用传统计量方法进行回归，具体回归结果如表 8 – 15 所示。表 8 – 15 的第（1）列中无固定效应回归结果的 R^2 为 0. 4761，即在样本期中各影响因素对城镇化水平的解释能力有限，一些不可观测因素在一定程度上影响着各解释变量对被解释变量的作用。第（2）、第（3）和第（4）列分别为控制了个体效应、时间效应和个体时间效应的固定效应模型回归结果。个体效应空间杜宾模型的 R^2 提高为 0. 9162，表明各地区的特有因素能够在一定程度上解释省内各市州城镇化发展水平的变动。第（4）列中，进一步控制时间固定效应后，模型的参数估计值及其显著性变化不大，这表明在样本期内，各影响因素对于城镇化水平的作用具有一定的稳定性。

各影响因素对甘肃省城镇化高质量发展水平都具有明显的正向影响效应，个体固定效应回归结果中，政府行为、产业发展、外源经济和市场要素影响因素的系数分别为 0.3697、0.1932、0.1396 和 0.2753，且分别在 5%、1%、10% 和 1% 的显著性水平显著。将这四个方面对于甘肃省城镇化高质量发展的影响力从大到小排序依次为政府行为、市场要素、产业发展和外源经济。政府行为影响因素对城镇化发展水平的推动效应最强，这表明甘肃省的城镇化发展在很大程度上还依赖于政府的引导。其次是市场要素影响因素对城镇化发展水平的作用，反映出甘肃省的城镇化发展同样也受到市场资源配置效率的影响。产业发展影响因素的作用低于政府行为与市场要素，体现出甘肃省的产业发展还不够充分，产业结构有待于进一步优化。外源经济影响因素对甘肃省城镇化发展水平的影响力最小，这与甘肃省的对外开放水平有限有关，有待于进一步加大对外经济交往力度，输出特色产品，并引进外资以获取先进的理念和技术。

表 8 – 15　　　　　　　　　　　固定效应模型回归结果

解释变量	（1）	（2）	（3）	（4）
lngov	0.2359 ** (2.1109)	0.3697 ** (2.0923)	0.3247 ** (2.0408)	0.3518 ** (1.7917)
lnind	0.2137 * (1.7146)	0.1932 *** (2.7149)	0.2279 * (1.6886)	0.1857 *** (3.3985)
lnext	0.0929 * (1.8774)	0.1396 * (1.7139)	0.0497 (1.3289)	0.1262 * (1.7424)
lnmar	0.2364 ** (2.1588)	0.2753 *** (6.8112)	0.2863 * (1.8929)	0.2611 ** (2.3477)
cons	1.8649 *** (5.2795)	1.5649 *** (4.0624)	2.1354 * (1.7992)	1.4537 ** (2.3652)
F – stat	22.67	52.63	25.39	54.81
R²	0.4761	0.8953	0.4234	0.9120
Observations	140	140	140	140
Individual Effects	No	Yes	No	Yes
Time Effect	No	No	Yes	Yes

注：括号内的数值表示回归系数的 t 检验值，***、**、* 分别表示 1%、5%、10% 的显著性水平。第（1）列为无固定效应，第（2）列为个体固定效应，第（3）列为时间固定效应，第（4）列为个体时间双固定效应。

（二）空间杜宾固定效应模型回归结果分析

采用空间杜宾固定效应模型对式（8－8）所设定的计量模型采用空间计量方法进行回归，回归结果如表8－16和表8－17所示。表8－16中空间杜宾模型的回归结果同样分为无固定效应、个体效应、时间效应和个体时间效应。各列估计结果的空间自回归系数 ρ、方差平方 σ^2 和 Log-Likelihood 值显示，个体效应空间杜宾模型和个体时间效应空间杜宾模型具有相对更好的估计效果，个体效应空间杜宾模型的参数估计值及其显著性优于时间效应及个体时间效应的空间杜宾模型。时间固定效应的空间杜宾模型考虑了时间因素对地区城镇化水平的影响，但未能涵盖各市州的地区因素差异。时间和个体双固定效应的空间杜宾模型既考虑了城镇化高质量发展水平的时间差异，又涉及了各市州的地区差异，但回归结果中某些变量的显著性不高。综上所述，将各模型回归的结果进行对比，个体效应空间杜宾模型的回归结果优于时间效应和个体时间效应的空间杜宾模型。

表8－16中第（2）列的个体固定效应空间杜宾模型的回归结果显示，被解释变量的空间自回归系数 ρ 为 0.2867，且在5%的显著性水平显著，这表明甘肃省各市州的城镇化发展会在很大程度上受到其相邻市州的影响，采用空间计量方法进行回归能够更好地解释城镇化发展过程中空间因素的影响。各影响因素的系数与显著性水平接近于个体固定效应模型的回归结果，影响因素的空间滞后项 Wlngov、Wlnind、Wlnext、Wlnmar 中，政府行为、产业发展和市场要素影响因素三项的空间滞后项回归系数分别为 -0.0485、0.0064 和 0.0683，且分别在5%、10%和1%的显著性水平显著，较好地体现了各解释变量的空间依赖性。尤其要注意的是政府行为影响因素空间滞后项的系数为负，表明周边地区的政府行为在一定程度上会抑制本地区的城镇化发展水平。

表8－16　　　　　　　　　空间杜宾固定效应模型回归结果

解释变量	（1）	（2）	（3）	（4）
lngov	0.3329 ** (2.0620)	0.3273 ** (2.0907)	0.3461 *** (3.7155)	0.2643 ** (2.3059)
lnind	0.1739 ** (2.5045)	0.1813 *** (2.7117)	0.2631 *** (2.6402)	0.1619 * (1.8349)

续表

解释变量	（1）	（2）	（3）	（4）
lnext	0.1123 (1.1885)	0.0974 * (1.7130)	0.1237 ** (2.2872)	0.0378 * (1.7967)
lnmar	0.2632 *** (2.6640)	0.2467 *** (8.1566)	0.1874 * (1.6892)	0.2275 ** (2.2413)
ρ	0.3141 *** (2.9652)	0.2867 ** (2.0156)	0.0973 (1.3065)	0.2717 *** (4.3987)
Wlngov	0.0317 ** (2.0799)	−0.0485 ** (1.9899)	0.0094 ** (2.0756)	0.0238 ** (2.0166)
Wlnind	0.0083 (1.2988)	0.0064 * (1.7339)	0.0052 * (1.6631)	0.0093 ** (2.4456)
Wlnext	0.0009 * (1.8685)	0.0017 (0.9393)	0.0014 * (1.8811)	0.0007 * (1.8069)
Wlnmar	0.0791 ** (2.0368)	0.0683 *** (10.5785)	0.0056 (1.4975)	0.0437 ** (2.0319)
σ^2	0.0029 *** (8.37)	0.0050 *** (16.90)	0.0036 *** (12.37)	0.0017 *** (18.69)
R²	0.6932	0.9162	0.3687	0.8634
Log – Likelihood	638.27	842.35	289.31	864.37
Observations	140	140	140	140
Individual Effects	No	Yes	No	Yes
Time Effect	No	No	Yes	Yes

注：括号内的数值表示回归系数的 z 检验值，***、**、* 分别表示1%、5%、10% 的显著性水平。第（1）列为无固定效应，第（2）列为个体固定效应，第（3）列为时间固定效应，第（4）列为个体时间双固定效应。

回归结果中各解释变量和其空间滞后项的系数并不能反映真正的空间效应，即存在误差，因此，还需通过偏微分法对空间溢出效应进行分解得到直接效应、间接效应和总效应，对甘肃省各市州城镇化高质量发展的空间依赖性进行考察。直接效应为本市州的城镇化发展影响因素对本地区城镇化高质量发展水平的总影响；间接效应为其他市州的城镇化发展影响因素对本市州城镇化高质量发展水平的总影响；总效应为直接效应与间接效应之和，即综合考虑空间相关性后，城镇化发展影响因素对城镇化高质量发展水平的作用力总和。具体分解结果见表 8 - 17。从表 8 - 17 中空间杜宾模型的空间溢出效应分解来看，市州的政府行为影响因素提高 1% 可以带来本地区城镇化高质量发展水平 0.3316% 的提升，并对其他市州的城镇化高质量发展水平产生 0.0847% 的正向溢出，总效应为 0.4163，且在 1% 的显著性水平显著。产业发展影响因素的间接效应为 - 0.0061，即会对其他市州按照空间权重加权共产生 0.0061% 的负向溢出。外源经济影响因素的间接效应和总效应分别为 0.0135 和 0.0883，均在 10% 的显著性水平显著。市场要素影响因素的直接效应为 0.1642，间接效应为 0.0939，总效应为 0.2581，分别在 5%、10% 和 5% 的显著性水平显著。总体上来看，各影响因素对本地区城镇化发展的直接效应均远大于其他地区影响因素对本地区城镇化发展的间接效应。

从甘肃省整体来看，政府行为影响因素在城镇化发展中起到了基础性的作用，其在影响力系统中所占的比例最高；市场要素影响因素同样起到了至关重要的作用；而产业发展和外源经济影响因素对于甘肃省城镇化高质量发展的贡献有待加强。从空间计量结果显示的各影响因素的空间溢出效应来看，间接效应即影响因素跨市州的溢出效应较弱，表明甘肃省内各地区间的经济交流及联系有待加强，各区域组团发展还需进一步谋划合理的区域合作发展方式，在省内建立更多的增长极。

表 8 - 17　　　　　　　　　　空间溢出效应分解

变量	直接效应	间接效应	总效应
lngov	0.3316 *** (5.46)	0.0847 * (1.68)	0.4163 *** (11.74)
lnind	0.1575 ** (2.13)	- 0.0061 (- 0.09)	0.1514 (0.52)
lnext	0.0748 (1.31)	0.0135 * (1.89)	0.0883 * (1.73)
lnmar	0.1642 ** (2.36)	0.0939 * (1.71)	0.2581 ** (2.44)
σ^2	0.0050 *** (16.90)		
R^2	0.9162		
Log - Likelihood	842.35		
Observations	140		

注：括号内的数值表示回归系数的 z 检验值，***、**、* 分别表示 1%、5%、10% 的显著性水平。

第四节　新型城镇化发展模式与路径选择

一、发展模式

根据前述新型城镇化高质量发展影响因素的实证分析结果，结合甘肃省城镇化发展的共性以及各市州的特性，本章提出城镇化主导模式和局域差异化模式有机结合，增强各市州互补与互动的甘肃省城镇化高质量发展模式。甘肃省城镇化高质量发展的主导模式是在现行成功模式的基础上，有效利用了甘肃现存的城镇化建设成果，充分吸收了现有模式的成熟经验，能够充分发挥政府集中指挥协调、市场合理配置资源的作用，具有现实可行性。局域差异化模式充分考虑了省内各地区的地理位置、人口特点、经济基础和人文环境等现实条件，使得省内各市州结合自身实际情况制定差异化的发展策略，优化布局差异性的产业，从而进行差异性的城镇功能定位，以充分发挥各地区的特色优势。

（一）主导模式

1. 政府有为引导模式

地方政府对于城镇化的带动作用应当由主导向引导进行转变。政府有为引导模式的关键就在于推进体制机制创新，优化政府在城镇化高质量发展中的作用，加强引导以解决城镇化进程中存在的主要问题，进而提升甘肃省的城镇化发展质量。基于甘肃省城镇化推进过程中出现的急难问题，省内各级政府应发挥主观能动性，充分协调各部门以形成合力，通过制度和政策创新对城镇化发展的多个维度进行引导。推进政府有为引导模式主要可从以下方面入手：一是通过政策引导来增强各市州间的协调可持续发展；二是引导相关行业加强城镇基础设施建设，尽快形成功能完善的城镇化格局；三是适度发挥政府行政力的宏观调控作用，通过充分调动市场的积极性，完善资源配置渠道，增强经济活力与韧性；四是积极推动各产业协调发展，大力发展优势产业，加快产业结构合理化和产业结构升级。

2. 市场有效主导模式

城镇化模式的优劣在一定程度上取决于该种模式下资源配置效率的高低，城镇化的过程就是要素流动和要素分配的过程。要充分发挥市场在资源配置中的决定性作用。甘肃省现有的城镇化模式在资源配置上以政府为主，政府力量主导了城镇化各项建设投资，弱化了市场机制对于资源配置效率的提高作用。应当逐步推动甘肃省的资源配置模式由传统的政府主导模式向市场主导模式转变，充分调动民间资本的积极性。相对于政府投资和国有企业，民间资本的投资主体能够主动、敏感地接受市场机制的调节，加速相关投资建设进程和提高投资效率，大大缓解因政府投入能力有限而制约城镇化发展的瓶颈约束。推进市场有效主导模式的主要着力点为：一是完善公私合作制，使民间资本能够参与能源和城市基础设施建设，形成政府与民间力量共同投资城镇化的机制；二是鼓励民间资本发展现代服务业，激活多种市场主体在服务业中更加高效地配置资源，改变服务业在产业结构中的"规模短板"局面；三是引入民间资本和社会力量加快公共服务发展，解决城镇化进程中公共服务供给严重不足的问题，有效推进公共服务向城镇常住人口全覆盖，以公共服务促进城镇化，加快转移人口市民化进程；四是鼓励民间资本积极参与智慧城市建设和绿色城市发展，实现城镇化与信息化的深度融合，发挥市场机制在治理城市污染中的作用，提高城镇化环境质量。

（二）局域差异化模式

甘肃省各市州城镇化高质量发展水平呈阶梯式分布，各地州市应采取因地制宜的城镇化高质量发展模式。

1. 增长极带动型发展模式

在城镇化高质量发展的高水平区（兰州、嘉峪关）和中高水平区（酒泉、张掖、金昌、白银）的部分地区可以实行增长极带动型发展模式，建立区域中心，发挥优势带动作用。在高水平区，政府行为和产业发展影响因素对城镇化高质量发展的作用最强。因此，首先，政府应当大力支持率先发展一级区域中心城市兰州市，发挥兰州在全省经济、资本、教育、科技、文化等多方面的辐射带动作用，并支持兰州新区的发展，以此缓解兰州市"城市病"压力，同时加快二级区域中心城市天水、酒泉发展，以此来辐射带动甘肃省东西部其他城市的发展。其次，甘肃省应当统筹协调区域城镇体系，推动形成中部城市群中心，兰白城市圈是甘肃省城镇化发展的核心区域，推动兰白城市圈城镇化高质量发展，打造兰白城市圈为全省重点发展区域，对甘肃省的发展具有重要意义。同时，以东部、西部城市群为两翼，完善城市群空间体系，通过建设以高速公路和铁路为主、其他公路为辅的现代化城市交通体系，优化省内外交通网络布局，促进产业结构升级，以产业带动经济发展，打造高效合理的城市群体系。

2. 优势产业型发展模式

地处河西走廊的地级市大多属于中高水平区（酒泉、张掖、金昌），以及陇东的中低水平区（定西、陇南）市州，可以考虑依托特有的自然资源、历史资源和劳动力供给条件，利用自身优势大力发展农业、旅游业等优势产业，促进城镇化高质量发展。实证结果表明，产业发展尤其是优势产业的开发对甘肃省城镇化发展具有重要的支撑作用。具体来说，河西走廊地区具有地形广阔、光照时间长、水资源相对充足等优势，可以通过加强政策引导来发展特色农业，通过实行农业产业化来提升农业生产水平。张掖市可利用传统优势产业，尤其是推动特色果蔬、优质玉米制种等产业高质量发展；定西市可通过开发农产品精细加工及终端产品技术，延长产业链，打造国内外物流园区，扩大农产品出口规模；武威市则可以通过利用生物技术，大力发展先进农业；以信息化推动农业工业化的陇南市可以继续大力推广电子商务项目。丰富的历史文化积淀更是甘肃的一张名片，相关地区可以依托当地资源大力发展特色旅游产业，灵活运用当地独特的自然与人文旅游资源，积极发展"互联网＋旅游"等新业态，以此来带动餐饮、住宿、文娱等服务业的发展，推动旅游纪念品和手工艺品产业的发展，为特色城镇化高发展质量注入活力。

3. 资源型地区转型发展模式

甘肃省矿产资源丰富，部分城市依托资源而立，基本都属于城镇化高质量发展的中高水平区（酒泉、金昌、白银）和中等水平区（平凉、庆阳）。这些地区城镇化发展的基础较好，但不同于优势产业型发展模式中提到的特色产业，这些地区的发展主要依赖矿产加工等传统产业，亟需转型发展，因此，总结为资源型地区转型发展模式。具体来说，白银市铜矿资源丰富，庆阳市石油天然气资源丰富，平凉市煤矿业发达，金昌市以镍资源丰富而著称，酒泉和嘉峪关由于其独特的地理位置与环境，具有丰富的风电与光电资源。这些地区的城镇化发展可以依托自然资源优势，在此基础上加大对配套基础设施的建设，促进当地形成特色鲜明的产业链，发挥产业链的衍生效应，延伸资源产业链条，加快发展资源的深加工项目，提高资源的附加值。但更为重要的是，资源型城市还应当注重环境保护，探索产业转型路径，寻求新的发展机遇，逐步摆脱资源导向型思维定式的束缚，树立市场导向和科技导向的新思维，大力发展非资源性产业等替代产业，带动农业现代化与现代服务业的发展，实现城市发展的战略转型。

4. 脱贫地区稳步发展型模式

城镇化高质量发展的低水平区（临夏、甘南）和中低水平区（定西、陇南）的部分区域人口城镇化率过低，人口外流现象严重，因劳动力严重不足而导致各产业发展和经济增长受到制约，一定程度上影响了城镇化建设，2020年甘肃省全面完成脱贫任务，应进一步巩固脱贫成果，稳步推进脱贫地区经济发展进而补齐整体城镇化发展的短板。首先，高效利用政府转移支付，优化资源配置，降低投入成本，破解经济社会发展瓶颈，稳步推进脱贫地区持续发展。其次，进一步扩大互联网以及通信设备的覆盖范围，加强对农民的职业教育培训，提高自主就业能力，鼓励农民向省内外城市转移，不仅可以提高收入水平、改善生活条件，还可以加快人口转移速度，推动当地城镇化质量提升。再次，对于脱贫的少数民族地区要充分利用民族地区的文化特色开发相关产业，推动民族地区经济社会的长期进步。最后，对于脱贫山区，可以结合当地的气候条件和土壤特点进一步进行梯田等特殊农业形式的开发和改良，同时考虑发挥山区空气清新、风景独特的天然优势，打造农家园等特色产业致富增收。

5. 区域组团发展模式

甘肃省内各地区需要构建自身的发展能力，同时也要加强区域合作，推动区域组团化发展。实证结果表明，甘肃省内各地区间的经济交流及联系有待加强。各区域应当进一步谋划合理的区域合作发展方式，在区位接近和功能互补的地区实施组团发展模式，建立更多的次级区域中心，发挥向下的城镇化发展带动作用。甘肃省内大部分地区拥有丰富的单一资源，但没有形成完整的产业链和发展格局。因此，应加强地区间的交流与合作，采取区域组团布局，形成优势互补、资源共享的城镇化高质量发展模式。大兰州城市圈、河西走廊城市带、陇东陇南城市带，酒嘉城市组团、张掖城市组团、金武城市组团、兰白都市圈、天水城市组团、平庆城市组团等都是可行的组团模式。具体而言，河西走廊城市带拥有丰富的矿产和文化资源，通过金武、酒嘉、张掖等城市组团，可以更好地带动周边地区的城镇化发展；天水市拥有仅次于兰州市的人口，应进一步发挥其城市带动作用，加强天水城市组团内的区域合作，同时，也要加强同省内其他区域的合作，拓展城市发展的产业范围；平凉和庆阳位于陕甘宁三省的交界地带，拥有丰富的石油、天然气以及煤炭等资源，可以此为依托，拓宽产业发展空间渠道，重点提升城市的能源化工能力，提高城市人口和经济的集聚能力，发挥其辐射带动作用。

二、路径选择

（一）"市场＋政府"二元驱动路径

最大限度地发挥政府的引导作用是城镇化建设的关键所在，政府相关部门应当通过制度和政策创新对市场进行引导。可以借助政策手段来提升市场的力量，进而优化产业结构，引导资源向优势产业进一步倾斜并适度加大对新兴产业的投入。应当设立用于城镇化建设的专项引导资金，为城镇化建设提供资金支持。针对重大建设项目，可对财政资金分批次进行划拨从而提升约束力，提高资金的利用效率。政府在推进城镇化建设的道路上不应盲目，而是应当充分协调各部门以形成合力，提升新型城镇化发展质量。充分发挥市场在资源配置中的决定性作用，逐步推动甘肃省的资源配置模式由传统的政府主导模式向以市场主导模式转变，充分调动民间资本的积极性，借助市场的力量使一切有助于城镇化发展的要素充分涌流。

（二）城市组团化发展路径

甘肃省各地区的自然资源条件和经济发展状况都存在着较大的差异，生产要素的分布不均衡。例如，兰州一市独大且距离周边接续城市较远，金昌虽然镍资源储量丰富，但资源种类过少，导致镍加工产业链受到限制。天水作为全国的老工业基地，在人口数量上仅次于兰州，劳动力资源丰富，但由于交通区位的原因，制约了工业的进一步发展。河西走廊地区工业和城镇化基础较好，新能源资源丰富，但技术水平有限，要想克服这种现象，唯有加强省内各地区间的沟通与合作，调动各方优势资源从整体上进行布局，应当将兰州、天水、白银、酒泉、金昌、嘉峪关、张掖、武威等城市作为区域的增长极，扩大辐射作用，带动周边地区梯度化发展。深入落实《甘肃省新型城镇化规划（2014—2020 年）》中所提出的"一群两带多组团"城镇化布局，充分发挥以兰白都市圈为核心的中部城市群的带动作用，并借助河西走廊城市带和陇东南城市带发展辐射效应，推动资源共享、优势互补的城市组团化发展。

（三）特色城镇化发展道路

甘肃省地形狭长，在生态环境、气候条件和资源分布等方面各地均有其特点所在，因地制宜找到最佳的新型城镇化发展道路。矿产资源和历史文化资源是特色城镇化的重要支撑，金昌的镍资源、白银的铜矿资源、庆阳的油煤气资源、酒泉和嘉峪关的风电与光电资源都为相关产业的兴起做出了重要贡献，应当充分利用这些资源并建立起完善的产业链以促进当地的新型城镇化发展。同时，甘肃省是古丝绸之路上的重要节点，历史文化资源的丰厚底蕴为文化产业的繁荣发展奠定了坚实基础。今后，应坚持小城镇发展与培育产业和促进就业紧密结合，突出历史文化、自然生态、民族人文、优势产业、城镇风貌特色，建设一批文化旅游生态型、交通商贸型、资源开发型、加工制造型等特色小城镇。

第五节　主要结论与政策启示

本章得出以下结论：第一，甘肃省的城镇化发展取得了一定的成就，但总体来说还存在很大的提升空间。第二，甘肃省内各市州的城镇化水平存在着一定的差异，但总体上都呈现出平稳上升趋势。第三，在推动城镇化高质量发展过程中，政府行为的作用最为显著；其次是市场；再次是产业发展，但产业发展对城镇化的促进作用相对较弱，说明甘肃省的产业结构还需要进一步调整结构和优化升级；最后是外源经济影响因素，表明甘肃省作为西部内陆欠发达省份，对外贸易规模和水平有待提升，在投资环境方面也存在改善的空间，对于外商直接投资的吸引能力有待加强。第四，各影响因素对本地区城镇化发展的直接效应均远大于间接效应，即甘肃省内各地区城镇化进程中经济交流及联系有待加强。第五，本章提出了甘肃城镇化高质量发展应选择主导模式和局域差异化发展模式。

基于上述结论，本章得到以下政策启示。

（1）在当前我国经济社会进入高质量发展阶段的背景下，甘肃省应当进一步推进经济体制改革，简政放权，转变和优化政府职能，增强各市州间的联系与协作，推动区域协调可持续发展。

（2）进一步营造良好的市场环境，积极培育市场主体，全面优化营商环境，增强民营经济发展活力。

（3）加强城镇基础设施建设，尽快形成功能完善的城镇化格局。

（4）适度发挥政府行政力的宏观调控作用，通过市场力量的参与，充分调动经济活力，提高资源配置效率。

（5）积极推动各产业协调互补发展，大力发展优势产业，加快传统产业转型升级，大力发展新能源等新兴产业，走特色新型城镇化发展道路。

参考文献

中文部分：

［1］阿瑟·刘易斯. 二元经济论［M］. 施炜等译. 北京：北京经济学院出版社，1991.

［2］阿瑟·刘易斯. 劳动无限供给条件下的经济发展［M］. 北京：商务印书馆，1984.

［3］蔡昉，都阳. 中国地区经济增长的趋同与差异——对西部开发战略的启示［J］. 经济研究，2000（10）：30 - 37.

［4］蔡昉. 人口转变、人口红利与刘易斯转折点［J］. 经济研究，2010，45（4）：4 - 13.

［5］曹飞. 中国省域新型城镇化质量动态测度［J］. 北京理工大学学报（社会科学版），2017，19（3）：108 - 115.

［6］曹广忠，周一星，杨玲. 中国城市经济增长多因素分析［J］. 经济地理，1999（2）：32 - 38.

［7］曹文明，刘赢时，杨会全. 湖南新型城镇化质量综合评价研究［J］. 湖南社会科学，2018（2）：155 - 159.

［8］陈凤桂，张虹鸥，吴旗韬，陈伟莲. 我国人口城镇化与土地城镇化协调发展研究［J］. 人文地理，2010，25（5）：53 - 58.

［9］陈晖涛，郑传芳. 福建省城镇化影响因素的实证分析［J］. 福建论坛（人文社会科学版），2014（4）：142 - 146.

［10］陈乐，李郇，姚尧，陈栋胜. 人口集聚对中国城市经济增长的影响分析［J］. 地理学报，2018，73（6）：1107 - 1120.

[11] 陈亮，苏建宁. 人力资本积累对京津冀协同发展的影响研究——基于 2000－2015 年数据 [J]. 河北经贸大学学报，2017，38（3）：88－95.

[12] 陈明星，隋昱文，郭莎莎. 中国新型城镇化在"十九大"后发展的新态势 [J]. 地理研究，2019（1）：181－192.

[13] 陈明星，叶超，陆大道，隋昱文，郭莎莎. 中国特色新型城镇化理论内涵的认知与建构 [J]. 地理学报，2019，74（4）：633－647.

[14] 陈心颖. 人口集聚对区域劳动生产率的异质性影响 [J]. 人口研究，2015，39（1）：85－95.

[15] 陈雨露. 中国新型城镇化建设中的金融支持 [J]. 经济研究，2013，48（2）：10－12.

[16] 陈钊，陆铭. 从分割到融合：城乡经济增长与社会和谐的政治经济学 [J]. 经济研究，2008（1）：21－32.

[17] 程响，何继新. 城乡融合发展与特色小镇建设的良性互动——基于城乡区域要素流动理论视角 [J]. 广西社会科学，2018（10）：89－93.

[18] 程中华，李廉水，刘军. 生产性服务业集聚对工业效率提升的空间外溢效应 [J]. 科学学研究，2017（3）：364－371，378.

[19] 崔曙平，赵青宇. 苏南就地城镇化模式的启示与思考 [J]. 城市发展研究，2013，20（10）：47－51.

[20] 单卓然，黄亚平. "新型城镇化"概念内涵、目标内容、规划策略及认知误区解析 [J]. 城市规划学刊，2013（2）：16－22.

[21] 董晓峰，杨春志，刘星光. 中国新型城镇化理论探讨 [J]. 城市发展研究，2017，24（1）：26－34.

[22] 董亚娟，孙敬水. 基于人力资本视角的中国地区经济增长差异分析 [J]. 财经问题研究，2009（3）：14－21.

[23] 杜启平. 城乡融合发展中的农村人口流动 [J]. 宏观经济管理，2020（4）：64－70.

[24] 樊杰，郭锐. 新型城镇化前置条件与驱动机制的重新认知 [J]. 地理研究，2019（1）：3－12.

[25] 范剑勇. 产业集聚与地区间劳动生产率差异 [J]. 经济研究，2006（11）：72－81.

［26］方创琳. 改革开放40年来中国城镇化与城市群取得的重要进展与展望［J］. 经济地理, 2018, 38 (9)：1-9.

［27］方创琳. 中国新型城镇化高质量发展的规律性与重点方向［J］. 地理研究, 2019 (1)：13-22.

［28］高春亮, 李善同. 迁移动机、人力资本与城市规模：中国新型城镇化模式之争［J］. 上海经济研究, 2019 (11)：120-128.

［29］高延雷, 张正岩, 王志刚. 城镇化提高了农业机械化水平吗？——来自中国31个省（区、市）的面板证据［J］. 经济经纬, 2020, 37 (3)：37-44.

［30］戈大专, 龙花楼. 论乡村空间治理与城乡融合发展［J］. 地理学报, 2020, 75 (6)：1272-1286.

［31］顾朝林. 论城市管治研究［J］. 城市规划, 2000 (9)：7-10.

［32］顾乃华, 陈秀英. 财政约束、城市扩张与经济集聚密度、劳动生产率变动［J］. 经济学家, 2015 (6)：30-40.

［33］郭朝先. 当前中国工业发展问题与未来高质量发展对策［J］. 北京工业大学学报（社会科学版）, 2019, 19 (2)：50-59.

［34］郭殿生, 宋雨楠. 马克思恩格斯城乡融合思想的新时代解读［J］. 当代经济研究, 2019 (2)：16-22.

［35］郭东杰. 新中国70年：户籍制度变迁、人口流动与城乡一体化［J］. 浙江社会科学, 2019 (10)：75-84.

［36］郭进, 徐盈之. 城镇化与工业化协调发展：现实基础与水平测度［J］. 经济评论, 2016 (4)：39-49.

［37］郭磊磊, 郭剑雄. 城乡融合：中国西部地区的分化［J］. 西安财经学院学报, 2019, 32 (1)：62-68.

［38］郭熙保, 崔文俊. 我国城乡协调发展：历史、现状与对策思路［J］. 江西财经大学学报, 2016 (3)：58-71.

［39］郭小燕. 世界"新型"城镇化趋势及其对中原经济区新型城镇化的启示［J］. 小城镇建设, 2011 (2)：33-35.

［40］郭叶波, 魏后凯. 中国城镇化质量评价研究述评［J］. 中国社会科学院研究生院学报, 2013 (2)：37-43.

［41］韩立达, 牟雪淞. 新型城镇化影响因素研究——对四川省数据的实

证分析 [J]. 经济问题探索, 2018 (1): 55 - 62.

[42] 郝华勇. 东部省域城镇化质量差异评价与提升对策 [J]. 福建行政学院学报, 2012 (3): 94 - 98.

[43] 何平, 倪苹. 中国城镇化质量研究 [J]. 统计研究, 2013, 30 (6): 11 - 18.

[44] 何兴强, 费怀玉. 户籍与家庭住房模式选择 [J]. 经济学 (季刊), 2018, 17 (2): 527 - 548.

[45] 贺建风, 吴慧. 科技创新和产业结构升级促进新型城镇化发展了吗 [J]. 当代经济科学, 2016, 38 (5): 59 - 68.

[46] 胡际权. 中国新型城镇化发展研究 [D]. 重庆: 西南农业大学, 2005.

[47] 胡杰, 李庆云, 韦颜秋. 我国新型城镇化存在的问题与演进动力研究综述 [J]. 城市发展研究, 2014, 21 (1): 25 - 30.

[48] 胡艳, 朱文霞. 交通基础设施的空间溢出效应——基于东中西部的区域比较 [J]. 经济问题探索, 2015 (1): 82 - 88.

[49] 黄乾. 城市农民工的就业稳定性及其工资效应 [J]. 人口研究, 2009, 33 (3): 53 - 62.

[50] 黄亚平, 林小如. 欠发达山区县域新型城镇化动力机制探讨——以湖北省为例 [J]. 城市规划学刊, 2012 (4): 44 - 50.

[51] 贾冀南, 王金营. 河北省人力资本流失对京津冀经济一体化的影响及对策 [J]. 河北学刊, 2009, 29 (3): 217 - 220.

[52] 简新华, 黄锟. 中国城镇化水平和速度的实证分析与前景预测 [J]. 经济研究, 2010, 45 (3): 28 - 39.

[53] 姜爱林. 城镇化水平的五种测算方法分析 [J]. 中央财经大学学报, 2002 (8): 76 - 80.

[54] 焦勇, 杨蕙馨. 政府干预、产业结构扭曲与全要素生产率提升 [J]. 财贸研究, 2019, 30 (10): 1 - 16.

[55] 孔凡文, 许世卫. 论城镇化速度与质量协调发展 [J]. 城市问题, 2005 (5): 58 - 61.

[56] 蓝庆新, 陈超凡. 新型城镇化推动产业结构升级了吗?——基于中

国省级面板数据的空间计量研究 [J]. 财经研究, 2013, 39 (12): 57 - 71.

[57] 蓝庆新, 刘昭洁, 彭一然. 中国新型城镇化质量评价指标体系构建及评价方法——基于 2003—2014 年 31 个省市的空间差异研究 [J]. 南方经济, 2017 (1): 111 - 126.

[58] 雷娜, 郑传芳. 福建省县域城镇化水平测度 [J]. 调研世界, 2017 (10): 49 - 53.

[59] 雷鹏. 人力资本、资本存量与区域差异——基于东西部地区经济增长的实证研究 [J]. 社会科学, 2011 (3): 53 - 63.

[60] 雷潇雨, 龚六堂. 基于土地出让的工业化与城镇化 [J]. 管理世界, 2014 (9): 29 - 41.

[61] 李健旋, 赵林度. 金融集聚、生产率增长与城乡收入差距的实证分析——基于动态空间面板模型 [J]. 中国管理科学, 2018 (12): 34 - 43.

[62] 李猛. 人口城市化的财政代价及其形成机理——1960 年以来的大国经验 [J]. 中国工业经济, 2016 (10): 40 - 56.

[63] 李梦白. 我国城市发展的基本方针 [J]. 瞭望, 1983 (2): 24 - 25.

[64] 李萍. 统筹城乡与新型城镇化发展 [J]. 财经科学, 2012 (12): 11 - 13.

[65] 李强, 陈宇琳, 刘精明. 中国城镇化 "推进模式" 研究 [J]. 中国社会科学, 2012 (7): 82 - 100.

[66] 李圣军. 城镇化模式的国际比较及其对应发展阶段 [J]. 改革, 2013 (3): 81 - 90.

[67] 李向前, 刘洪, 黄莉, 王俊男. 我国城镇化模式与演进路径研究 [J]. 华东经济管理, 2019, 33 (11): 172 - 177.

[68] 李晓梅. 中国城镇化模式研究综述 [J]. 西北人口, 2012, 33 (2): 45 - 48.

[69] 李新光, 胡日东, 张彧泽. 我国土地财政、金融发展对城镇化支持效应的实证研究——基于面板平滑转换模型 [J]. 宏观经济研究, 2015 (4): 132 - 141.

[70] 李一花, 李静, 张芳洁. 公共品供给与城乡人口流动——基于 285 个城市的计量检验 [J]. 财贸研究, 2017, 28 (5): 55 - 66.

[71] 李长亮. 中国省域新型城镇化影响因素的空间计量分析 [J]. 经济问题, 2015 (5)：111 – 116.

[72] 连玉君. 人力资本要素对地区经济增长差异的作用机制——兼论西部人力资本积累策略的选择 [J]. 财经科学, 2003 (5)：95 – 98.

[73] 梁伟, 杨明, 李新刚. 集聚与城市雾霾污染的交互影响 [J]. 城市问题, 2017 (9)：83 – 93.

[74] 廖楚晖, 杨超. 人力资本结构与地区经济增长差异 [J]. 财贸经济, 2008 (7)：54 – 56.

[75] 廖桂村. 马克思恩格斯思想中的城乡关系与人的发展 [J]. 思想政治教育研究, 2018, 34 (6)：54 – 57.

[76] 廖永伦. 基于农村就地城镇化视角的小城镇发展研究 [D]. 北京：清华大学, 2016.

[77] 廖祖君, 王理, 杨伟. 经济集聚与区域城乡融合发展——基于空间计量模型的实证分析 [J]. 软科学, 2019, 33 (8)：54 – 60.

[78] 林晨. 价格管制、要素流动限制与城乡二元经济——基于历史投入产出表的理论和实证研究 [J]. 农业经济问题, 2018 (5)：70 – 79.

[79] 林丹. 城乡协调发展背景下的征地补偿机制研究 [J]. 经济经纬, 2011 (5)：95 – 100.

[80] 刘国斌, 韩世博. 人口集聚与城镇化协调发展研究 [J]. 人口学刊, 2016, 38 (2)：40 – 48.

[81] 刘嘉汉, 罗蓉. 以发展权为核心的新型城镇化道路研究 [J]. 经济学家, 2011 (5)：82 – 88.

[82] 刘明辉, 卢飞. 城乡要素错配与城乡融合发展——基于中国省级面板数据的实证研究 [J]. 农业技术经济, 2019 (2)：33 – 46.

[83] 刘融融, 胡佳欣, 王星. 西北地区城乡融合发展时空特征与影响因素研究 [J]. 兰州大学学报（社会科学版）, 2019, 47 (6)：106 – 118.

[84] 刘善仕, 孙博, 葛淳棉, 王琪. 人力资本社会网络与企业创新——基于在线简历数据的实证研究 [J]. 管理世界, 2017 (7)：88 – 98.

[85] 刘先江. 马克思恩格斯城乡融合理论及其在中国的应用与发展 [J]. 社会主义研究, 2013 (6)：36 – 40.

［86］刘永旺，马晓钰，杨瑞瑞．人口集聚、经济集聚与环境污染交互影响关系——基于面板协整和 PECM 模型的分析［J］．人口研究，2019，43（3）：90 - 101.

［87］柳思维，徐志耀，唐红涛．基于空间计量方法的城镇化动力实证研究——以环洞庭湖区域为例［J］．财经理论与实践，2012（4）：100 - 104.

［88］陆大道，陈明星．关于"国家新型城镇化规划（2014 - 2020）"编制大背景的几点认识［J］．地理学报，2015，70（2）：179 - 185.

［89］陆大道，樊杰，陈明星．"新型城镇化新变化的科学认知"专辑序言［J］．地理研究，2019（1）：2.

［90］陆铭．大国大城：当代中国的统一、发展与平衡［M］．上海：上海人民出版社，2016.

［91］栾志理，朴锺澈．从日、韩低碳型生态城市探讨相关生态城规划实践［J］．城市规划学刊，2013（2）：46 - 56.

［92］罗芳，陆炜．区域人力资本与经济增长实证研究——以东北地区为例［J］．技术与创新管理，2016，37（4）：401 - 405.

［93］罗知，万广华，张勋，李敬．兼顾效率与公平的城镇化：理论模型与中国实证［J］．经济研究，2018，53（7）：89 - 105.

［94］罗仲平．中国西部地区城镇化实证分析［J］．财政研究，2006（10）：75 - 77.

［95］骆江玲．国内外城镇化模式及其启示——以江西省鄱阳县为例［J］．世界农业，2012（6）：75 - 79.

［96］吕丹，汪文瑜．中国城乡一体化与经济发展水平的协调发展研究［J］．中国软科学，2018（5）：179 - 192.

［97］马孝先．中国城镇化的关键影响因素及其效应分析［J］．中国人口·资源与环境，2014，24（12）：117 - 124.

［98］马艳梅，吴玉鸣，吴柏钧．长三角地区城镇化可持续发展综合评价——基于熵值法和象限图法［J］．经济地理，2015，35（6）：47 - 53.

［99］孟庆香，郭施宏，吴升．福建省城镇化质量空间差异评价［J］．中国农业资源与区划，2015，36（7）：33 - 40.

［100］倪鹏飞．新型城镇化的基本模式、具体路径与推进对策［J］．江

海学刊，2013（1）：87 – 94.

[101] 宁越敏，杨传开 . 新型城镇化背景下城市外来人口的社会融合 [J]. 地理研究，2019（1）：23 – 32.

[102] 彭红碧，杨峰 . 新型城镇化道路的科学内涵 [J]. 理论探索，2010（4）：75 – 78.

[103] 钱雪亚，缪仁余 . 人力资本、要素价格与配置效率 [J]. 统计研究，2014（8）：3 – 10.

[104] 秦佳，李建民 . 中国人口城镇化的空间差异与影响因素 [J]. 人口研究，2013，37（2）：25 – 40.

[105] 任晓辉，朱为群 . 新型城镇化基本公共服务支出责任的界定 [J]. 财政研究，2015（10）：2 – 8.

[106] 山田浩之 . 城市经济学 [M]. 魏浩光等译 . 大连：东北财经大学出版社，1991.

[107] 申晓艳，丁疆辉 . 国内外城乡统筹研究进展及其地理学视角 [J]. 地域研究与开发，2013，32（5）：6 – 12，45.

[108] 史育龙，申兵，刘保奎，欧阳慧 . 对我国城镇化速度及趋势的再认识 [J]. 宏观经济研究，2017（8）：103 – 108.

[109] 舒尔茨 . 改造传统农业 [M]. 梁小尼译 . 北京：商务印书馆，2010.

[110] 舒良友，郭琎，原白云 . 河南省产业技术特征动态演进及聚类分析 [J]. 地域研究与开发，2018，37（6）：34 – 38.

[111] 宋旭，李冀 . 地方财政能力与城镇化质量关系的实证研究——基于地级及以上城市数据 [J]. 财政研究，2015（11）：70 – 74.

[112] 宋迎昌 . 城乡融合发展的路径选择与政策思路——基于文献研究的视角 [J]. 杭州师范大学学报（社会科学版），2019，41（1）：131 – 136.

[113] 苏素，贺娅萍 . 经济高速发展中的城镇化影响因素 [J]. 财经科学，2011（11）：93 – 100.

[114] 孙斌栋，金晓溪，林杰 . 走向大中小城市协调发展的中国新型城镇化格局——建国以来中国城市规模分布演化与影响因素 [J]. 地理研究，2019（1）：75 – 84.

［115］孙红玲，唐末兵，沈裕谋．论人的城镇化与人均公共服务均等化［J］．中国工业经济，2014（5）：18-30.

［116］孙黄平，黄震方，徐冬冬，施雪莹，刘欢，谭林胶，葛军莲．泛长三角城市群城镇化与生态环境耦合的空间特征与驱动机制［J］．经济地理，2017，37（2）：163-170.

［117］孙嘉明．城市化与城乡统筹发展的国际比较［J］．探索，2014（3）：141-146.

［118］孙沛瑄．基于 VAR 模型的新型城镇化动力机制研究［D］．重庆：重庆工商大学，2014.

［119］孙武军，宁宁，崔亮．金融集聚、地区差异与经济发展［J］．北京师范大学学报（社会科学版），2013（3）：92-103.

［120］孙叶飞，夏青，周敏．新型城镇化发展与产业结构变迁的经济增长效应［J］．数量经济技术经济研究，2016，33（11）：23-40.

［121］孙振华．新型城镇化发展的动力机制及其空间效应［D］．大连：东北财经大学，2014.

［122］藤田昌久，雅克—弗朗斯瓦·蒂斯．集聚经济学：城市、产业区位与全球化［M］．石敏俊等，译．上海：格致出版社，2016.

［123］田逸飘，张卫国，刘明月．科技创新与新型城镇化包容性发展耦合协调度测度——基于省级数据的分析［J］．城市问题，2017（1）：12-18.

［124］涂圣伟．城乡融合发展的战略导向与实现路径［J］．宏观经济研究，2020（4）：103-116.

［125］万广华．城镇化与不均等：分析方法和中国案例［J］．经济研究，2013，48（5）：73-86.

［126］汪浩瀚，潘源．金融发展对产业升级影响的非线性效应——基于京津冀和长三角地区城市群的比较分析［J］．经济地理，2018（9）：59-66.

［127］汪丽，李九全．新型城镇化背景下的西北省会城市化质量评价及其动力机制［J］．经济地理，2014，34（12）：55-61.

［128］汪小亚．中国城镇城市化与金融支持［J］．财贸经济，2002（8）：31-34.

［129］王滨．城镇化高质量发展测度及其时空差异研究［J］．统计与决

策，2019，35（22）：46－50.

［130］王发曾. 中原经济区的新型城镇化之路［J］. 经济地理，2010，30（12）：1972－1977.

［131］王锋，李紧想，张芳，吴艳杰. 金融集聚能否促进绿色经济发展？——基于中国30个省份的实证分析［J］. 金融论坛，2017（9）：39－47.

［132］王富喜，毛爱华，李赫龙，贾明璐. 基于熵值法的山东省城镇化质量测度及空间差异分析［J］. 地理科学，2013，33（11）：1323－1329.

［133］王富喜，孙海燕. 山东省城镇化发展水平测度及其空间差异［J］. 经济地理，2009，29（6）：921－924.

［134］王桂花，许成安. 新型城镇化背景下地方政府债务风险动态管理研究——理论分析与模型构建［J］. 审计与经济研究，2014，29（4）：71－80.

［135］王桂新，胡健. 城乡—区域双重分割下的城市流动人口社会距离研究［J］. 中国人口科学，2018（6）：43－54.

［136］王国刚. 城镇化：中国经济发展方式转变的重心所在［J］. 经济研究，2010，45（12）：70－81.

［137］王佳，陈浩. 交通设施、人口集聚密度对城市生产率的影响——基于中国地级市面板数据的分析［J］. 城市问题，2016（11）：53－60.

［138］王建军，吴志强. 城镇化发展阶段划分［J］. 地理学报，2009，64（2）：177－188.

［139］王建康. 新型城镇化发展水平评价指标体系及其应用——基于全国31省市截面数据的实证分析［J］. 青海社会科学，2015（3）：50－54.

［140］王剑锋. 金融范式转换：从信用到信用合约——金融服务实体经济之理论支撑［J］. 探索与争鸣，2018（3）：81－86，110.

［141］王金营. 西部地区人力资本在经济增长中的作用核算［J］. 中国人口科学，2005（3）：63－68.

［142］王婧，方创琳. 中国城市群发育的新型驱动力研究［J］. 地理研究，2011，30（2）：335－347.

［143］王俊霞，高菲，祝丹枫. 城乡经济均衡发展与基本公共服务均等化——基于耦合与协调模型的分析［J］. 华东经济管理，2015，29（7）：36－42.

［144］王立新. 经济增长、产业结构与城镇化——基于省级面板数据的实证研究［J］. 财经论丛，2014（4）：3 - 8.

［145］王丽莉，乔雪. 我国人口迁移成本、城市规模与生产率［J］. 经济学（季刊），2020，19（1）：165 - 188.

［146］王晓峰，张正云. 东北地区人力资本问题及其对经济发展的长期影响研究［J］. 经济纵横，2016（1）：60 - 64.

［147］王新越，宋飏，宋斐红，于世远. 山东省新型城镇化的测度与空间分异研究［J］. 地理科学，2014，34（9）：1069 - 1076.

［148］王秀芝，孙妍. 我国城镇化进程中"迁移谜题"的解释——人力资本差异视角［J］. 人口与经济，2015（3）：57 - 67.

［149］王洋，方创琳，王振波. 中国县域城镇化水平的综合评价及类型区划分［J］. 地理研究，2012，31（7）：1305 - 1316.

［150］王颖，孙平军，李诚固，刘航，周嘉. 2003 年以来东北地区城乡协调发展的时空演化［J］. 经济地理，2018，38（7）：59 - 66.

［151］王羽强. 国外"城乡统筹"研究现状及经典理论述评——基于 EB-SCO 及牛津期刊数据库的文献检索［J］. 前沿，2012（7）：11 - 13.

［152］王玥. 人口集聚会促进产业结构升级吗？——基于中国 285 个城市的实证研究［J］. 安徽大学学报（哲学社会科学版），2018，42（3）：133 - 139.

［153］王智勇. 人口集聚与区域经济增长——对威廉姆森假说的一个检验［J］. 南京社会科学，2018（3）：60 - 69.

［154］温忠麟，刘红云，侯杰泰. 调节效应和中介效应分析［M］. 北京：教育科学出版社，2012.

［155］沃纳·赫希. 城市经济学［M］. 刘世庆等，译. 北京：中国社会科学出版社，1990.

［156］吴福象，沈浩平. 新型城镇化、基础设施空间溢出与地区产业结构升级——基于长三角城市群 16 个核心城市的实证分析［J］. 财经科学，2013（7）：89 - 98.

［157］吴江，王斌，申丽娟. 中国新型城镇化进程中的地方政府行为研究［J］. 中国行政管理，2009（3）：88 - 91.

［158］吴旭晓. 新型城镇化效率演化趋势及其驱动机制研究［J］. 商业

研究，2013（3）：44－51.

［159］吴艳艳，袁家冬.2000—2015 年陕西省城镇化发展协调度空间演化［J］.经济地理，2018，38（7）：75－83.

［160］夏柱智，贺雪峰.半工半耕与中国渐进城镇化模式［J］.中国社会科学，2017（12）：117－137.

［161］肖鸿燚."一带一路"背景下新型城镇化的建设之路［J］.农业经济，2018（7）：90－91.

［162］谢呈阳，胡汉辉，周海波.新型城镇化背景下"产城融合"的内在机理与作用路径［J］.财经研究，2016，42（1）：72－82.

［163］谢锐，陈严，韩峰，方嘉宇.新型城镇化对城市生态环境质量的影响及时空效应［J］.管理评论，2018，30（1）：230－241.

［164］谢守红，王利霞.长江三角洲 16 市城乡发展协调度评价［J］.城市问题，2013（10）：63－67.

［165］熊湘辉，徐璋勇.中国新型城镇化进程中的金融支持影响研究［J］.数量经济技术经济研究，2015，32（6）：73－89.

［166］熊湘辉，徐璋勇.中国新型城镇化水平及动力因素测度研究［J］.数量经济技术经济研究，2018，35（2）：44－63.

［167］徐佳萍，郑林，廖传清.江西省城镇化效率与经济发展水平的时空耦合关系［J］.经济地理，2018（5）：93－100.

［168］徐盈之，赵永平.新型城镇化、地方财政能力与公共服务供给［J］.吉林大学社会科学学报，2015，55（5）：24－35.

［169］许彩玲，李建建.城乡融合发展的科学内涵与实现路径——基于马克思主义城乡关系理论的思考［J］.经济学家，2019（1）：96－103.

［170］许莉，万春，杜志雄.小城镇公共服务供给的空间效应分析［J］.中央财经大学学报，2015（7）：11－19.

［171］薛晴，霍有光.城乡一体化的理论渊源及其嬗变轨迹考察［J］.经济地理，2010，30（11）：1779－1784.

［172］严圣艳，徐小君.金融产业集聚、技术创新与区域经济增长——基于中国省级面板数据的 PVAR 模型分析［J］.北京理工大学学报（社会科学版），2019（1）：103－109.

［173］燕安，黄武俊．人力资本不平等与地区经济增长差异——基于 1987－2008 年中国人力资本基尼系数分省数据的考察［J］．山西财经大学学报，2010，32（6）：1－6.

［174］杨东亮，李春凤．高技能人口集聚对中国省际劳动生产率的影响［J］．社会科学战线，2020（1）：254－258.

［175］杨东亮，李朋骜．人口集聚的经济效应：基于工具变量的实证研究［J］．人口学刊，2019，41（3）：28－37.

［176］杨东亮，任浩锋．中国人口集聚对区域经济发展的影响研究［J］．人口学刊，2018，40（3）：30－41.

［177］杨璐璐．中部六省城镇化质量空间格局演变及驱动因素——基于地级及以上城市的分析［J］．经济地理，2015，35（1）：68－75.

［178］杨娜曼，肖地楚，黄静波．城乡统筹发展视角下湖南省城乡协调发展评价［J］．经济地理，2014，34（3）：58－64.

［179］杨伟国．创新推动人力资本服务新增长［J］．中国人口科学，2017（6）：2－7.

［180］杨晓冬，武永祥．协调发展视角下的城乡人口迁移地区差异计量模型研究［J］．中国软科学，2015（5）：92－100.

［181］杨新华．新型城镇化的本质及其动力机制研究——基于市场自组织与政府他组织的视角［J］．中国软科学，2015（4）：183－192.

［182］杨贞．城镇化动力因素的主成分分析——以河南为例［J］．河南农业科学，2006（5）：5－7.

［183］杨振山，程哲，李梦垚，林静．绿色城镇化：国际经验与启示［J］．城市与环境研究，2018（1）：66－77.

［184］姚磊．新型城镇化进程中农村体育基本公共服务供给：有限性与有效性［J］．北京体育大学学报，2015，38（11）：7－15.

［185］姚士谋，张平宇，余成，李广宇，王成新．中国新型城镇化理论与实践问题［J］．地理科学，2014，34（6）：641－647.

［186］姚先国，张海峰．教育、人力资本与地区经济差异［J］．经济研究，2008（5）：47－57.

［187］姚旭兵，罗光强，吴振顺．人力资本对新型城镇化的空间溢出效

应 [J]. 华南农业大学学报（社会科学版），2016，15（6）：125 – 140.

[188] 姚毓春，梁梦宇. 城乡融合发展的政治经济学逻辑——以新中国 70 年的发展为考察 [J]. 求是学刊，2019，46（5）：11 – 18.

[189] 叶超，陈明星. 国外城乡关系理论演变及其启示 [J]. 中国人口·资源与环境，2008（1）：34 – 39.

[190] 叶超. 空间正义与新型城镇化研究的方法论 [J]. 地理研究，2019（1）：146 – 154.

[191] 叶裕民. 中国城市化质量研究 [J]. 中国软科学，2001（7）：28 – 32.

[192] 于斌斌，陈露. 新型城镇化能化解产能过剩吗？ [J]. 数量经济技术经济研究，2019（1）：22 – 41.

[193] 于峰，张小星. "大都市连绵区"与"城乡互动区"——关于戈特曼与麦吉城市理论的比较分析 [J]. 城市发展研究，2010，17（1）：46 – 53.

[194] 余晖. 我国城市化质量问题的反思 [J]. 开放导报，2010（1）：96 – 100.

[195] 俞伯阳. 劳动力人力资本对城乡协调发展的影响研究——基于 1987—2016 年时间序列数据的实证分析 [J]. 河北经贸大学学报，2019，40（2）：21 – 28.

[196] 俞思静，徐维祥. 金融产业集聚与新型城镇化耦合协调关系时空分异研究——以江浙沪为例 [J]. 华东经济管理，2016（2）：27 – 33.

[197] 张翠菊，张宗益. 产业和人口的空间集聚对中国区域碳排放强度的影响 [J]. 技术经济，2016，35（1）：71 – 77.

[198] 张晖. 马克思恩格斯城乡融合理论与我国城乡关系的演进路径 [J]. 学术交流，2018（12）：122 – 127.

[199] 张克俊，杜婵. 从城乡统筹、城乡一体化到城乡融合发展：继承与升华 [J]. 农村经济，2019（11）：19 – 26.

[200] 张鹏，于伟. 金融集聚与城市发展效率的空间交互溢出作用——基于地级及以上城市空间联立方程的实证研究 [J]. 山西财经大学学报，2019（4）：1 – 16.

[201] 张同功，孙一君. 金融集聚与区域经济增长：基于副省级城市的比较研究 [J]. 宏观经济研究，2018（1）：82 – 93.

［202］张先锋，叶晨，陈永安．人口集聚对城市生产率的影响［J］．城市问题，2018（3）：57－65.

［203］张亚平，胡永健．人力资本对京津冀地区经济增长差异的影响研究［J］．中国劳动，2016（2）：30－34.

［204］张引，杨庆媛，闵婕．重庆市新型城镇化质量与生态环境承载力耦合分析［J］．地理学报，2016，71（5）：817－828.

［205］张英男，龙花楼，马历，屠爽爽，陈坤秋．城乡关系研究进展及其对乡村振兴的启示［J］．地理研究，2019，38（3）：578－594.

［206］张莹，雷国平，周敏，林佳．中国人口土地产业城镇化的协同演化状况［J］．城市问题，2019（1）：14－22.

［207］张占斌．新型城镇化的战略意义和改革难题［J］．国家行政学院学报，2013（1）：48－54.

［208］张占仓．河南省新型城镇化战略研究［J］．经济地理，2010，30（9）：1462－1467.

［209］张振龙，孙慧．新疆城镇化的时空特征与动力因素研究——基于核密度与分位数模型的实证分析［J］．新疆师范大学学报（哲学社会科学版），2016，37（4）：141－148.

［210］赵磊，方成．中国省际新型城镇化发展水平地区差异及驱动机制［J］．数量经济技术经济研究，2019，36（5）：44－64.

［211］赵领娣，张磊．财政分权、人口集聚与民生类公共品供给［J］．中国人口·资源与环境，2013，23（12）：136－143.

［212］赵喜仓，吴继英．江苏省区域城市化水平评价与分析［J］．江苏大学学报（社会科学版），2002（4）：92－96.

［213］赵永平，徐盈之．新型城镇化的经济增长效应：时空分异与传导路径分析［J］．商业经济与管理，2014（8）：48－56.

［214］赵永平，徐盈之．新型城镇化发展水平综合测度与驱动机制研究——基于我国省际2000—2011年的经验分析［J］．中国地质大学学报（社会科学版），2014，14（1）：116－124.

［215］赵永平．中国新型城镇化的经济效应：理论、实证与对策［D］．南京：东南大学，2015.

[216] 赵永平. 城镇化的经济效应：一个文献综述 [J]. 当代经济管理, 2017, 39 (6)：50－54.

[217] 赵永平. 新型城镇化、集聚经济与劳动生产率 [J]. 山西财经大学学报, 2016 (8)：1－11.

[218] 赵永平. 新型城镇化发展水平测度及其时空差异分析 [J]. 西安电子科技大学学报（社会科学版）, 2016, 26 (5)：60－68.

[219] 郑德高, 闫岩, 朱郁郁. 分层城镇化和分区城镇化：模式、动力与发展策略 [J]. 城市规划学刊, 2013 (6)：26－32.

[220] 郑怡林, 陆铭. 大城市更不环保吗？——基于规模效应与同群效应的分析 [J]. 复旦学报（社会科学版）, 2018, 60 (1)：133－144.

[221] 智荣, 张建成. 城镇化影响因素的实证分析——以和林格尔县为例 [J]. 经济研究参考, 2017 (43)：78－88.

[222] 钟兵. 新型城镇化中新生代农民工人力资本化研究 [J]. 宏观经济管理, 2016 (8)：53－57.

[223] 钟阳, 王智勇. 人口城镇化进程中的驱动因素研究——基于地级市的时空计量模型分析 [J]. 软科学, 2016, 30 (1)：26－30.

[224] 周海鹏, 李媛媛, 李瑞晶. 金融产业集聚对区域经济增长的空间效应研究 [J]. 现代财经（天津财经大学学报）, 2016 (2)：63－76.

[225] 周英. 城市化模式研究 [D]. 西安：西北大学, 2006.

[226] 周玉龙, 孙久文. 产业发展从人口集聚中受益了吗？——基于2005－2011 年城市面板数据的经验研究 [J]. 中国经济问题, 2015 (2)：74－85.

[227] 朱诚, 姜逢清, 吴立, 曾蒙秀, 贾天骄, 周生路, 宁越敏, 于军, 冯学智. 对全球变化背景下长三角地区城镇化发展科学问题的思考 [J]. 地理学报, 2017, 72 (4)：633－645.

[228] 朱孔来, 李静静, 乐菲菲. 中国城镇化进程与经济增长关系的实证研究 [J]. 统计研究, 2011, 28 (9)：80－87.

[229] 朱鹏华, 刘学侠. 城镇化质量测度与现实价值 [J]. 改革, 2017 (9)：115－128.

英文部分:

[1] Allen J S. Globalization and the rise of city – regions [J]. European Planning Studies, 2001, 9 (7): 813 – 826.

[2] Andersen P, Petersen N C. A procedure for ranking efficient units in data envelopment analysis [J]. Management Science, 1993 (10): 1261 – 1264.

[3] Berlianta, Marcus, Konishi. The endogenous formation of a city: Population agglomeration and marketplaces in a location – specific production economy [J]. Regional Science and Urban Economics, 2000, 30 (3): 289 – 324.

[4] Bogue J. The study of population: An inventory and appraisal [M]. University of Chicago Press, Chicago, 1959.

[5] Brülhart M, Sbergami F. Agglomeration and growth: cross – country evidence [J]. Journal of Urban Economics, 2009 (1): 48 – 63.

[6] Caselli F, Coleman W J. The world technology frontier [J]. American Economic Review, 2006, 96 (3): 499 – 522.

[7] Cecilia T. Rural – urban interactions: A guide to the literature [J]. Environment and Urbanization, 1998, 10 (1): 147 – 166.

[8] Chen C. Public infrastructure finance: symposium introduction [J]. Journal of Public Budgeting, Accounting & Financial Management, 2018 (2): 126 – 134.

[9] Chissano M P H, Minnery J. Roads, rates and development: Urban roads and growth in Xai – Xai, Mozambique [J]. Habitat International, 2014, 42 (4): 48 – 57.

[10] Chris J C, Rietvld P, Koomen E. The impact of spatial aggregation on urban development analyses [J]. Applied Geography, 2014, 47 (2): 46 – 56.

[11] Christensen F K. Understanding value changes in the urban development process and the impact of municipal planning [J]. Land Use Policy, 2014, 36 (1): 113 – 121.

[12] Cortinovis C, Haase D, Zanon B, Geneletti D. Is urban spatial development on the right track? Comparing strategies and trends in the European Union

［J］. Landscape and Urban Planning, 2019, 181 (1): 22 – 37.

［13］Csintalan C, Badulescu A. Education and human capital as engines for economic growth. A literature review ［J］. Annals of the University of Oradea, Economic Science Series, 2015, 24 (2): 665 – 673.

［14］Delphin S. Escobedo F J. Urbanization as a land use change driver of forest ecosystem services ［J］. Land Use Policy, 2016, 54 (7): 188 – 199.

［15］Dogan D, Merve Y. Urbanization and the use of climate knowledge in Erzurum, Turkey ［J］. Procedia Engineering, 2016, 169 (1): 324 – 331.

［16］Felix S K A, Kofi K A, Elisabete S. The emergence of city – regions and their implications for contemporary spatial governance: Evidence from Ghana ［J］. Cities, 2017, 71 (11): 70 – 79.

［17］Genovaitè L, Mindaugas B. Scale, composition, and technique effects through which the economic growth, foreign direct investment, urbanization, and trade affect greenhouse Hollands R G. Will the real smart city please stand up? ［J］. City, 2008, 12 (3): 303 – 320.

［18］Glaeser E. Triumph of the city. Shanghai ［M］. Shanghai Social Publishing House, Shanghai, 2012.

［19］Golley J, Taokong S. Inequality of opportunity in China's educational outcomes ［J］. China Economic Review, 2018, 51 (10): 116 – 128.

［20］Heberle R. The causes of rural – urban migration: A survey of german Theories ［J］. American Journal of Sociology, 1938, 43 (6): 932 – 950.

［21］Henderson V. The urbanization process and economic growth: The so – what question ［J］. Journal of Economic Growth, 2009, 8 (1): 47 – 71.

［22］Iddisah S, Edward N A, etc. Urbanization and income inequality in Sub – Saharan Africa ［J］. Sustainable Cities and Society, 2019 , 48 (7): 101 – 544.

［23］Inkeles A. Becoming modern: individual change in six developing countries ［J］. American Journal of Sociology, 1974, 82 (2): 118.

［24］James L R. Kelley P. Introduction to spatial econometrics ［M］. New York: Taylor & Francis Group, LLC, 2009.

［25］Jérôme V, Aghion P, Meghir C. Growth, distance to frontier and composition of human capital [J]. Journal of Economic Growth, 2006, 11 (2): 97 – 127.

[26] Jorge O J. Learning from best practices in sustainable urbanization [J]. Habitat International, 2018, 78 (8): 83 – 95.

[27] Kizilkaya O, Ay A, Akar G. Dynamic relationship among foreign direct investments, human capital, economic freedom and economic growth: Evidence from panel cointegration and panel causality analysis [J]. Theoretical & Applied Economics, 2016, 23 (3): 127 – 140.

[28] Kühn M. Greenbelt and Green Heart: Separating and Integrating Landscapes in European City Regions [J]. Landscape & Urban Planning, 2003, 64 (1): 19 – 27.

[29] Laitner J. Structural Change and Economic Growth [J]. Review of Economic Studies, 2010, 67 (3): 545 – 561.

[30] Leducq D, Scarwell H. The new Hanoi: Opportunities and challenges for future urban development [J]. Cities, 2018, 72 (2): 70 – 81.

[31] Lee E. A Theory of Migration [J]. Demography, 1966, 3 (1): 47 – 57.

[32] Lewis W. Economic Development with Unlimited Supply of Labor [J]. The Manchester School, 1954, 22 (2): 139 – 191.

[33] Lucas R E. On The Mechanics of Economic Development [J]. Journal of Monetary Economics, 1989, 22 (1): 3 – 42.

[34] Matthias F. Geography, human capital and urbanization: A regional analysis [J]. Economics Letters, 2018, 168 (7): 10 – 14.

[35] McGee T G. The emergence of Desakota Regions in Asia: Expanding a hypothesis, In The Extended Metropolis: Settlements Transition in Asia [M]. Honolulu University of Hawall, Hawall, 1991.

[36] Mikovits C, Rauch W, Kleidorfer M. Dynamics in urban development, population growth and their influences on urban water infrastructure [J]. Procedia Engineering, 2014, 70 (2): 1147 – 1156.

[37] Moomaw R L. Productivity and City Size: A Critique of the Evidence [J]. The Quarterly Journal of Economics, 1981, 96 (4): 675 – 688.

［38］ Moore T, Higgins D. Influencing urban development through government demonstration projects ［J］. Cities, 2016, 56 (7): 9 – 15.

［39］ Morgane M, Christian M, Dirk R, Mario S. Impact of urbanization on groundwater recharge rates in Dübendorf, Switzerland ［J］. Journal of Hydrology, 2018, 563 (8): 1135 – 1146.

［40］ Nahrin K. Urban development policies for the provision of utility infrastructure: a case study of Dhaka, Bangladesh ［J］. Utilities Policy, 2018, 54 (10): 107 – 114.

［41］ Nobuhiro O. Spatial and institutional urbanisation in China ［J］. Asia – Pacific Journal of Regional Science, 2019, 3 (3) : 863 – 886.

［42］ Paula L, Tanvi B, Amina K. Are we underestimating urban poverty? ［J］. World Development, 2018, 103 (3): 297 – 310.

［43］ Pumo D, Arnone E, and etc. Potential implications of climate change and urbanization on watershed hydrology ［J］. Journal of Hydrology, 2017, 554 (11): 80 – 99.

［44］ Rafaqet A, Khuda B, Muhammad A Y. Impact of urbanization on CO_2 emissions in emerging economy: Evidence from Pakistan ［J］. Sustainable Cities and Society, 2019, 48 (7): 101 – 553.

［45］ Raffaele L, Giovanni S. Nature – based solutions: Settling the issue of sustainable urbanization ［J］. Environmental Research, 2019, 172 (5): 394 – 398.

［46］ Ranis J C, Fei H. A theory of economic development ［J］. American Economic Review, 1969, 51 (4): 533 – 565.

［47］ Robi K, Shunsuke M. Coal consumption, urbanization, and trade openness linkage in Indonesia ［J］. Energy Policy, 2018, 121 (10): 576 – 583.

［48］ Rodrik D, Subramanian A. Why india can grow at 7 percent a year or more: projections and reflections ［J］. IMF Working Papers, 2004, 39 (16): 1591 – 1596.

［49］ Romer, Paul M. Increasing returns and long – run growth ［J］. Journal of Political Economy, 1986, 94 (5): 1002 – 1037.

［50］ Ruhul A. Salim, Sahar S. Urbanization and renewable and non – renewable energy consumption in OECD countries: An empirical analysis [J]. Economic Modelling, 2014, 38 (2): 581 –591.

[51] Sacha K, Antoniya H, Verena H, Patricia W. Culture in sustainable urban development: Practices and policies for spaces of possibility Sajal Ghosh, Kakali Kanjilal. Long-term equilibrium relationship between urbanization, energy consumption and economic activity: Empirical evidence from India [J]. Energy, 2014, 66 (3): 324 –333.

[52] Sala – I – Martin X. The disturbing "rise" of global income inequality [J]. Economics Working Papers, 2002, 3 (4): 1 –28.

[53] Samarjit D, Chetan G, Peter E R. Remoteness, urbanization, and India's unbalanced growth [J]. World Development, 2015, 66 (2): 572 –587.

[54] Shefer D. Localization Economies in SMSA's: A Production Function Analysis [J]. Journal of Regional Science, 1973, 13 (1): 55 –64.

[55] Subal C. Kumbhaka: Do urbanization and public expenditure affect productivity growth? The case of Chinese provinces [J]. Indian Economic Review, 2017 (52): 127 –156.

[56] Sveikauskas L. The productivity of cities [J]. The Quarterly Journal of Economics, 1975, 89 (3): 393 –413.

[57] Swain G J, Roberts J, Dash K. Impact of rapid urbanization on the city of bhubaneswar, India [J]. Proceedings of the National Academy of Sciences, India Section A: Physical Sciences, 2017, 87 (4): 845 –853.

[58] Szirmai A. Industrialization as an engine of growth in developing countries, 1950 – 2005 [J]. Structural Change and Economic Dynamics, 2012 (4): 406 –420.

[59] Talm S, Maarten H. Neighbourhood change and spatial polarization: The roles of increasing inequality and divergent urban development [J]. Cities, 2018, 82 (12): 108 –118.

[60] Tamura R. Human capital and the switch from agriculture to industry [J]. Journal of Economic Dynamics & Control, 2003, 27 (2): 207 –242.

[61] Thanh T, Tran T V N. Assessment of urbanization impact on groundwater

resources in Hanoi, Vietnam [J]. Journal of Environmental Management, 2018, 227 (12): 107 – 116.

[62] Wanshu Wu, Kai Zhao. Dynamic interaction between foreign direct investment and the new urbanization in China [J]. Journal of Housing and the Built Environment, 2019, 34 (2): 1107 – 1124.

[63] Williamson J G. Regional inequality and the process of national development: A description of the patterns [J]. Economic Development and Cultural Change, 1965, 13 (4): 1 – 84.

[64] Xiangrong Ma, Jianping Ge Wei Wang. The relationship between urbanization, income growth and carbon dioxide emissions and the policy implications for China: a cointegrated vector error correction (VEC) analysis [J]. Natural Hazards, 2017, 87 (2): 1017 – 1033.

[65] Yang X, Rice R. An equilibrium model endogenizing the emergence of a dual structure between the urban and rural sectors [J]. Journal of Urban Economics, 2014, 35 (3): 346 – 368.

[66] Yasutomo M, Shigeru M, Makoto I. A study on coordination between urban development and station capacity [J]. Case Studies on Transport Policy, 2015, 3 (1): 78 – 91.

后 记

改革开放以来，我国经历了世界历史上规模最大、速度最快的城镇化进程，取得的成就可谓举世瞩目。自 2012 年党的十八大提出新型城镇化战略以来，我国城镇化建设开启了新的征程，城镇或城市成为新时代经济社会高质量发展的主要载体，新型城镇化成为全面建设社会主义现代化国家的重要途径。本书正是立足于这一重要时代背景不断思考和研究的成果汇集，旨在系统把握城镇化演变规律，正视城镇化发展难题，立足区域异质性，因地制宜提出城镇化高质量发展路径与对策，希冀为推动新型城镇化高质量发展提供些许理论依据和经验支持。

本人长期关注城镇化问题并开展了一系列研究，本书主要是从新型城镇效率优化与质量提升两个层面展开分析，也是关于新型城镇化高质量发展的机理、动力与路径的初步探讨。这里要感谢与我一道完成本书研究任务的各位合作者和研究生，本书能够顺利成稿得益于他们的积极参与、深入思考和坚持坚守。本书的撰写任务分工如下：赵永平总体负责研究大纲设计、最后统稿和修改工作，并且撰写第二章内容；汉玉玲撰写第一章内容；王义龙撰写第三章、第六章内容；王可苗撰写第四章、第七章内容；吴旭撰写第五章内容；王佩珺撰写第八章内容。此外，田万慧、廖世春、张静、熊帅、王俊超、李倩倩、朱威南、刘巍、刘轰、王雨晨、蒲若馨、林鑫等人也参与了本书撰写的研讨任务以及部分章节的资料搜集和数据整理工作。

在此对参阅文献的作者表示诚挚的感谢！对兰州财经大学理论经济学省级重点学科、应用经济学省级一流（特色）学科建设项目资助表示衷心的感谢！

由于作者学术水平有限，书中难免出现遗漏和不足之处，敬请广大读者批评指正。

赵永平

2021 年 11 月于兰州